Mary Jo McConahay

The Tango War

The Struggle for the Hearts,
Minds and Riches of Latin America
During World War II

风暴前线
二战中的拉丁美洲

玛丽·乔·麦克科纳希 __ 著

任逸飞 __ 译

山西出版传媒集团　山西人民出版社

图书在版编目（CIP）数据

风暴前线：二战中的拉丁美洲 /（新西兰）麦克科纳希著；任逸飞译. -- 太原：山西人民出版社，2020.10
ISBN 978-7-203-11522-9

Ⅰ.①风… Ⅱ.①麦… ②任… Ⅲ.①第二次世界大战—史料—拉丁美洲 Ⅳ.① K730.53

中国版本图书馆 CIP 数据核字（2020）第 132054 号

著作权合同登记号：图字04-2020-010
THE TANGO WAR
Text Copyright © 2018 by Mary Jo McConahay
Published by arrangement with St. Martin's Press. All rights reserved.

风暴前线：二战中的拉丁美洲

著　　者：	［新西兰］玛丽·乔·麦克科纳希
译　　者：	任逸飞
责任编辑：	王新斐
复　　审：	贾娟
终　　审：	李广洁
出 版 者：	山西出版传媒集团·山西人民出版社
地　　址：	太原市建设南路 21 号
邮　　编：	030012
发行营销：	010-62142290
	0351-4922220　4955996　4956039
	0351-4922127（传真）　4956038（邮购）
E-mail：	sxskcb@163.com（发行部）
	sxskcb@163.com（总编室）
网　　址：	www.sxskcb.com
经 销 者：	山西出版传媒集团·山西人民出版社
承 印 厂：	鸿博昊天科技有限公司
开　　本：	635mm×965mm　1/16
印　　张：	21.75
字　　数：	300 千字
版　　次：	2020 年 10 月　第 1 版
印　　次：	2020 年 10 月　第 1 次印刷
书　　号：	ISBN 978-7-203-11522-9
定　　价：	88.00 元

如有印装质量问题请与本社联系调换

纪念我的父母!詹姆斯·科内利厄斯·麦克科纳希,美国海军;玛丽·特蕾莎·拉考斯基·麦克科纳希,美国海军。他们让世界变得更美好。

目 录

序　章　风暴前线 / I

第一部　奖赏

第一章　南半球空域的战斗 / 3

第二章　黑色黄金，助燃战争的石油 / 27

第三章　白色黄金，橡胶士兵们的故事 / 54

第二部　不受欢迎的人

第四章　"他们不能进入的地方"：犹太人的生活 / 87

第五章　白蝴蝶之地上的纳粹与非纳粹 / 117

第六章　在印加国度抓捕"日本人" / 134

第七章　囚犯也是家中事 / 153

第三部　魔术师

第八章　诱惑 / 173

第九章　间谍与间谍大师 / 201

第十章　玻利瓦尔行动，德国在南美洲的间谍活动 / 231

第四部 战士

第十一章　大西洋之战：南方海域 / 251

第十二章　抽烟的眼镜蛇 / 272

致　谢 / 297

参考文献 / 299

索　引 / 319

序　章　风暴前线

在蒂尔加藤街的一家咖啡馆里，女人们正吃着黑森林蛋糕和薄皮苹果卷，计划着为她们"国家社会主义（纳粹）妇女联盟"的俱乐部办一场电影之夜。在咖啡馆外，身着围裙的少女们，晃动着金色的发辫，与穿着皮裤的少年们走过宽大的窗户，从"新德意志学校"回家。他们中的一些人会仰望天空，希望能见着银色的"齐柏林"飞艇从头顶掠过。卖报纸的小贩叫卖着《森林报》和《德意志民众报》，在一片空地上，绑着纳粹卍字臂章的小男孩们，正在纳粹青年俱乐部和体操协会那些十几岁少年的指导下，练习游行。希特勒的生日就快到了。庆祝游行将要上演！纳粹党员们会穿上他们的制服衬衫游行，他们的手臂笔直伸向前方，像元首一般行礼……

"蒂尔加藤街"的这些场面或许发生在20世纪30年代的德国，但这类午后景象在巴西南部的许多小镇却是极富代表性的，二战前夕，有100万德裔人口在那里生活。同样，意大利裔和日裔也居住在自墨西哥至阿根廷的众多国家。当二战在欧洲即将爆发时，富兰克林·德拉诺·罗斯福总统最担心的是法西斯分子，尤其是纳粹在拉丁美洲的颠覆活动会威胁美国的安全。1939年和1940年，美国国务院、海军和陆军部的联合计划委员会共召开了100次会议，除6次以外，所有会议都将拉美问题摆在了议程的首要位置。

作为一名记者，我在这个地区工作了30多年，有时也听到一些二战时的故事，但由于那时候采写中美洲内战及其他题目的压力，我没能继续关注二战。我的父亲是一名美国海军军官，战争期间曾在太平洋、地中海和南美洲服役。随着岁月的流逝，他会回忆起一些有关巴西、乌拉圭和阿根廷的故事。

他提到，福塔雷萨[1]的美军基地会在周日向当地整个社区开放，这一天被称为"全民日"，巴西人和美国人会在当天为对方演奏自己的音乐。他说那时他的船员晚上在布宜诺斯艾利斯上岸后，会被要求尽可能频繁地出现在不同的地点，以便营造出在当地活动的美国人比实际更多的印象——阿根廷此时被认为是支持纳粹的。可当我终于有时间去探究这些故事更多的细节时，父亲已经不在了，关于战争的许多问题我都没能问到。我只能靠自己的探索去满足好奇心了。

我发现，一场西半球的影子战争在各个国家引发反响，而拉丁美洲也影响了这场全球之战。那些在其他情境里更广为人知的强大且迷人的人物扮演了重要而富有想象力的角色：罗斯福、纳尔逊·洛克菲勒、沃尔特·迪士尼、奥森·威尔斯、传奇的纳粹德国间谍头子海军上将威廉·卡纳里斯，以及他的对手美国联邦调查局局长约翰·埃德加·胡佛，美国中央情报局前身的创始人"野蛮比尔"多诺万。轴心国和盟国争夺着这片大陆民众的心灵和思想，也争夺着其海上航线和自然资源——从石油、橡胶到钨和工业钻石——以供应他们的战争机器。他们的间谍从大使馆、公司办公室和码头酒吧窜出来活动。每一

---

[1] Fortaleza，巴西北部主要城市，塞阿拉州首府及重要港口。——本书中的脚注，如无特殊说明，皆为译者注。

方都紧紧跟随另一方的脚步，如同探戈舞者。

本书便讲述了这场全球冲突期间拉美大陆风波背后的人物故事。并不是所有人的名字都那样如雷贯耳：有在拉美国家遭绑架的家庭，他们被带至美国的集中营，成为一个鲜为人知的囚犯交换计划的筹码；有试图到达美洲大陆以逃脱大屠杀的犹太家庭；有在拉丁美洲出生的商人和移民社区领袖，由于不幸拥有德国、日本或意大利的血统，他们被列入盟国的黑名单，被冻结了资产，甚至有更悲惨的遭遇。本书也讲述了一支25000人的斗志昂扬却被埋没的巴西军队——唯一一支在欧洲战斗的拉美部队——如何在意大利为盟国浴血奋战；还有大西洋海战，这场二战中持续时间最久的军事行动，在南方海域把大大小小的船只卷入其中。

如同探戈舞快慢自如，即使舞者一方静止不动，另一方也能移动，盟国与轴心国间的竞争步调在每个国家都有所不同，而斗争所覆盖的地域范围也异常广阔——从得克萨斯州以南的格兰德河边界到阿根廷的南极地区，跨度6640英里。为了能公正描述这场致命斗争中那些相互关联的行动的错综复杂性，我打算在连贯的叙事中展现二战期间拉美的精妙故事，就像马赛克瓷砖，拼合在一起便呈现出一幅完整的画面。

时隔已久，由于我们已知道了战争的结果，便很难想象纳粹德国在1943年之前有多么强大，对盟国的威胁有多么严重，每个人对这场冲突的走向又是多么茫然。在战争的酝酿阶段，乃至欧洲和太平洋的战争爆发期间，拉美地区成了一个双方都参于争夺的地方。

在写这本书的时候，我开始敬佩那些以不同方式参与战争的人们的智慧和能量，他们没有获得勋章，往往也没有得到认可。我同样开始意识到，那个时代并未仅仅化为历史，反而是今日我们所面临的诸多问题的根源，例如，在华盛顿的"反恐战争"中实施的非常规引渡——强制抓捕和重新安置，与70多年前长沼一家和萨珀尔一家及其他人所遭遇的一模一样。美国的情报搜集和中情局的行动均由此起步，它们在拯救生命的同时也着手摧毁那些对美国政策不利的政府。那段战争岁月映射出美国人现在的痛苦讨论——邀请谁进入这个国家并成为美国人，又将谁拒之门外，为什么？

到目前为止，拉美裔一直是美国人口增长的最大推动力。2004年，拥有本书所涵盖的拉美国家血缘的拉丁裔美国人数量，已超过了加利福尼亚州的非拉美裔白人人口，而加州是美国人口最多的州。尽管如此，从格兰德河到火地岛的土地却很少出现在美国人的头条新闻和历史故事当中。长期以来人们一直认为，这一幅员辽阔的地区虽然有6.5亿人口，却并没有发生过什么大事。在美国，边界以南的地方仍然在某种程度上被视为其"后院"。

有关二战怎样在拉美展开的这些引人入胜的故事，是时候变得更加广为人知了。

第一部　奖赏

第一章　南半球空域的战斗

20世纪30年代，南美洲城市的画面突然出现在美国的电影荧幕上，在《飞到里约》[1]里，它们在骄阳的照耀下，闪闪发亮，而在《阿根廷游记》[2]里，它们的赛马场和天然公园出尽风头——这是类似贝蒂·格莱宝[3]般的美国女孩会去度假游玩的场所。这些遥远的都市，洋溢着桑巴舞和探戈的音乐，或是卡门·米兰达[4]轻松愉悦的歌声，在美国观众面前触手可及，显得既魅惑又令人兴奋。这些画面是浪漫的，而且在许多方面也接近于现实。

在布宜诺斯艾利斯和里约热内卢，资金在涌流。汽车、大巴和卡车川流不息地在港口和各条街道之间转运着人员与货物。乌拉圭首都蒙得维的亚，南美大陆的第三大都会，绿树掩映的道路旁排列着欧式

---

1 *Flying Down to Rio*，1933年的音乐电影，由多洛莉丝·德尔·里欧与吉恩·雷蒙德主演。
2 *Down Argentine Way*，1940年的音乐电影，由影星贝蒂·格莱宝与歌手卡门·米兰达主演。
3 Betty Grable（1916—1973），美国电影演员、歌手及舞者，二战期间其海报大受美军士兵欢迎。
4 Carmen Miranda（1909—1955），桑巴歌手和歌舞艺术家，出生于葡萄牙，幼年移居巴西，后前往百老汇，以卓越的歌舞才艺活跃于好莱坞。

建筑,凭借在拉普拉塔河(Rio de la Plata)开展商贸活动,这座城市同样繁荣富庶。拉普拉塔河因"白银"(plata)而得名,发源于巴拉圭,这条宽阔的河流最终注入南极海域。

然而,假使驱车一两个钟头驶离这些海滨城市,大多数南美城镇的与世隔绝就要令人吃尽苦头了:不是在布满车辙的土路上瘪了第一个轮胎,就是要初次体验到高速公路变成无法通行的泥河。乘火车也谈不上舒适,况且时刻表根本靠不住。所有人都想要坐飞机。在电影《飞到里约》的高潮部分,飞机自城市与海滨的上空俯冲而下,舞者在机翼上表演,热情洋溢的人群则在下面观望。但好莱坞电影没有展现出来的是德国飞机如何在骤然间主宰了南美的天空,对南美大陆的乘客来说,飞往纳粹德国的腹地要比飞往美国内陆更便捷,大部分航空线路都由德国和意大利的公司,或拥有德国飞行员及加入德籍的飞行员的本土公司来运营。1934年,当巴西的将军们打算为该国内陆偏远地区绘制地图时,他们与一家德国控制的航空公司签署合同,由其下署的新建的航拍团队来测绘每一平方英里的土地。这项绘制地图的动议最初是来自巴西人,还是在某种程度上来自德国人,始终不明。

德国人,以及数以千计的在农业定居点上的日本移民,生活在亚马孙河沿岸的六个国家:厄瓜多尔、秘鲁、巴西、委内瑞拉、哥伦比亚和玻利维亚。极少有北美人会选择定居在这片资源富饶的土地,特别是在"福特兰迪亚"(Fordlandia),一座位于亚马孙、归属亨利·福特(Henry Ford)的橡胶种植园基本倒闭之后。有个美联社编辑曾经从纽约派出记者来"告诉我们南美人是否真的是我们的朋友"。这位名叫约翰·李尔(John Lear)的记者,在1942年秘鲁沙漠的一场空难中幸免于难,每隔一段时间便发回报道称:"在一片面积超过美国的区域上,亚马孙的荒野上排列着德国技术人员开辟的飞机场。"

此时美国已经加入战争,李尔称:"至少每周有数次,甚至是每天，德国飞行员驾驶的德制飞机便会依照固定的时间表降落在这些机场上。"他提到，美国的情报官员将这批无所不在的德国飞行员视为对巴拿马运河的威胁，运河就在其极短的飞行距离内。"即便从德国人手中夺走飞机，也无法抹掉他们对这片鲜为人知的地域所掌握的地图信息和飞行知识。"

德国人究竟是怎么成为南美天空事实上的主宰者的呢？这个问题的答案某种程度上可以归结为《凡尔赛和约》一个始料未及的后果。在德国的军事溃败之后，签署于1919年6月的《凡尔赛和约》给第一次世界大战画上了句号。在和约的众多惩罚性条款中，它禁止德国拥有空军。这项规定终结了许多德国军事飞行员的前途，也断送了为航空事业所吸引的德国青年一条理所当然的职业道路。与各行各业成百上千的企业家一起，德国飞行员的视线从他们残破的家乡越过大西洋，转移至南美洲，这片大陆向来被视为可以提供崭新开始的边缘地带，何况这里早就存在德国人的侨居地。

飞行的福音

无论是否为德国人所有，航空公司在南美的发展离不开当时的时代氛围，人类征服天空的可能性激起了全世界的广泛热情。航空的梦想肇始于1903年莱特兄弟在北卡罗来纳州基蒂霍克（Kitty Hawk, North Carolina）进行的首场短暂飞行。[1]现在看起来令人颇感心酸的是，一些早期的飞机设计师和飞行员曾经把飞机视为一项能够将全世界联结在

1　1903年12月17日，莱特兄弟驾驶自行研制的"飞行者一号"进行了人类历史上首次重空气飞行器受控的动力飞行，两人被视为现代飞机的发明者。

一起,并彻底挥别战争的技术。波美拉尼亚人奥托·李林达尔[1],这位启发了莱特兄弟的机翼空气动力学奠基者便代表了这种"航空福音"的观点。在1884年1月写给普鲁士海军官员莫里茨·冯·埃吉迪（Moritz von Egidy）的一封信中,李林达尔字里行间都洋溢着兴奋:

> 每个国家的许多技术人员都在尽他们最大的努力来实现自由和无限制飞行的梦想。正是在这一领域,足以对我们整个生活方式产生根本性影响的变革终将上演。国与国之间的疆界会失去意义……国防军备将无须再吞噬掉一个国家最好的资源……用血腥战争以外的其他方式来解决分歧的必要性,将反过来引导我们达到永久的和平。

在美国,男男女女们以作家戈尔·维达尔[2]称之为"准宗教式"狂热参与到空中飞行中。维达尔的父亲吉恩（Gene）是阿米莉娅·埃尔哈特[3]的密友和总统罗斯福航空商务局（Bureau of Air Commerce）的主管,他同时还是三家商业航空公司的经理。正如亨利·福特期待每家每户都能开着他的T型小汽车上路一样,吉恩·维达尔也展望有那么一天简单的"百姓飞机"能把每个人都送到航线上。"飞行将使人近乎天使,"吉恩·维达尔写道,"而且是和平世界中的天使。"

---

1 Otto Lilienthal（1848—1896）,德国航空先驱,被誉为"德国滑翔机之王",是历史上首位能够重复成功完成滑翔机飞行的人,1896年8月9日在一场飞行意外中受伤去世。
2 Gore Vidal（1925—2012）,美国小说家、剧作家和散文家,其1948年创作的小说《城市与梁柱》（*The City and the Pillar*）成为美国第一部明确反映同性恋的小说而引发巨大争议。
3 Amelia Earhart（1897—1937）,美国女飞行员和女权运动者,她是第一位独自飞越大西洋的女飞行员,1937年尝试首次环球飞行时,在太平洋上空失踪。

许多个夜晚,巴西本土的航空先驱亚伯托·桑托斯-杜蒙(Alberto Santos-Dumont)都会在他成长的咖啡种植园凝望繁星点点的天空。桑托斯-杜蒙生于1873年,当他还是个男孩的时候,便如饥似渴地阅读书籍,尤其是儒勒·凡尔纳的作品。"跟随着斐利亚·福克,我在八十天内环游了地球。"桑托斯-杜蒙随后前往法国,在那里他加入了被称为"气球驾驶者"的航空爱好者团体,这群人正在探索崭新的飞行技术。1901年,这位年轻的巴西人成为当时最知名的人物之一,他驾驶飞艇以创纪录的速度环绕了埃菲尔铁塔。(他还以另外一种方式创造了历史:他请朋友路易·卡地亚[Louis Cartier]设计一款钟表,能让他在飞行途中无须从口袋里掏出来,结果便有了后来所说的"腕表"。)在那些还没有空中交通管制的日子里,桑托斯-杜蒙可以大清早驾驶着他的氢动力飞行器在巴黎的林荫大道上空飘浮,之后又穿着时髦地在他最喜爱的马克西姆咖啡馆享用午餐。

但桑托斯-杜蒙并不是个随波逐流的花花公子,他在法国制造了第一款固定翼飞机,并对重空气飞行器(heavier-than-air craft)进行了一系列改进,包括一款飞机副翼的前身。他获得数不清的荣誉,直到其事业在36岁时戛然而止,当时他罹患多发性硬化症。或许是深受时常伴随病体而来的抑郁症的打击,他烧毁了自己的文件和图纸,在1932年上吊自尽了。如同标志性人物豪尔赫·纽伯瑞[1],这位死于1914年的阿根廷早期飞行员被安葬在布宜诺斯艾利斯,桑托斯-杜蒙被安葬在了里约热内卢,墓地位于一座巨大的伊卡洛斯雕像下。

如果你前往里约,你可能会降落在桑托斯-杜蒙机场,这位"气球驾驶者"在巴西依然被尊称为"航空之父"。然而在桑托斯-杜蒙的故

---

[1] Jorge Newbery(1875—1914),阿根廷航空先驱,1914年3月1日在尝试首度飞跃安第斯山时遭遇空难逝世。

土建立航空业却要留待德国人及其专业技术参与进来。

1919年，就在美国运营历史最悠久的航空公司——达美航空（Delta）向佐治亚州的棉田派出作物喷粉机的整整五年前，德国人已在南美洲建立了第一家航空公司，名叫"哥伦比亚—德国航空"（SCADTA, Sociedad Colombo-Alemana de Transportes Aéreos），其航线使用德制容克水上飞机，这些飞机来自卡塔赫纳[1]附近马格达莱纳河[2]中的一处岛屿基地。哥伦比亚—德国航空的资金、飞行员乃至其管理层全部来自一战后的德国。一些哥伦比亚—德国航空的飞行员曾经在战争期间掌握了驾驶技术，此时依然保持着作为德国空军候补人员的服役状态。

随着大陆上建起数量充足的飞机场，哥伦比亚—德国航空很快开始运送乘客和货物横贯安第斯山脉，这让哥伦比亚人极其满意。这个国家被三条高耸的山脊分割开来，使得陆路通行成为一场漫长且痛苦的噩梦。而现在任何经济上负担得起的人都能搭乘飞机了。

在哥伦比亚—德国航空运营六年后，玻利维亚科恰班巴[3]富庶的德国人社区集资购买了一架先进的四座容克F-13飞机，这是世界上第一款全金属运输机。靠着这架飞机，他们大张旗鼓地设立了"玻利维亚劳埃德航空"（LAB, Lloyd Aéreo Boliviano），故意选择这个名称模仿英国知名的保险企业"劳埃德公司"（Lloyd's of London）。不久之后，劳埃德航空的飞机编队将玻利维亚的城市连通至阿根廷、乌拉圭、智利，

---

1 Cartagena，哥伦比亚北方重要港口，始建于1533年，是拉美著名的古城之一。
2 Magdalena River，哥伦比亚第一大河，全长1500公里，发源于维拉省的马格达莱纳湖，在巴兰基亚市附近流入加勒比海。
3 Cochabamba，玻利维亚中部城市，科恰班巴省首府，位于东科迪勒拉山脉科恰班巴盆地内，是玻利维亚第三大城市。

以及巴西南部的各个地方。

考虑到巴西德裔侨居地的规模及其富裕程度，当1927年一家将为德裔巴西人服务视作明确宗旨的航空公司横空出世就不那么令人惊讶了。自19世纪50年代以来，德国人在南美洲建起农业定居点。德国的工商企业随后跟进，生意同样兴旺蓬勃，包括服装生产与肉类加工在内，整个城市都在德裔巴西人的带动下不断发展。"神鹰公司"（Sindicato Condor），这家德国汉莎航空（Luft Hansa）下属的子公司，运营从里约前往巴西其他城市的夜间航班，飞行时间相比陆路行程大为缩短，去往乌拉圭和阿根廷的航线也很快开通。汉莎航空还对"厄瓜多尔—德国航空"（SEDTA, Sociedad Ecuatoriana Alemana de Transportes Aéreos）拥有控股权，这家公司完全由德国飞行员运营，并将试图进入该国的美国航空公司排挤出局。

当玻利维亚劳埃德航空与巴西神鹰航空在1936年加入进来后，德国人在南半球的空中霸权实现了又一次跃进。这些公司会先将他们各自的乘客带至一个中央枢纽，位于世界上面积最大的湿地——富于矿藏的潘塔纳尔湿地（Pantanal）的巴西城市科伦巴[1]。乘客们会在那里过夜，第二天早晨，一家公司的乘客与货物便会搭乘另一家公司的飞机离开，这有效地为两家航空公司提供了各自本不具备的国际航线。

在20世纪30年代，德国航空使用的飞机往往比其在拉美的竞争者优越，包括美国拥有的航空公司。巴西泛空航空（Panair do Brasil），作为美国泛美航空（Pan American）的子公司也曾试图在巴西的贸易上开展竞争，却屡遭失败，因为直到1937年泛空航空仍在使用传统的水上飞机，这导致其线路被限制在了海岸、湖泊以及河流附近的城市。与此同时，神鹰公司的航线却使用着德国航空工业最尖端的产品——福

---

1 Corumbá，巴西中西部城市，属南马托格罗索州。

克—沃尔夫Fw 200"秃鹰",一款适合硬地跑道的四引擎单翼机(出于对这款经典飞机的自豪感,1939年德国外交部部长约阿希姆·冯·里宾特洛甫[Joachim von Ribbentrop]搭乘"秃鹰"前往莫斯科,与苏联签署《苏德互不侵犯条约》)。"秃鹰"被设计为适合长距离和高空飞行的载客飞机,当其他飞机最高只能爬升到5000英尺时,"秃鹰"能在超过1万英尺的高度飞行,且节省燃油。"秃鹰"之后被德国空军改造为军用飞机。

等到1939年"意大利大陆航空"(LATI, Linee Aeree Transcontinentali Italiane)在里约开始飞行后,美国与英国的外交官纷纷发出警告。大陆航空定期飞行于南美和罗马之间,并与纳粹控制下的欧洲保持联系。

并不是南美所有的航空公司都由德国和意大利运营。一名来自美国的飞机机械师在秘鲁开辟了一条航线。"法国邮航"(French Aeropostale),其飞行员包括《小王子》(*The Little Prince*)及《风沙星辰》(*Wind, Sand and Stars*)的作者安托万·德·圣埃克苏佩里(Antoine de Saint-Exupéry),经营当地的邮政运输业务。阿根廷在举国对搭乘气球的热情扩展到飞机后,也建立了一个邮航的子公司,在拉普拉塔河上空展开飞行。像豪尔赫·纽伯瑞这样的本土飞行英雄——与亚伯托·桑托斯-杜蒙的相遇开启了他对飞行的热爱——激发了为数众多的以"夜间飞行"或"夜幕下的智利"为题的探戈舞曲。有一首探戈叫《这只猫》,便是以一名飞行员能如同猫从高处跌落后幸存一般在空难中生还而得名的。

不过德国与意大利的航空公司确实最令盟国感到忧虑。1941年,美国记者柯特·瑞斯(Curt Reiss)在报道轴心国的间谍活动时写道:"在南美洲,根本不需要安排什么情报设备,它们早就存在于横跨整个大陆的众多航空公司之中。"

表面上看来,南半球空域的斗争仿佛是一场大型跨国公司间的角力，可实际上却是政府间高风险的搏斗：美国和英国属于一方，德国和意大利属于另一方。拉美航空公司的始祖——哥伦比亚—德国航空，其航线距巴拿马运河不到200英里，根据美国国务院、海军部及战争部组成的"联合策略委员会"（Joint Planning Committee）的说法，这对美国的安全已构成了"直接且非常严重的威胁"。哥伦比亚—德国航空和意大利大陆航空必须实现中立化。

此番中立化的努力开始于哥伦比亚，这个国家与美国存有很深的历史积怨。1903年，华盛顿方面精心策动了哥伦比亚最北部省份的分离运动，美国为反叛者提供武装，承认这个地区成为名叫巴拿马的新国家，并与该国政府签署了修建运河的协议。到了20世纪30年代，哥伦比亚国内因丧失领土而引发的反美情绪依旧高涨，总统爱德华多·桑托斯[1]虽然承诺不会自哥伦比亚的领土内对巴拿马运河发动攻击，但他无法被说服驱逐德国人。哥伦比亚—德国航空对哥伦比亚的经济增长已变得愈加重要，而且它使住在天南海北的家人和朋友能保持联系。这家公司的许多德国雇员已经拥有哥伦比亚国籍，他们积极参与社会事务，并以其他的方式为这个国家的民众造福。桑托斯又有什么理由驱逐他们呢？

对于个性狂暴的新任美国大使斯普鲁尔·布莱登[2]来说，哥伦比亚总统想要怎样是无关紧要的。作为一名来自蒙大拿州的商人，且拥有活跃于拉美的多家公司的股份——包括联合果品公司、标准石油公司以及他自己的布莱登铜业公司——这位新大使本质上就不是一名外交官，

---

1 Eduardo Santos（1888—1974），哥伦比亚出版商、记者和政治家，1938—1942年任哥伦比亚总统，任职期间推行改革。
2 Spruille Braden（1894—1978），美国外交官、商人，曾在拉美多国担任大使，在多起拉美国家政变中扮演了关键角色。

反而对政治干预颇为熟稔。在战后，布莱登成为负责西半球事务的助理国务卿，登上了《时代》杂志的封面，杂志里有一篇关于他的故事，标题叫《民主的公牛》。布莱登身材臃肿，乌黑的眼睛在浓密的眉毛下向外凝视着，他带头指控哥伦比亚—德国航空，他也很喜欢自己的绰号"野牛"。

在1939年2月于波哥大递交国书后的几个月里，布莱登与总统桑托斯就开除哥伦比亚—德国航空中的德国雇员而展开的谈判并不成功。与此同时，胡安·特里普[1]，这位狡猾而又传奇的泛美航空缔造者没有透露一丝半点的消息，无论是桑托斯、重要的泛美航空高管，还是关键的美国官员都不明了，究竟谁才实际上拥有哥伦比亚的"德国"航空公司。答案是他，胡安·特里普。早在1931年，特里普便与哥伦比亚—德国航空的奥地利所有者——其最终也获得了哥伦比亚国籍——签署秘密协议，偷偷买入了该公司85%的股份。特里普估计，如果将此次股权交易公之于众，必然会激起哥伦比亚人的排外怒火，并且特里普当时也没有将情况向美国当局汇报。

1939年3月，特里普被已经知晓其控制哥伦比亚—德国航空的军事官员传唤至华盛顿，战争部的将军们告诉他，为了美国的国家安全，必须清除哥伦比亚—德国航空中的"德国人"，无论其是否拥有哥伦比亚国籍。泛美航空，因其所拥有的广泛的空中航线及所担负的运送美国邮件的任务，被国务院与军方视为拱卫国防的利器。

直到前往哥伦比亚前夕，大使布莱登才发觉哥伦比亚—德国航空所有权的真相。1940年2月，他在位于波哥大的美国大使馆与泛美航空的代表举行了一场秘密会议。当时正值晌午，抵达的人却发现布莱登

---

[1] Juan Trippe（1899—1981），美国航空业先锋和企业家，泛美航空的创立者，长期担任泛美总裁。

的办公室漆黑一片，所有的窗帘都被拉上了。在一台大钢琴上，烛台中的蜡烛噼啪作响，透出唯一的一点儿光。仿佛在宣布死刑判决一般，布莱登郑重其事地表示，哥伦比亚—德国航空必须进行"灭虱作业"。虫子一样的德国人将被剔除，整个航空公司会得到净化。

然而即便战争临近，特里普对于公司的"灭虱作业"仍旧是一拖再拖，他担心国家可能会接管公司，令他折本。终于，到了1940年6月，在欧洲的战事爆发九个多月之后，在取得了他会得到相应补偿的保证后，特里普终于向华盛顿方面以及"野牛"的外交压力屈服。

在一场堪比谍战片的行动中，泛美航空偷运了150名美国飞行员以及数十名维修技术人员进入哥伦比亚，这些人员就地隐藏起来，并用密码进行联络。一天清晨，特里普在当地的业务经理让哥伦比亚—德国航空的德国员工们大吃一惊，他们同时收到了解雇通知，其职位将由美国人接替。哥伦比亚—德国航空则正常营运，没有因此错失任何一天的飞行，总统桑托斯对此也无能为力。"为了国防的利益"，美国财政部替足智多谋的特里普开除德国雇员的花销买了单。等到珍珠港事件爆发之后，德国飞行员和其他哥伦比亚—德国航空的雇员被关押进哥伦比亚或美国的拘留营里。

虽然哥伦比亚—德国航空的德国人被清理了，可大陆航空的意大利人却正在纳粹德国和南美洲之间输送着间谍、情报人员和禁运品。大陆航空三引擎、速度迅捷的萨伏亚-马切蒂SM.79飞机，绰号"食雀鹰"，载运着法西斯的秘密间谍、外交邮袋、宣传书籍和电影。在一段甚至极少量的稀有金属都为军事工业所需要的日子里，大陆航空却秘密地将它们运出南美：工业用的钻石、航空制造所需的钨、用于绝缘材料以及电子元件热传导的云母。

大陆航空还为纳粹运送世界上最稀有的元素之一——铂，这种金属由于战略价值过于巨大，以至于美国政府禁止其在战时被用于除军事以外的任何目的。作为催化转化器、电子器件及炼油过程中不可或缺的材料，铂只能在世界上极少数地方找到，这其中就包括了哥伦比亚。拜大陆航空及其迂回的航空路线所赐，哥伦比亚成为战时德国与日本铂原料的唯一来源。1940年，一位名叫西奥多·巴斯（Theodor Barth）的矿主偷偷一次性运出了少量的铂，并将其交给了位于智利的德国秘密组织"阿博韦尔"[1]特工——"V人"（也被称为"密使"）——主管。密使联系到一位通敌者——"神鹰—大陆航空"驻圣地亚哥办公室的德国经理。"V人"与这位德国经理一起，将铂重新打包成若干重一磅的小包裹，它们被分别放置在一批神鹰航空的班机上运往巴西，在那里铂会被转移到大陆航空的飞机上。通过以上方式，这种重要的金属矿藏——总计达25磅——在1940年8月至1941年2月间抵达纳粹德国。同样地，其他自南美洲地下开采出来的珍贵物资也躲过了英国海军对欧洲海岸的监视，从英王的战舰前飞过，支援着德国的战争机器。

假使同盟国希望将大陆航空拿下，它们就必须在其拉美总部与陆地枢纽所在地里约热内卢动手。可是意大利人在这场竞技中遥遥领先。从来到巴西的第一天开始，大陆航空便聘用巴西总统热图里奥·瓦加斯[2]的女婿，身为律师的佩德罗·卡瓦列里（Pedro Cavalieri）担任它在南美的最高董事之一。来自巴西社会精英阶层的成员控制着公司关键性的行政岗位，假使大陆航空倒闭，富裕的巴西投资人必将遭受损失。总统瓦加斯对来自华盛顿和伦敦的呼吁不表同情，它们出

---

1 Abwehr，纳粹德国军事情报机构，创立于1921年。
2 Getúlio Vargas（1883—1954），巴西独裁者，1930—1945年、1951—1954年两度担任巴西总统，1954年8月24日在总统职位上自杀身亡。

于本国的利益，希望他推翻一项为巴西服务的不错安排。他看不出挖掉一个巴西经济增长的重要参与者有任何价值，更不用说此举将切断一条通往欧洲大陆的生命线，而且眼下也并无可替代的横跨大西洋的直接通道。

华盛顿方面清除大陆航空的努力看起来一筹莫展。无视美国国务院的警告，洛克菲勒家族旗下的新泽西标准石油公司巴西分部，为"食雀鹰"供应着燃油。驻里约的美国大使杰弗逊·卡弗里[1]，一位来自路易斯安那州的资深外交官，连续数月向华盛顿抱怨大陆航空，却毫无结果。

终于，到了1941年8月，一封来自国务卿科德尔·赫尔[2]的电报交到了卡弗里手上，电文称：联邦重建金融公司（Reconstruction Finance Corporation）会建立一个分支机构专门清理轴心国在南美的航空企业。作为其第一场行动，该机构将与泛美航空进行协商，允诺提供贷款，泛美航空则允诺建立一条自纽约经巴西驼峰地带（Brazilian hump）的各个城市再飞往里斯本的航线，这条航线将被作为与意大利人展开竞争的备选路线。赫尔以一种听起来颇为烦躁的口吻在电报中告诉卡弗里，这个点子最好能有效果，因为"建立这个新机构的唯一目的显然就是要清除大陆航空"。可是，即便看到了通过泛美航空赴欧的前景，总统瓦加斯对清除大陆航空依然犹豫再三。

1941年夏天，当战火蹂躏着英伦三岛的时候，英国领导人认为他们无法再坐待美国人推动事态进展了，他们怀疑大陆航空的飞行员正在帮助德国潜艇定位并击沉英国船只。"大陆航空构成了英国经

---

1 Jefferson Caffery（1886—1974），美国外交官，曾先后任美国驻厄瓜多尔、哥伦比亚、古巴、巴西、法国及埃及大使。
2 Cordell Hull（1871—1955），1933—1944年任美国国务卿，是美国历史上在任时间最长的国务卿，1945年获诺贝尔和平奖。

济封锁最大的一个缺口。"英国安全协调局[1]特工蒙哥马利·海蒂（H. Montgomery Hyde）写道。必须要采取一些断然措施了。

一项指令抵达位于纽约的英国安全协调局机关——这个活动范围覆盖全美洲的英国秘密情报前哨站：清除大陆航空在南美洲的运作。指令的详细内容被递交给了该机关的特工负责人，此次计划将由一名代号"无畏者"（Intrepid）的加拿大人领导，它会把南方天空中的"食雀鹰"们清理干净，并作为战时拉美谍战史上对轴心国最成功的打击之一载入史册。

在纽约城的高空，恰如作家伊恩·弗莱明（Ian Fleming）描述的"在洛克菲勒中心他高度机械化的鹰巢里"，威廉·史蒂芬逊[2]主持着英国安全协调局机关。遵照丘吉尔的指令，史蒂芬逊在美国总统罗斯福的支持和联邦调查局局长埃德加·胡佛[3]的指点下于1940年5月组建了该机关。1941年7月，在拉丁美洲对抗纳粹的任务便被摆在了这位非凡人物的桌面上。

威廉·史蒂芬逊在加拿大西部的家乡长大，小的时候他就开始着迷于无线电技术，并自学了摩尔斯电码。一战期间，他曾驾驶战斗机，在战壕中奋战，逃脱过德军的抓捕，因其英勇的表现赢得了加拿大、英国和法国颁发的勋章。身材修长，长着一双明亮的蓝眼睛，年轻的史蒂芬逊绰号"机关枪队长"（Captain Machine Gun），这个绰号并非得自他的战斗倾向，而是来自他的拳击风格。史蒂芬逊曾获得过军种

---

[1] BSC，1940年由军情六处设立于纽约，直属于首相温斯顿·丘吉尔。
[2] William Stephenson（1897—1989），加拿大飞行员、商人、发明家和间谍专家，二战期间负责主持英国安全协调局，被认为是伊恩·弗莱明笔下詹姆斯·邦德的原型。
[3] Edgar Hoover（1895—1972），美国联邦调查局首任局长，任职时间长达48年，是美国历史上最具权势也最富争议的人物之一。

间（interservice）轻量级世界拳击锦标赛的冠军，同期重量级拳王的头衔则归属于美国海军陆战队员——传奇人物吉恩·滕尼[1]，之后他将成为史蒂芬逊的好友和商业伙伴。史蒂芬逊发明了一种早期的无线电技术，他周游欧洲拓展自己的事业，到三十岁时已经成了百万富翁。

史蒂芬逊开始担任温斯顿·丘吉尔情报机关的负责人，丘吉尔授命其建立一个全球性的情报搜集和破坏行动网络，以便帮助受困的英国在德国的进攻中幸存下来。作为一个不喜脱离实际的长官，这位名叫"无畏者"的男人——丘吉尔亲自为他取了这个代号——会亲自上阵执行危险任务。

"他会成为上一场战争中最伟大的特工之一"，伊恩·弗莱明曾这样评价史蒂芬逊。弗莱明是有史以来最著名的虚构间谍人物——詹姆斯·邦德的创造者，当第一次遇到"无畏者"的时候，弗莱明正作为英国海军的情报人员执行一场便衣任务，他形容史蒂芬逊"是一个沉默寡言的人"，"有着极具吸引力的个性和让任何人都甘愿效忠的品质"。弗莱明又补充道："他还调过全美度数最高的马提尼酒，还用一夸脱的玻璃杯盛放它们。"

驻伦敦的英国秘密行动执行机关委托史蒂芬逊"不计一切手段"展开在南美洲摧毁大陆航空的任务。经过周全考虑，史蒂芬逊思索了他的选项。发动一场推翻巴西政府的政变似乎可行，然而无论成功与否，进行这种尝试的潜在后果都太过严重，以至于无法冒险：假使英国在纽约的秘密机关被牵扯出来，那么这项行动很可能危害到英国安全协调局此时与官方层面依然维持"中立"的华盛顿的隐蔽合作。总统罗斯福只能以秘密的方式支持英国情报团队，美国国内的孤立主义者，包括"美国第一委员会"（America First Committee），作为一股强

---

[1] Gene Tunney（1897—1978），美国著名拳击手，1926—1928年的世界重量级拳王。

大的政治力量持续地对总统构成挑战，而罗斯福此时正打算再次竞选。史蒂芬逊不能够采取任何会危害到总统的行动，无论是迂回地提供军舰和武器，还是分享情报，罗斯福一直是英国在最黑暗的日子里重要的依靠。

另一个选项是炸毁一架大陆航空的商业航班，以作为对纳粹在南美洲网络的明确警告。起初的想法是，在这样的场合平民的牺牲将在所难免，然而史蒂芬逊觉得为了摧毁大陆航空，并没有必要这么做；除此之外，身为一名飞行员，假使能找到备选方案，他也无法忍受同事的死亡。

最终，这位情报长官在X营（Camp X）找到了展开行动的技巧。X营距多伦多四十英里，由一些田地和建筑物构成，是一座由加拿大农场改建而成的暗杀学校和阴谋诡计的生产工厂。在其回忆录里，史蒂芬逊曾用他拳击生涯的术语来形容这个地方：X营"犹如一个攥紧的拳头"，"时刻准备着击倒对手"。40英里长的安大略湖，一年中的大部分时间都冰冷刺骨，像一条令人生畏的护城河横亘在营地一侧。营地的四周密布着灌木丛和树林，以防被意外发现，一支受过无声杀人训练的安保人员队伍持续巡逻，以防有人蓄意闯入。

史蒂芬逊对X营了如指掌，正是他在1941年早些时候协助筹建了该营地。到了同年9月，营地已经备齐了教室、场景装置和一个大功率的无线电发射站，来自十几个国家的男男女女在这里接受间谍、破坏者和抵抗武装招募者的训练。在被空投到敌人后方之前，无线电发报员要在X营学习摩尔斯电码，熟悉新的身份，并接受实景训练，为其一旦被俘遭遇严酷的审讯做好准备（之后他们中的大多数人都会有此经历）。美国中情局及其前身战略情报局（OSS）的五任局长都曾经在X营受训。

与专业间谍一同在此工作的，还有伪造师、化学家、裁缝、牛津大学讲师以及电影制片人,例如柯达兄弟(亚历山大·柯达与佐尔丹·柯达 [Alexander Korda and Zoltán Korda]),他们以好莱坞的卖座影片《月宫宝盒》[1]及《亨利八世的私生活》(The Private Life of Henry VIII)而知名。艺术家们会建造纳粹在欧洲占领区的模拟场景,以便行动人员在其中展开任务演练,这些任务中就包括1942年在捷克的一个村庄外对党卫军头目、犹太人"最终解决方案"的设计者莱因哈特·海德里希[2]的刺杀行动。

身为"间谍中的间谍","无畏者"史蒂芬逊相信完成任务的最佳方式应该是用最聪明灵巧的方法,动用暴力只能是万不得已的最后手段。史蒂芬逊在他的纽约机关与X营中一个名为"M站"(得名于"魔术"[magic])的小组取得联络。M站由战前在英国学生中颇为有名的魔术大师领导,他们发明了许多愚弄敌人的手法,甚至在世界上的各个地方建造空军基地、部队乃至远洋舰队的假象。有一次,当联邦调查局局长胡佛秘密造访X营时,他从一间小屋中向外观望,惊异地看到在五大湖上出现了数艘德国战列舰,而它们正是M站的魔术大师利用镜像和玩具船制造出的虚幻假象。M站还能制作特殊墨水和伪造文件,这些文件会被偷偷塞进外交邮袋中,并被摆放到能引发最大伤害的办公桌上。史蒂芬逊有了个主意:M站能否伪造出一封能通过一切检测的信,让它看上去像是由身在罗马的大陆航空总裁发出的信件呢?

制造一封经得起推敲的信要经过一系列的工序,远非找到一名掌握意大利口语的特工那般容易。史蒂芬逊请求英国安全协调局在罗马的负责人从大陆航空总部窃取一张留有公司总裁奥雷利奥·里奥塔

---

1 *The Thief of Bagdad*,1940年的彩色故事片,由柯达兄弟投资制作,康拉德·维德、萨布等人主演。
2 Reinhard Heydrich(1904—1942),纳粹德国党卫军头目,行事残酷,是希姆莱的得力助手。1942年5月,在布拉格郊外被两名英国派遣的捷克伞兵伏击身亡。

（Aurelio Liotta）个人信笺抬头的纸。

不过，在加拿大的伪造师们开始制作令人信服的伪造文件前，货真价实的原始材料必须从头生产，这对M站的专家们自然不是难事：为了装备潜入纳粹据点的间谍，在欧洲的行动人员会定期搜集例如行李贴纸、皮带扣以及各类服装元素，用于在加拿大的相应地点进行复制，以防特工在战场上因为外表装扮上的某些差池而暴露。同样，一封被推断为写于罗马的信就必须呈现在看上去像是当地的纸张上。这就意味着必须找到草纸浆，因为在欧洲的大部分地区，相比于美洲，树木更为稀缺，纸张都是用一年生植物——大部分是小麦，也包括黑麦与燕麦——制浆而成的。

当"魔术"团队的特工制作所需纸张的时候，X营的其他人在着手仿造一台打字机，其打出的每个字母、逗号、空格都要完全模仿里奥塔将军秘书的那一台，因为就像夏洛克·福尔摩斯曾经说的："打字机如同人的笔迹一样有个性。"史蒂芬逊的专家研究了那张窃来的信件，他们断定这个秘书用的是一款老式好利获得[1]打字机，连这台打字机的怪毛病都被纳入了复制的打字机里。里奥塔将军的信笺抬头在新的仿造纸上被十分精准地进行了复制和压印，专家们甚至认为它经受得起显微镜的检查。这封决定性的函件被杜撰、打好字并拍成照片。该信的一份复印件以缩微胶卷的形式交予史蒂芬逊在里约的首席代理，这个"计中计"将确保那些即将读到这封信的人无从怀疑其真实性。

1941年11月14日的早晨，里约热内卢报纸的内页出现了一篇有关乔凡尼·科波拉（Giovanni Coppola）少校——大陆航空在当地的主管——家中失窃的简讯。根据警方的报告，一只床头钟和其他的小物件被偷走了。第二天，一名来自英国情报部门的巴西特工假扮成其中

---

[1] Olivetti，意大利著名打字机品牌，创始于1908年。

一名窃贼，来到美联社驻里约办公室，出示了一份他宣称在少校家窃取的缩微胶卷。这玩意会有意思吗？美联社记者发现信中的内容是爆炸性的，并推测它以缩微胶卷的形式送出是为了避免被截获。他立刻将微缩照片送至美国大使馆以检测其真实性。

当卡弗里大使仔细检查放大后的信件并判断这封信是真实的时候，他或许能自我安慰一番，长久以来苦思冥想的清除大陆航空的方法已落入其掌中。卡弗里带着缩微胶卷和放大后的信件去见总统瓦加斯，瓦加斯阅信后勃然大怒。

这封信里不仅称呼总统是个"臃肿的小丑"，而且它还暗示一场法西斯的阴谋正在进行之中。信中称意大利人计划和瓦加斯主要的政敌"整体党"（Integralist Party）——一个极右翼的政治团体，因其所穿服装也被称为"绿党"——接触，而瓦加斯已然挫败了一起绿党的未遂政变。总统禁止将该信公之于众，但它很快就流进了外交圈子乃至其他地方。

"毫无疑问，这个小胖子已经掉进了美国人的口袋，只有我们的绿党朋友发起暴力行动才能拯救这个国家，"这封冒牌信里如是说道，"我们在柏林的合作者……已经决定在最短时间内实施干预。"

根据这封信的说法，德国的干预意味着汉莎航空可能加入在巴西的竞争，大陆航空在当地的主管被要求和"绿党的先生们"保持友好关系，确保大陆航空在一个新的政权下维持其特权地位，并且要从"绿党先生"口中打听到下届空军部长的合适人选，所有看似有理的劝告都指向了一场可能的政变。为了锦上添花，史蒂芬逊用一段让人无法视而不见的侮辱性言辞结束了整封信："巴西，也许，就像你之前说的，整个国家的人都是猴子，但他们是群任何人在幕后操纵都会随之起舞的猴子。"

狂怒的瓦加斯总统取消了大陆航空的着陆权。事态的进展实在过于迅速，以至于意大利方面的抗议都归于无效。巴西的士兵接管了公司的飞机、机场以及维护设备，连机组人员也遭到拘禁。公司的当地主管科波拉少校，携带着从银行提取的一百万美金试图逃往阿根廷，但巴西当局在距边境咫尺之遥的地方将其逮捕，并把他投入监狱。

美国大使卡弗里把这桩事情的告终完全归功于他自己，他把一份信件的副本悄悄展示给了一位在英国大使馆工作的英国情报员，表示美国的情报员"抓住"了致命的证据，并将大陆航空扫地出门。之后，联邦调查局局长胡佛也宣称在打倒大陆航空上有功。这位私底下知晓信件真实来历的英国特工，一定会热情洋溢地恭维美国大使的工作。

随着大陆航空在1941年寿终正寝，德国与意大利航空公司对南美洲天空的统治——在20世纪30年代曾经是那样强大的存在——终于画上了句号。

翱翔的阿兹特克人，被遗忘的飞行者

在哥伦布发现美洲之前，墨西哥城的查普特佩克公园[1]是一片郁郁葱葱的空旷之地，是供阿兹特克的统治者休息和玩乐的地方。今天它是这座世界上最大的西班牙语城市中一块占地1500英亩的绿洲。在公园里有一座城堡，六个"小英雄"（Boy Heroes）便是从上面跳了下去，这些学生兵在1847年的美墨战争[2]中曾坚守一个山头并抵抗美国部队。

吊诡的是，不远处的另一块纪念碑却是纪念二战中美国指挥下的

---

1 Chapultepec Park，位于查普特佩克山顶，占地647公顷，是墨西哥城最大的城市公园之一。
2 1847年美墨战争期间，美军攻克墨西哥城的屏障查普特佩克，并占领了墨西哥城。

墨西哥空军部队的。墨西哥空军201中队，因其成员而取绰号为"阿兹特克之鹰"，包括在美国受训的300名飞行员和机组人员，他们参与了1945年轰炸吕宋岛和中国台湾的行动，并且自巴布亚新几内亚运送飞机至太平洋战区的机场，以供盟军打击日本之用，有8名"阿兹特克之鹰"的队员在执行任务时牺牲。

但不要指望能向到公园游玩的墨西哥人问路来找到这块二战飞行员的纪念碑。

"那里有个地铁站是以他们的名字命名的，我知道。"我向一个人问路时，他这样说。他是第一个对201中队还留有一星半点印象的人。

我走向两个有着本地长相，站在一株巨大的尖叶落羽杉（一种墨西哥柏树）前的人。他们说他们正在向这棵树祈祷，墨西哥柏树在当地人心目中是很神圣的。我们所站的地方离那尊"阿兹特克之鹰"队员的纪念碑不到一百步的距离，纪念碑呈巨大的阶梯式半圆形，足有一层楼高，然而他们却表示自己从来没听说过201中队。"我们并不关心战争。"其中一个叫特诺奇的人说道，他视自己为一名纳瓦特祭司。

献给"阿兹特克之鹰"的巨大纪念碑和他们的名字在后世所激起的寡淡情绪形成了对比，这象征着墨西哥对参加这场战争的分裂态度。当时华盛顿和墨西哥城双方都意识到，为了确保墨西哥在战后新的世界秩序中占有一席之地，一定的军事参与是必要的。然而由于历史原因，支持华盛顿在墨西哥人中间并不是一桩受欢迎的事。作为北方的老大哥（Big Brother），美国自墨西哥夺走了大片领土，给这个国家投下了长长的阴影。

不过当战争临近尾声时，墨西哥总统曼努埃尔·阿维拉·卡马乔[1]

---

[1] Manuel Ávila Camacho（1897—1955），墨西哥军人、政治家，1940—1946年任墨西哥总统，任职期间推动温和的社会改革，加入同盟国一方参加二战，并实现与美国的和解。

终于找到了一个以捍卫墨西哥人尊严为理由在军事上支援盟国的办法。1942年5月，两艘向美国供给石油的墨西哥油轮被德国U型潜艇击沉，其中一艘在去往纽约的途中，另一艘则正从宾夕法尼亚返航。墨西哥遂向轴心国宣战。1944年，总统卡马乔派出空军战斗机中队与盟国一同作战，为墨西哥沉船"争回国家荣誉"。

当他们在得克萨斯和爱达荷州接受训练时，"阿兹特克之鹰"常常遭遇歧视。

"美国人至少是有点看不起我们的，"雷纳尔多·盖拉多（Reynaldo Gallardo）队长在2003年接受加州圣迭戈一家报纸的采访时，这样回忆道，"他们虽然没这样说，但我注意到了。我们下定决心对此什么也不说，而是要以行动向他们展示我们的能耐。"

在菲律宾的一次美墨联合出击中，此时归属美军第58战斗团的盖拉多完成了低空扫射一排日军部队和车辆的任务，当他提升飞机高度后，他"变得有些疯狂"，操纵着飞机进行了一个庆祝胜利的翻滚，这个举动导致他在对讲机里遭到"疯狂的墨西哥人"的咒骂。盖拉多认为这是种冒犯，打算不顾一切地回敬冒犯者。着陆后，他发现那个骂他的美国人有他"三倍那么壮和四倍那么重"，还咧着嘴笑着。但他们无论如何还是要打一架，对盖拉多来说幸运的是，这仅仅是场扭打，但墨西哥人的勇气为他在飞行员中赢得了尊重。两位"角斗士"很快便成为好朋友，也打破了墨西哥飞行员与美国飞行员间的坚冰。

战争结束后，"阿兹特克之鹰"凯旋归国，墨西哥城举行了盛大的游行来欢迎他们，但之后他们便迅速湮没无闻，成了国家景观的背景。依靠美国支援盟国的《租借法案》计划，墨西哥获得了新式的战斗机和其他战时物资，可是，作为华盛顿的战斗伙伴并不符合墨西哥独立自主于美国的形象。阿维拉·卡马乔的继任者米格尔·阿莱曼·瓦尔德斯[1]，基本背离了前任的政策。再者，执政党中的任何人都无法坐视战时英雄与那些由党内亲手提拔的老派参选人在政府机关里展开竞争的可能前景。空军老兵就此淡入历史，尽管之后的那些年里他们会在一些纪念仪式上出场。

墨西哥城的美国退伍军人协会（American Legion post）位于树木葱茏的康迪萨区一所漂亮的老式建筑内，这是飞行员们依然得到纪念的少数几个地方之一。协会像是另一个时代舒适的遗迹，附带一间下午两点开始营业的酒吧，一家二手书店。各式各样的纪念品装点着屋子墙壁，其中包括一张诗人艾伦·西格（Alan Seeger）的照片。艾伦·西格是美国乡村歌手皮特·西格[2]的叔父，在一战期间的索姆河战役中阵亡。一位名叫玛格丽特的秘书替我翻找出"阿兹特克之鹰"那些英俊年轻人的照片，在一些照片里，他们在驾驶的螺旋桨战机——单座"雷霆"战斗机——前摆着姿势。玛格丽特说，在过去，协会每到11月11日的上午11点钟都会举行退伍军人节的纪念活动——"为了那些活着回来的人"。在纪念日当天，"阿兹特克之鹰"的老兵会与协会会员以及从美国大使馆来的海军陆战队员一起在公墓前追悼死者。然而，在大多数时候这些飞行员是国家"被遗忘的战士"，大街上的人对于二战缺乏兴趣——即便墨西哥在输出人力来代替美国前往参战的务农人口以及提供石油和其他自然资源方面扮演了十分重要的角色。

"我们是为了捍卫国家的主权和独立而战的。"生活于韦拉克鲁斯州哈拉帕的前中士赫克托尔·泰罗·皮内达（Héctor Tello Pineda）在

---

1 Miguel Alemán Valdés（1902—1983），1946—1952年任墨西哥总统，任职期间大力推动国家工业化，但终止了卡德纳斯时期开始的土地改革，对工人运动进行镇压。
2 Pete Seeger（1919—2014），美国乡村歌手和社会活动家，是民歌复兴运动的先驱，被誉为"美国现代民歌之父"。

21 　他2017年去世前的一次电视采访中说道。泰罗20岁时加入了墨西哥的部队,他认为那段经历"塑造"了他的余生。

　　"我们履行了作为士兵的使命,为了墨西哥的自由,我们以勇气和纪律完成使命。"他说道:"这也是为了全世界,因为事实上这是一场世界大战,与其被称呼的那样名副其实。"

第二章　黑色黄金，助燃战争的石油

在欧洲人到来的几个世纪前，巴西东北部的土著战士会在他们的箭头涂上沥青和树脂，将它们点燃然后射出去，以摧毁敌人的营帐。等到1500年葡萄牙人到来的时候，印第安人又会向这第一批欧洲来的定居者的房子射出这些火箭。

而在向北大约五千英里，阴雨连绵的墨西哥湾沿岸，当地人点燃焦油（chapopote）来祭神。他们会积攒少量渗出的石油，把它们作为染料和胶水，或当成药物涂抹在皮肤上。1519年西班牙人登陆后，这些征服者便用沥青作为船只的防水涂料。

尽管如此，拉丁美洲的石油在20世纪以前始终保持着无人问津的状态，直到来自欧洲和美国的勘探者于巴西、秘鲁、委内瑞拉、玻利维亚、哥伦比亚和墨西哥展开钻井作业。此时石油已经变成一种新的"黄金"：石油供给着全世界的电能，用它制成的柏油被用于铺路，经由原油精炼而成的汽油则被作为燃料供应汽车、大巴车，乃至日益增加的火车。早在一战时，英国的海军大臣温斯顿·丘吉尔便将石油列为不可或缺的战时物资，他已预见到英国舰队正从煤炭驱动转型。至20世纪30年代，筹划下一场大战的各国无不垂涎于石油资源，无论它们能在何处被找到。

在拉美的33个国家中,墨西哥拥有已探明的最大石油储量。围绕墨西哥石油引发的争斗不仅牵扯进国际银行家、间谍、高层操纵,有时甚至引发骚乱,对二战的爆发造成严重后果。墨西哥石油被销往德国、意大利和日本,使得法西斯阵营占尽先机。石油令墨西哥与其他国家的关系遭遇震荡,尤其是美国。欧洲和美国的公司在委内瑞拉、哥伦比亚、巴西、玻利维亚、秘鲁和阿根廷都开采石油,但在战争的准备阶段,当世界上的工业国家纷纷囤积武器和资源的时候,墨西哥正处于拉美这场大戏的中心。

可怜的墨西哥,它离上帝是那样远,离美国却是那样近。

——墨西哥总统波尔菲里奥·迪亚斯[1]

对于同盟国来说很遗憾的是,历史上美国与其邻国的关系颇为恶劣。自从1821年墨西哥摆脱西班牙统治宣布独立以来,美国军队便三番五次地攻打和占领墨西哥领土,或是制造越境袭击。墨西哥人相信,他们许多的苦难,乃至无法实现真正的独立,都与其毗邻这个北方强国有关。整个19世纪,美国蚕食了墨西哥超过一半以上的国土,1845年兼并了今日的得克萨斯州,1848年美墨战争结束后,则兼并了包括今日加利福尼亚州、犹他州、内华达州、亚利桑那州以及新墨西哥州几乎全部的领土。

1914年,两国间开始新一轮的紧张关系。墨西哥拘捕了九名美国

---

[1] Porfirio Díaz(1830—1915),墨西哥独裁者,1876—1911年任墨西哥总统,是墨西哥历史上任期最长的总统。1911年迪亚斯政权被革命派推翻,迪亚斯流亡法国,后死于巴黎。

水兵，他们试图闯入主要石油出口港——坦皮科[1]的一处被禁止进入的燃料储备设施区。作为报复，美国总统威尔逊命令美国海军攻打位于坦皮科以南三百英里的韦拉克鲁斯港。被捕的美国水兵很快获释，但美国舰队司令要求墨方道歉并为所谓的"坦皮科事件"（Tampico Incident）鸣放二十一响礼炮，墨西哥方面拒绝屈从。当一艘德国商船预备向充斥着暴力的墨西哥总统争夺战中的一位竞选者运送武器这一消息传到华盛顿时——那位竞选者是威尔逊并不中意的人选——威尔逊下令占领韦拉克鲁斯。这是个典型的"大棒政策"（Big Stick）下的行动，美国的占领持续了足足七个月。墨西哥政府为此事义愤填膺，断然拒绝支持美国参与一战，不仅始终宣布中立，而且在战争期间维持着与德国的贸易往来。

在20世纪20年代初，墨西哥是仅次于美国的全球第二大石油出口国，然而开采者基本都来自国外，他们拥有资本或经验，抑或两者兼而有之。技术熟练的当地雇员的工资只能是外国经理和工人所得的一小部分，墨西哥当局每次试图增加税收或从这个国家主要的自然资源当中获取一些利润，都遭到外国公司以及在背后撑腰的外国政府的挫败。墨西哥不但在19世纪丢失了大片领土给美国，在20世纪初，它又要眼睁睁地看着国家最宝贵的部分土地被国际石油巨头紧紧攥在手里。

> 成功的配方：早起，勤奋工作，开采石油。
> ——保罗·盖提[2]

外国公司与他们的墨西哥主人间不平等的关系始于1901年，这一

---

[1] Tampico，墨西哥东北部塔毛利帕斯州的最大城市，墨西哥湾重要海港。
[2] J. Paul Getty（1892—1976），美国石油大亨。

年，加州的石油大亨爱德华·多希尼[1]在埃尔阿巴诺（El Ebano）钻出了他在墨西哥的第一口油井。埃尔阿巴诺是个铁路沿线的偏僻所在，位于坦皮科西南大约35英里处。多希尼早就在洛杉矶周围拥有众多高产油井，他从加州的项目以及那些有意愿将煤炭更换为石油的铁路商人手里筹集到资金后，便向南方进发了。他宣布会向任何能带他找到沥青坑的人支付五比索。那些总是向外冒着讨厌棕色泡泡的地方，常常会让牲畜徘徊不前并被困陷其中，不过对多希尼来说，这些沥青坑却是石油的标志。他写道：

> 我们发现了一个小的圆锥形山丘，那里不断有石油气泡涌出，看到此情景，我们立刻将当地可怕的天气——炎热、潮湿、连绵不绝的雨水……生长速度似乎与被砍伐速度一样快的茂密丛林——全都抛诸脑后了。

多希尼勘探到喷油井的消息立即传遍了全世界。追寻飞来横财的人搭乘火车和轮船来到这里，其中既有从大公司带着计划和地图来的人，也有单枪匹马的盲目开采油井的人，曾经的石油开采地——俄亥俄州、伊利诺伊州、堪萨斯州和东得克萨斯往往被他们丢在了身后。从英国还来了一位富有的企业家——威特曼·迪金森·皮尔森（Weetman Dickinson Pearson），身为一名苏格兰承包商，皮尔森因其在建筑工程领域的成就早已家喻户晓：第一座阿斯旺水坝，泰晤士河下的隧道，以及哈德逊河下的两条地铁隧道。

---

[1] Edward L. Doheny（1856—1935），美国石油大亨，1892年于洛杉矶油田成功开凿出第一口油井。

皮尔森在墨西哥的工程师，此时正修筑着横穿特万特佩克地峡[1]的铁路，他们告诉了他有关当地发现石油的情况。皮尔森的朋友，墨西哥总统波尔菲里奥·迪亚斯给予了这个苏格兰人在五个州的特许权，这在某种程度上是为了防范标准石油公司和美国人垄断生产。1908年，皮尔森成立埃尔阿古里亚（El Aguila）公司，不久之后它成为墨西哥最大的石油公司，是荷兰皇家壳牌公司的一部分。

在20世纪头十年进入尾声的时候，从埃尔阿巴诺南部至特万特佩克地峡，有超过155家独立企业，包括多希尼和皮尔森的公司、南太平洋铁路公司、得克萨斯州的海湾石油公司、洛克菲勒标准石油公司，以及345个个体与合作团体在经营着采油场。

1910年爆发的墨西哥革命（Mexican Revolution）是20世纪第一场大规模的社会动荡。自1876年上台主政以来，波尔菲里奥·迪亚斯兴建铁路，提振经济，但他这么做的代价却是从劳动者，尤其是土著居民手中夺走土地，再任由私营企业将其瓜分殆尽，这些企业所创造的财富只流向极少数人。对于看起来肆无忌惮的外国投资，譬如石油领域的投资，人们也怀着深深的怨恨情绪，因为它们并没有被用于改善民众的生活。

革命未曾中断石油生产，石油开采基本上都集中在墨西哥湾沿岸，离大多数战斗发生地很远。除此之外，外国公司都拥有自己的武装，不仅强大且装备精良，因而交战人员都不会冒险进入采油场的控制区域。

美国人、英国人、荷兰人以及部分法国人生活在舒适的飞地之中，而与此同时墨西哥的雇工却只能独自进食，住低劣甚至肮脏的房屋。

---

[1] 特万特佩克地峡位于墨西哥南部，最窄处宽约220公里。

这些外来者似乎一点儿都不关心生活在石油设施周围的当地农民的境遇。上述状况被一个年轻的骑兵军官注意到了，他曾经于20世纪20年代在坦皮科地区指挥过三年军队，他就是未来的墨西哥总统拉萨罗·卡德纳斯[1]。坦皮科当地某个石油公司曾拒绝为它穿过一座村庄的水管加装水龙头，迫使居民们不得不继续艰苦跋涉至一条河边取水。作为巴结当地军官的常规动作，这家公司送了台崭新闪亮的帕卡德轿车给卡德纳斯，不过卡德纳斯没有接受，继续开他那辆破旧的哈德逊汽车。

卡德纳斯从未忘记过他所看见的情景。野蛮的公司武装——声名狼藉的"白卫兵"（guardias blancas），掌控着当地秩序。"在那些毗邻油田的村庄里，究竟有多少医院、学校、社会中心、卫生供水设施、运动场，乃至需要用百万立方米的天然气供给的电站被肆意浪费？"怀着只有亲眼见证过的人才拥有的权威，多年以后，他对整个国家这样发问道。

经历了革命的大混乱后——总计有350万人在1910年至1921年间丧命——墨西哥颁布了一部意义非凡的宪法[2]，宪法保障各项社会权利，授权实施土地改革，并为工人落实劳资谈判的权利。这部法律文件著名的第27条向石油业做了带有根本性的暗示：政府会给予有限度的特许权，但从今往后，地底探得的一切东西，例如石油，以及金、银、铜，其所有权都归属国家。

国际石油公司对此的反应是满腹疑虑——他们认为，接受这种特许权便意味着地下物产只在有限的时期里归属他们了。石油公司的高管们似乎开始同意美国石油大亨保罗·盖提的名言："恭顺的人会得到

---

1 Lázaro Cárdenas del Río（1895—1970），墨西哥政治家，1934—1940年任墨西哥总统，在任期间领导了著名的"卡德纳斯改革"，为墨西哥的资产阶级民主制度奠定了基础。
2 指1917年颁布的《墨西哥合众国宪法》，历经多次修改后沿用至今。

土地，但并非它的矿产权。"

石油公司及其政府不愿意向新法案低头，还有远超墨西哥一国的原因：他们担忧滚雪球般的效应会波及其在秘鲁、哥伦比亚、委内瑞拉和玻利维亚的产业，墨西哥发生的事情必须被废止。

当革命老兵普鲁塔科·卡列斯[1]将军于1924年成为墨西哥总统后，他尝试落实宪法第27条，美国大使立即称呼其为"共产分子"（显然卡列斯不是，他是个墨索里尼的崇拜者，不过这无助于改善墨西哥作为美洲第一个允许设立苏联大使馆的国家而造成的外界观感）。石油公司力劝华盛顿废除武器销售的禁令，以便让卡列斯的敌人将他推翻。为了缓解紧张关系并达成妥协，美国总统柯立芝任命他在阿默斯特学院的同班同学——银行家德怀特·莫罗[2]为驻墨大使。这项任命将带来不错的进展。

德怀特·莫罗是个拥有贵族派头的摩根大通高管，一战期间他曾在法国担任约翰·潘兴[3]将军的首席文职助理。就在他抵达墨西哥首都后不久，莫罗将美国外交总部的名称由"美利坚大使馆"（American Embassy）更改为"合众国大使馆"（United States Embassy），就此化解了墨西哥人长久的积怨，因为他们认为"美利坚"（American）这个词同样属于拉美国家。

---

[1] Plutarco Calles（1877—1945），墨西哥革命后的实际掌权者，1924—1928年任墨西哥总统，之后通过指派三任傀儡总统，继续掌权至1935年。
[2] Dwight Morrow（1873—1931），美国外交官、商人，1927—1930年任美国驻墨西哥大使，在任期间提升了两国关系。
[3] John J. Pershing（1860—1948），美国军事家、陆军特级上将。1916—1917年曾率美军对墨西哥进行武装干涉，1917年美国加入一战后，任美国远征军司令，在法国前线组织美军作战。

在摩根大通工作时，莫罗一直担任查尔斯·林德伯格[1]的金融顾问。林德伯格是首位驾机横越大西洋的人，莫罗此时便邀请他前往墨西哥进行友好访问。崇拜的人潮迎接着这位世界上最知名人士的到来，10万名墨西哥工人举行游行向其表示敬意。林德伯格这次访问也带来颇为浪漫的收获，他遇见了大使莫罗的女儿安妮，两人于1929年喜结连理。

在邻近墨西哥城的库埃纳瓦卡[2]——莫罗和妻子在这里建造了一栋周末度假屋——为了展现其对墨西哥文化的敬意，大使委托壁画家迭戈·里维拉[3]在曾经是赫尔南·科尔特斯[4]宅邸的一座离中央广场不远的宫殿内绘制一幅大型叙事壁画。此番委托最终呈现出的成品是这名艺术家生涯中最为宏伟的作品之一，一位革命者眼中关于西班牙征服的图像——身穿金属盔甲的西班牙入侵者骑着优良的战马与赤脚的土著战士作战。

早在罗斯福1933年施行"睦邻政策"（Good Neighbor Policy）以前的多年，德怀特·莫罗似乎就意识到了"大棒政策"的终结。自1823年以来，美国与其边界以南各国间的关系一直遵循着后世所谓的"门罗主义"（Monroe Doctrine），向欧洲以及世界其他国家宣告了拉美属于美国的势力范围。此后的一百年，华盛顿时常动用武力，打着为了美国商贸利益的幌子，将自身意志强加给拉美各国。与此相反，莫罗则代表着对话与合作。

---

1 Charles Lindbergh（1902—1974），美国飞行员。1927年5月20日至21日，林德伯格驾驶单引擎飞机圣路易斯精神号，从纽约飞至巴黎，横跨大西洋，轰动世界。
2 Cuernavaca，墨西哥中南部城市，莫雷洛斯州首府，距首都墨西哥城85公里。
3 Diego Rivera（1886—1957），墨西哥著名画家，被誉为墨西哥壁画之父。
4 Hernán Cortés（1485—1547），西班牙贵族、探险家，1519年率领探险队入侵墨西哥，征服了阿兹特克帝国。

莫罗同样预见到了二战时纳尔逊·洛克菲勒[1]的亲善大使计划——安排好莱坞明星和著名知识分子前往南美，展开一场同时面向南北各方的宣传攻势。莫罗邀请广受欢迎的幽默作家威尔·罗杰斯[2]与他和总统卡列斯一起环游墨西哥，并将正面报道墨西哥及其总统的通讯发回美国。

1928年签署的"卡列斯—莫罗协定"（Calles-Morrow Agreement）有效缓解了两国间的紧张关系，协定为石油危机引入了某项保留条款，重新确认了1917年宪法颁布前外国公司在其土地上所享有的权益。协定声明未来的争议将交由墨西哥法院裁决。

但即便是德怀特·莫罗的外交表现也无法阻止石油工人日趋激化。对于墨西哥的中产阶级来说，他们支持革命，是因为将革命视为令外国资本俯首听命的手段，如今他们却发现在1927年的协议中外国公司几乎毫发未损。即便如此，壳牌公司和标准石油公司依然在不停抱怨哪怕是对现状的极小改变。

与此同时，德国、意大利和日本为了备战开始寻找渠道储备石油。这便是卡德纳斯，20世纪墨西哥最伟大的总统所需要面对的局势。

卡德纳斯身材高大，拥有部分塔拉斯科印第安人血统，长着一双深黑色的眼睛。他誓言施行改革，并于1934年获胜当选，在漫长和血腥的革命中一再被承诺过的改革终于得到了落实的机会。身为米却肯[3]一个店铺老板的儿子，卡德纳斯在革命期间怀着非凡的本领和雄心，二十五岁即升迁至准将。他的国家计划包括扩充联邦政府，自由主义

---

1 Nelson Rockefeller（1908—1979），美国慈善家、商人、政治家，美孚石油公司创始人约翰·洛克菲勒之孙，1959—1973年任纽约州州长，1974—1977年任美国副总统。
2 Will Rogers（1879—1935），美国演员、幽默作家及报纸专栏作者。
3 Michoacan，墨西哥中西部的一个州，首府莫雷利亚。

的社会事业，为服务公众利益而对自然资源实施管控的政策，其中许多内容与他北方的同行富兰克林·罗斯福的类似。卡德纳斯的确在推行自己版本的"罗斯福新政"（New Deal）。

这位新总统下定决心要实现根本性的变革。他个人的清廉声誉给予了他道德上的权威。然而其改革也将在石油议题上把墨西哥引向与世界列强美国和英国正面冲突的境地。

石油工人引爆了这场冲突。在20世纪30年代前，墨西哥石油工业内部组织化的劳工力量相对薄弱。当面对工人罢工时，石油公司的典型做法就是威胁要切断生产和取消岗位，而政府方面也不情不愿地附和公司，因为担心生产停顿所导致的连锁反应会造成整个国家经济的混乱。在墨西哥，炼油厂的雇员、工程师以及油田工人往往属于薪酬最好的员工，然而他们的报酬和那些从事相同工作的外国雇员之间的差距，让他们感到一种人格和尊严上的侮辱。

上述薪酬和待遇的差距在某种程度上激起了全体墨西哥人对外国势力控制本国石油的怨恨：这些不可再生的国家资源正在不断地被消耗，而因之创造出的财富却流向了外国人的口袋。"那些将国家资源交予外国企业的政府和个人背叛了他们的祖国。"卡德纳斯在其最后岁月里曾如此写道。

1935年8月15日，1万名石油工人将19个不同的工会联合起来，他们全部加入了正快速壮大的执政党下属的劳工部门——墨西哥劳工联合会（Confederation of Mexican Workers），要求提高工资和福利。他们还起草了行业内第一份劳资谈判合同，并于1936年将其递交给公司，工人们的抗争决心已定。

一些石油公司与他们的工人保持着友好关系，很快接受了这份合同，然而生产了大部分石油的17家欧美公司表示不同意，声言他们无法遵守合约。这些公司中就包括了石油巨头——皇家壳牌和洛克菲勒标准石油。依据1917年宪法成立的墨西哥仲裁调解委员会（The Mexican Board of Conciliation and Arbitration）负责处理这桩十分棘手的劳资纠纷，委员会撰写了一份2700页的报告，做出了有利于工会的判决。石油公司于是上诉至墨西哥最高法院。法院最终维持调解委员会的原判。

至1938年3月，卡德纳斯对墨西哥的治理正遭遇两个方面的威胁：一方面来自法西斯所支持的政坛右翼势力，他们极端反对卡德纳斯施行的广泛改革；另一方面则来自墨西哥劳工及大众，他们要求政府与石油巨头进行面对面的较量。此时欧洲的局势已濒临沸点：希特勒数以万计的部队成功开入维也纳，在国际联盟的六十多个成员国中，只有墨西哥反对希特勒入侵奥地利的举动，即所谓"德奥合并"[1]（Anschluss）；法国的指挥官将部队调动至马其诺防线随时待命；英国内政大臣呼吁招募一百万名防空志愿者；而忠于共和国政府的西班牙部队则在佛朗哥将军的军团前四散奔逃，后者的部队得到了纳粹在武器和飞机上的支援。

卡德纳斯必须做出墨西哥自独立以来最重大的决定——是否对本国石油实施国有化，同时他对墨西哥的地缘现实也时刻谨记在心，"离美国实在是太近了"。卡德纳斯手中有对他有利的两张牌：石油即将成为日益临近的国际冲突的命脉，各方对其都有需求；另外，罗斯福在1933年和1936年的泛美会议[2]上已经保证，美国军队不会再侵略拉美国家。卡德纳斯判断美国总统为了确保墨西哥石油供应不会食言，即便他打算这样做，在战争已迫在眉睫的当口，罗斯福也绝不至于冒着失去所有拉美国家忠心的风险做出轻率的举动。

---

1 德奥合并，指1938年希特勒强行吞并奥地利的事件。
2 泛美会议又称"美洲国家组织会议"，是美国和拉丁美洲国家组成的区域性国际会议。首届会议由美国第23任总统本杰明·哈里森于1890年4月14日在华盛顿组织召开。

卡德纳斯与持有不同意见的石油公司举行面对面的会谈，提出了若干补偿方案，但公司方面拒不接受。"即便以今天的角度，那些石油公司的谈判者在对待卡德纳斯总统以及他的机关所象征的权力时，其傲慢态度都是令人惊诧的。"历史学家弗雷德里希·舒勒（Friedrich Schuler）这样写道。

1938年3月18日上午十点，墨西哥人都聚集在收音机旁聆听总统的发言，他的声音沙哑中透着坚定："国家的主权在外国资本家的阴谋诡计面前蒙受了挫败，这些资本家忘记了是他们自己进入墨西哥建立公司，如今却试图无视命令，并拒绝履行官方所要求的义务。"

这天早晨的《国家报》（El Nacional）在头版头条写着："石油公司拒绝遵守最高法院的决定，政府将依法采取措施。"

卡德纳斯愿意提供补偿，但石油公司一口回绝，他们对新成立的墨西哥国家石油公司"墨西哥石化"（PETROMEX），即此后的"墨西哥石油公司"（"佩墨西"，Pemax）发起了一场有严重危害的国际性抵制。他们夺走了"佩墨西"用于运输石油的油轮，还切断了四乙铅的供应——四乙铅是将原油提炼至适于销售的高辛烷含量汽油所必需的化合物。美国国务院与这些公司通力合作，共同劝阻拉美客户不要购买墨西哥石油。石油公司还发起第二轮抵制，以阻止向"佩墨西"销售其所需要的机器设备，他们有时甚至借助于胁迫手段，威胁将与不遵守抵制的供应商终止商务往来。一场新闻宣传也由公司精心组织起来，墨西哥人被描绘成了一副种族主义者的滑稽嘴脸。

石油巨头向华盛顿声言，墨西哥的征收行动是个危险的前兆，将导致整个南半球的石油失去控制，并对美国的核心利益构成威胁。国务卿赫尔对此深表认同。拉美油田的劳动力成本一直维持在低位，假如其他国家也群起效仿，以至于石油公司在整个拉美都丧失了获取廉价石油的能力，那又将是怎样的一番情景呢？1932年，在美国生产一桶石油的成本为1.9美元，在哥伦比亚、厄瓜多尔和秘鲁只需1.6美元，墨西哥仅需1.41美元，而委内瑞拉更是只需0.87美元。

保障石油产业在未来的地位与维持美国在拉美的势力范围被合并在一起考虑了。1938年6月，一名顾问提醒赫尔和罗斯福："假如委内瑞拉政府也效仿墨西哥政府对外国拥有的石油资产实施征收……且没有支付足够的费用，那么对于国务院来说，怎样解释'门罗主义'的恰当内涵将成为一个需要应对的严重问题。"

随着比索贬值，墨西哥人承受着20%的物价上涨，但各个阶层的公众均对石油国有化表示支持。卡德纳斯相信石油具有一种社会功能，而墨西哥人认同石油对国家的价值要远超货币：石油收归国有是经济领域的独立宣言。卡德纳斯曾保证，无论境况如何，"墨西哥都将对其外债负责"，公共募捐的呼吁很快传播开来。"国家官员、高级神职人员、爱国的贵妇、农民、学生——为数众多而又千姿百态的墨西哥人——都解囊相助，捐出钱财、珠宝，甚至是居家用品、鸡、火鸡和猪。"一位历史学家写道。

然而捐献珠宝和猪既无法弥补墨西哥的预算、抵偿国债，也不能用来覆盖各项社会事业，实现国家现代化。随着墨西哥的传统市场被封堵，卡德纳斯不得不寻找别处销售石油，而德国、意大利和日本正凑上门来。

卡德纳斯是个具有坚定信仰的民主主义者，他的政治对手则得到了墨西哥法西斯组织以及佛朗哥的西班牙长枪党[1]的支持。不过卡德纳斯将会基于对墨西哥最有利的考量去决定运送石油的目的地。

---

[1] Spanish Falange，西班牙的法西斯政党，由普里莫·德里维拉创建于1933年，1937年佛朗哥成为该党领袖。西班牙内战结束后，长枪党成为西班牙唯一合法政党。1977年被西班牙内阁取缔。

神秘人的入场

威廉·罗兹·戴维斯（William Rhodes Davis），一个具有传奇经历的国际商人，在不惑之年创造又丧失了他全部的财富，这个人选择在此时登场可以说是再合适不过了。1941年的《纽约时报》将戴维斯称为战时国际政局中的"神秘人"。作为一个天生的推销员，戴维斯拥有充满吸引力的个性，从罗斯福到希特勒的各类人物他都能结交，他给予了卡德纳斯为完成石油国有化所需要的东西——墨西哥石油的稳定市场。同时，这位美国企业家也确保了纳粹德国能够获取其发动战争所必需的燃油。

威廉·罗兹·戴维斯出生于亚拉巴马州的蒙哥马利（Montgomery），他常常说其先祖能追溯到大英帝国的创建者塞西尔·罗德斯[1]和美利坚联盟国[2]总统杰弗逊·戴维斯[3]——与其说家族渊源是真实的，不如认为可能更多是出于提升社会地位的动机。在俄克拉荷马州，戴维斯自底层起步学习石油业务，从在钻井内干脏活开始，到二十四岁时拥有了第一家油井钻探公司。多年之后他成功转型成为身着考究西装，用欧洲人的做派抽香烟（将其夹在拇指和食指之间），举手投足都精于世故的企业家。戴维斯是个根深蒂固的乐天派，但他同样也是个锱铢必较的商人，如变色龙般拥有着可以依据场合的需要随时转变外表的能力，从口齿笨拙的乡巴佬化身为谈吐流畅、举止文雅的绅士。在一战服役期间，

---

[1] Cecil Rhodes（1853—1902），英裔南非商人、矿业大亨和政治家。1890—1896年任英国开普殖民地总理，曾筹划修建开罗至开普敦铁路，1902年以其名义设立了著名的罗德奖学金。
[2] Confederate States of America（1861—1865），又称"南方邦联"，南北战争期间南部蓄奴州成立的地方性政权，首都设于亚拉巴马州的蒙哥马利。
[3] Jefferson Davis（1808—1889），美国军人、政治家，南北战争期间任美利坚联盟国首任也是唯一一任总统。

他曾负过伤，走路有些微跛，虽然并非仪表堂堂，但戴维斯一直是那个在屋子里放置着最宏大计划的人。

1933年，当纳粹党掌权后，戴维斯被向德国兜售石油的前景所吸引，他派了一个公司职员前往柏林。几周之后，其信使报告说，以他们现有的独立小企业，想在德国与标准石油、壳牌这些牢牢控制市场的巨头对抗根本毫无机会。石油巨头构筑的铜墙铁壁已不是第一次阻挡戴维斯推展各项计划了——他对这些大公司可谓恨之入骨，常常称它们是"国际联合体"。

戴维斯没有被吓倒，他得到了多年的商务合作伙伴——波士顿银行的融资，并亲自启程前往德国。在那儿他购得了一家位于汉堡的储油公司，拟定了一份大规模的炼油计划，怀着标志性的自信，他向各家德国银行兜售自己的计划。当一个银行家把他介绍给了上流贵族卡尔和维尔纳·冯·克莱姆（Karl & Werner von Clemm）这对孪生兄弟后，戴维斯竭力与两人交好，而他的幸运之星开始在柏林冉冉升起。

经由妻子、情妇以及家族成员编织的网络，克莱姆兄弟与德国、美国极具影响力的人士建立了交情，而这些人光靠戴维斯自己是绝对见不到的：盖世太保头目鲁道夫·迪尔斯[1]；高级外交官约阿希姆·冯·里宾特洛甫，1938年后出任希特勒的外交部部长；以及哈利·格林（Harry T. S. Green），纽约国家城市银行（National City Bank of New York），即今日花旗银行（Citibank）的副总裁。维尔纳·冯·克莱姆还为戴维斯安排了一场招待会，以便他能和企业界的高管们见面，这其中就包括了法本公司[2]的董事长。法本公司是实力强大的化工与制药卡特尔，为

---

[1] Rudolf Diels（1900—1957），1933—1934年任盖世太保首脑，是盖世太保的首任首领。
[2] IG Farben，全称为"染料工业利益集团"，成立于1925年，曾是德国最大的公司，总部设于法兰克福，二战后被盟国勒令解散。

希特勒的竞选捐助了比其他公司多得多的资金,且即将成为战争的最大获益者。戴维斯在招待会上上演了一出精心设计却令人惊骇的登场亮相:他走进宴会的房间并行了纳粹礼。结识企业家让戴维斯面见政府官员变得更加容易。

但戴维斯深知他的计划想要推进下去还必须获得元首本人的认可。他将其大规模炼油计划,名为"欧洲油罐"(Eurotank)的一份副本径直呈递给了希特勒。几天之后,戴维斯正在德意志国家银行(Reichsbank)向一桌满腹狐疑的主管汇报他的计划,他明显感受到了对方的抗拒,就在此时希特勒走过门口,与会人员见状纷纷站了起来。

"先生们,我仔细研究了戴维斯先生的提案,它听上去很可行,我希望银行能给他提供经费。"希特勒说道。

元首伸出手臂行了一个纳粹礼,随后便调转脚跟离开了。"欧洲油罐"计划就在没有一票反对的情况下获得了注资。

戴维斯雇用温克勒—科赫工程(Winkler-Koch Engineering),一家来自堪萨斯州威奇塔(Wichita)的建筑设计公司来改建其在汉堡的储油设施。对戴维斯来说,这是个明智的选择。这家公司的所有者弗雷德·科赫(Fred Koch)于20世纪30年代频繁前往德国处理石油业务,对于如何在纳粹德国把事情办妥了如指掌。弗雷德·科赫在1935年将戴维斯的设施改造成了世界上最大的炼油厂之一,他的儿子查尔斯·科赫[1]和大卫·科赫[2]兄弟后来成为美国极右翼政治势力中的亿万富翁。

"欧洲油罐"每天能够精炼一千吨原油,它也是德国境内为数不多的可生产战斗机所需高辛烷含量汽油的炼油厂之一。"欧洲油罐"为纳

---

[1] Charles Koch(1935—),美国商人、政治家和慈善家,科赫公司董事长和执行长,2018年被评为全球第8大富豪,净资产达507亿美元。
[2] David Koch(1940—2019),美国商人、政治家和慈善家,查尔斯·科赫之弟。2019年福布斯亿万富豪榜名列第11位,净资产达505亿美元。

粹空军提供燃料,这项由戴维斯所有并通过科赫建成的业务成了"纳粹重整军备行动的关键一环"。

无论希特勒青睐戴维斯是由于其在柏林拥有令人印象深刻的人际关系,还是由于他觉得将第三帝国的生意交给一个单打独斗的美国人会比壳牌和标准石油更易于控制,总之,戴维斯成了德国获取石油的主要渠道。显然,柏林方面将戴维斯的美国人身份视为在南北美洲的一项优势。赫尔曼·戈林(Hermann Goering),纳粹党最位高权重的成员之一,在日后有关戴维斯的一段话中说道:"当美国陷入大萧条的时候,我就拼命想在美国找到一个能利用当前的经济形势来为我做事的人。"

威廉·戴维斯需要稳定的石油供应来维持"欧洲油罐"的运转。从1934年到1938年,他在墨西哥购买了小块特许地,并在坦皮科成立了公司,逐渐发展起自己的生意和政治人脉,他终于可以与石油巨头们展开梦寐以求的竞争了。他面见墨索里尼,为意大利在埃塞俄比亚的战事(1935—1940)贩卖石油,助力意大利领袖(Il Duce)在国内达到声望的巅峰。而在元首于国家银行神奇现身之后,他同希特勒又会见了六次。在华盛顿,经过劳工领导人约翰·刘易斯[1]的穿针引线,戴维斯在和罗斯福总统会面时提出了一份复杂的三方易货协议:由波士顿银行出面收购美国过剩的棉花,将其运往德国以交换铁路设备,铁路设备会销往墨西哥换取石油,这些石油最后再被波士顿银行转卖给戴维斯,后者以之作为"欧洲油罐"的提炼用油,将其销往国际市场。

罗斯福对这个主意十分热心:新政期间至关重要的商品法案正面

---

[1] John L. Lewis(1880—1969),美国劳工领袖,美国矿工联合会主席,一生积极为工人阶级争取高工资、养老金和医疗福利。

临着麻烦,由于美国棉农不同意自愿限缩生产,当局正竭尽全力想要减轻棉花库存。此时正是20世纪30年代中期,美国的银行、商人再到联邦政府都在与纳粹德国做生意,就像他们与任何国家的政府那样,无论对方是否是独裁政权。与罗斯福在白宫会面之后,戴维斯于1936年的总统大选为民主党提供了总计金额最大的个人捐款。罗斯福送了一张签名照给戴维斯,上面写着"赠给 W. R. 戴维斯少校,来自他的好友",这张照片被戴维斯显眼地摆在他纽约办公室的壁炉架上。总统对这位石油商人可谓有求必应。

不过由于美国驻墨大使约瑟夫斯·丹尼尔斯[1]坚决声言反对,棉花协议最终未被通过,因为他认为美国企业在协议中获益甚少。一战期间丹尼尔斯曾担任过海军部长,当时罗斯福正担任助理部长,总统尊重这位长者的判断和两人间的友谊。

不过罗斯福并未给戴维斯,乃至其他任何人在墨西哥的石油生意亮红灯,这些生意往往都是在丹尼尔斯的建议下开展的。曾经身为南卡罗来纳州的报社编辑,时年七十五岁的丹尼尔斯是一个性情温和的老政治家,在石油危机中,特别是当其牵涉到墨西哥总统时,他建议采取弹性和不干涉的立场。丹尼尔斯相信,一旦卡德纳斯失势,墨西哥的法西斯分子就会上台。美国国务院中的强硬派曾轻蔑地称呼丹尼尔斯"比墨西哥人还像墨西哥人",这无疑是个讽刺,因为正是丹尼尔斯担任海军部长期间,在坦皮科事件中向美军舰船下令朝韦拉克鲁斯开火,贯彻了威尔逊总统的"道德外交"[2]。

---

[1] Josephus Daniels(1862—1948),美国政治家、出版商,1913—1921年任美国海军部长,1933—1941年任美国驻墨西哥大使。
[2] moral diplomacy,指伍德罗·威尔逊于1912年美国总统竞选时提出的外交策略,强调美国在外交上将只支持与本国民主价值理念相同的国家。

为法西斯的战争机器注油

丹尼尔斯的上级,国务卿赫尔常常将墨西哥人称为"那些共产分子"。他在石油公司与卡德纳斯的争端中站在公司的一边,就像他在卡德纳斯的土地改革中要站在美国业主一边对抗改革一样。美国人在墨西哥占有大片的土地,在其中的一些土地契约上,美国人享有令人瞠目的权利,与那些石油公司的态度简直如出一辙。

报业大亨威廉·兰多夫·赫斯特[1]在墨西哥北部的科阿韦拉州(Coahuila)拥有一处2500平方英里的"牧场",他同时还拥有这块继承自他父亲的土地上的木材收益与矿产收益。当青年时代的赫斯特见识了这块土地的广袤之后,他写信给母亲:"我实在看不出有什么能够阻止我们拥有墨西哥的一切,并以此来满足我们的要求。"

罗斯福认为赫尔墨守成规地强硬捍卫美国人在墨西哥财产的做法,在20世纪中叶显得过时了,他觉得墨西哥向石油公司支付补偿金并非毫无道理。罗斯福表示,石油公司坚持其补偿必须包括尚未开采的地下石油的价值是走入歧途,1938年4月,他以其位于佐治亚的住宅——"小白宫"[2]作为比方这样告诉记者:"假如我在沃姆斯普林斯(Warm Springs)拥有一块价值5000美元的土地,而政府或是佐治亚州想要征用它,那我就应当得到5000美元。我不能够说,'若干年后这块地就要值两万美元了,所以你得付给我两万美元。'"

---

1 William Randolph Hearst(1863—1951),美国报业大亨、企业家,赫斯特集团创始人,在20世纪初掀起"黄色新闻浪潮",成为新闻史上饱受争议的人物。1941年奥森·威尔斯导演的经典影片《公民凯恩》便是以威廉·赫斯特的生平改编而成。
2 Little White House,位于佐治亚州南部沃姆斯普林斯,距亚特兰大110公里,是美国总统富兰克林·罗斯福休假和养病的地方。1945年4月12日,罗斯福总统因脑溢血在此病逝。

然而，即便是这样，罗斯福也并没有直接干预石油公司，他选择站在一边任由他们继续坚持那些毫不妥协的索赔要求，使其在墨西哥私有产权上的斤斤计较盖过了对这个问题的关注：此种举动正令美国的敌人在迫近的战争中实力日益增强。就在墨西哥的石油被美国拒之门外时，它正源源不断地流向轴心国。

这显然不是卡德纳斯所期望的方式，在他宣布征收石油资产的广播讲话里，他说墨西哥绝不会"偏离与民主国家的道义团结哪怕一英尺"。他派出墨西哥银行行长前往法国和西班牙共和国销售石油，但上述尝试并不成功。

与此同时，除了戴维斯所辖公司，绝大多数个体企业由于惧怕国际巨头的怒火，都选择对墨西哥石油敬而远之。个体户们日常业务里很重要的一块就是为大公司运输额外的货物，一旦他们交易墨西哥石油，这块收益便将化为乌有。另外，个体户们必须指望能在有主要公司进行贸易的港口实现货物的快进快出，他们根本没有金钱抑或是法律对策来抗衡标准石油和壳牌，后者已威胁将视墨西哥石油为"非法货物"予以没收。而就在此时，除了向西班牙本土运送石油，洛克菲勒的标准石油公司正经由加那利群岛[1]，通过部分油轮上的德国船员向第三帝国运送石油。

在对墨西哥石油实施国有化五个月后，卡德纳斯仍然在寻找能将石油销往民主国家并与反法西斯者结盟的方式。他委托美国矿工联合会（United Mine Workers）主席约翰·刘易斯给罗斯福总统送去一封密信——刘易斯当时正在墨西哥城参加一个有关召开反战及反法西斯国际会议的群众集会。随着希特勒吞并捷克斯洛伐克的苏台德区，卡德

---

1 Canary Islands，非洲西北海域的岛屿群，面积7273平方公里，现为西班牙的一个自治区。

纳斯计划在整个美洲发起一场针对侵略国家的经济制裁，让侵略者失去军备的原材料供给。他深知此举将一手摧毁墨西哥的德国市场，而这个市场正是由戴维斯建立起来的，可他依然提出了上述动议。然而就像大使丹尼尔斯之后写道的，罗斯福承受了来自石油公司的太多压力，无法推动卡德纳斯的计划。

此时戴维斯正出口着墨西哥每月石油产量的一半，在1938年和1939年，德国与意大利成了墨西哥石油的最大买家，一家由归化的日裔墨西哥人都留竞（Kiso Tsuru）运营的公司"拉古纳"（La Laguna）则向日本运送少量石油。有朝一日将发起珍珠港袭击的日本联合舰队司令山本五十六，在20世纪20年代末曾担任驻华盛顿的海军武官，他与都留竞一同考察了墨西哥的采油场。作为一名曾经在哈佛大学修习过石油工程的学生，山本深知石油在供给一支现代海军所需燃料上的巨大潜能。最终，东京发现直接自加州横越太平洋进口石油，要比从都留竞处进口需要自坦皮科再经巴拿马运河，在运费上更为节省。

当战争于1939年9月在欧洲爆发后，英国对德国实施海上封锁，通过大西洋运输墨西哥石油的线路就此被切断。于是，戴维斯重新规划了油轮的线路，先穿过太平洋抵达苏俄边界的符拉迪沃斯托克，再借助西伯利亚铁路用火车运送石油。几乎与此同时，华盛顿方面为了改善与其南方邻居间疲软的关系，悄悄允许了少量墨西哥石油（由戴维斯经手）进入美国。可大公司们依然坚持着他们的抵制。

戴维斯在得克萨斯州拥有炼油厂，他从此处将石油运往西班牙（西班牙基本维持中立，但此时正由佛朗哥控制）；得克萨斯州的精炼油会从这里再被秘密运往德国或是用于给驶离西班牙和葡萄牙的U型潜艇补充燃料。但美国公司德士古[1]和标准石油在此类与"中立国"的

---

1 Texaco，又称得克萨斯石油公司，美国大型石油公司之一，成立于1901年。

暗地交易里占据着近乎垄断的地位,戴维斯对于无法在这些港口获取更多生意颇为失望。

欧洲的战事削减了盈利,戴维斯开始寻找更多渠道将墨西哥石油销往美国。华盛顿方面如今对标准石油和壳牌冥顽不化的态度感到越来越不耐烦,他们的立场只能是使轴心国得利,而在美国正日益卷入战争的当口显得越发没有爱国心。在纽约,戴维斯参与了和墨西哥官员及辛克莱公司的所有者哈利·辛克莱[1]的秘密会谈。辛克莱公司是规模较小的被收购石油企业之一,它希望与几家大公司决裂,单独和墨西哥达成协议,借此削弱巨头们的抵制行动。至1940年底,戴维斯及其他美国买家一共购买了墨西哥石油出口份额的75%。

然而,此时对于同盟国来说,损失已经造成了。在1938年3月至1939年9月间的关键月份里,德国与意大利共采购了墨西哥94%的出口石油。拜墨西哥石油所赐,轴心国在战争初期占尽上风。

石油让德国获得了对法国和英国的优势,尤其是在战斗机制造领域。由于纳粹德国缺乏充足的硬通货来支付其制造坦克、舰船、武器和飞机所需的进口原材料,通过与墨西哥之间的一项以货易货协议,德国以机械及其他工业制成品来换取石油,希特勒就此在保障了重要的石油供应的同时,节省了大笔开销用于加速军备建设。墨西哥装运的石油保证了第三帝国在战争开始时六个月的石油供应,确保了希特勒展开1939年9月入侵波兰的行动,并将尚未准备好的英国拖入战争。这些石油也使德军在来年春天入侵法国成为可能。它们同样灌满了海军元帅卡尔·邓尼茨(Karl Doenitz)的油箱,喂饱了四处游弋的U型潜艇部队。希特勒好几年的胜利都得益于战争初期自墨西哥取得的石油。

---

[1] Harry Sinclair(1876—1956),美国企业家,辛克莱石油的创立者。

1941年11月19日，长期顽抗的石油公司终于接受了墨西哥就收购其资产给出的开价。他们意识到墨西哥不会改变石油国有化的决心，而且即便没有了他们，通过戴维斯和其他人，墨西哥照样能找到销售石油的市场。美国加入战争的可能性使得事情的解决日趋紧迫。甚至连国务卿赫尔，这个在政府机构中比任何人都更久地坚持要照顾公司立场的人，鉴于"国际形势尤其是我们西半球的形势"，也开始愿意寻求问题的解决。由于不希望见到类似墨西哥的举动再次发生，美国当局积极推动与其他产油国，例如哥伦比亚及委内瑞拉达成协议，以防其优先发起单边征购（unilateral expropriation）。

在珍珠港遇袭之后，罗斯福倡议英国与墨西哥改善关系——两国关系因壳牌公司在石油国有化中利益受损而宣告中断。而此时正是需要全世界的民主国家都携起手来的时候。

罗斯福一直以来都试图说服美国大众，特别是政治保守派，其"睦邻政策"并不是给予拉美激进势力没收资产和占外企便宜的通行证。珍珠港遇袭之后，他在国内发表上述言论不得不有所收敛，可他仍需要让拉美国家对同盟国的友谊留有深刻印象。和墨西哥维持良好关系将向其他国家展现出，经济帝国主义导致的怨恨在美国与这个距离最近的拉美邻国之间早已成为陈年往事。

1943年4月的一个夜晚，罗斯福总统与墨西哥总统阿维拉·卡马乔（Manuel Ávila Camacho）在墨西哥北部城市蒙特雷（Monterrey）聚首，他们并肩坐在手工雕琢的高背椅上，面前的餐桌装点着玫瑰。阿维拉于1940年接替了卡德纳斯并在1942年5月因德国U型潜艇击沉了两艘墨西哥油轮而正式向轴心国宣战。阿维拉希望与罗斯福的会晤能够提振其国内人气。由于战时通货膨胀引发的经济衰退和有关征兵法案的流言，阿维拉的支持率不断滑落。特别是在墨西哥乡间，恐慌和示威游行频发，有流言说墨西哥年轻人将要被派往异国的土地为别人的战争送死。

把时间回溯到1909年,当最早的一批外国石油公司正在墨西哥的土地上钻探时,美国总统威廉·霍华德·塔夫脱(William Howard Taft)与墨西哥总统波尔菲利奥·迪亚斯曾在得克萨斯州与墨西哥边境的埃尔帕索[1]会面,"一场名副其实的盛会,伴随着华丽的军队……与炽烈的爱国热忱",一张得克萨斯州报纸这样报道。在那个场合,塔夫脱要求获取支持美国投资的保证,迪亚斯给予了承诺。而此时此刻的这场总统会晤则显得更加互利互让——成为战争已经改变双边关系的一个标志。罗斯福和阿维拉可以像知晓石油冲突已被妥善解决的同志般共进晚餐,可他们并不能无忧无虑地享用佳肴。

只要稍加浏览阿维拉与罗斯福会面时这一周的报纸,便能对同盟国正面临的局势有所了解:在北非,英军突击部队正与德国陆军元帅"沙漠之狐"隆美尔率领的德意联军短兵相接;苏军方面声称希特勒正准备动用毒气,而英国则威胁说一旦希特勒这么做,伦敦方面将向德国发动大规模的毒气攻击。就在蒙特雷会晤的这一天,罗斯福宣布日本刚刚处决了前一年在空袭东京行动中被俘的几名美军飞行员,日本警告对未来被俘的飞行员将直接发放"下地狱的单程票"。

即便如此远离战场,墨西哥的空气中依然充满了战争的气味。阿维拉反复向墨西哥公众保证,他不会派出任何部队作战,尽管他视自己为战时总统。身为一个矮壮结实的前任军官,阿维拉从未抛下他对军事战略和战术的迷恋。在首都的总统官邸洛斯皮诺斯(Los Pinos),他设立了数个作战室,室内布置了详细的地图及二战交战国的战场模型,他会独自在其中移动士兵玩偶。

当身处蒙特雷的阿维拉坐在美国总统身旁时,他或许会觉得他正

---

[1] El Paso,美国得克萨斯州西部城市,南与墨西哥华瑞兹城接壤。

身处共担民主未来之责的顶峰之上。他保证将忠实于罗斯福最近在卡萨布兰卡发布的颇有争议的要求轴心国无条件投降的声明。

尽管如此，墨西哥总统在某些事项上也坚持了自己的保留意见，他没有像华盛顿方面所期望的那样同意美军进驻墨西哥。他同样也没有应美方的要求将墨西哥的日裔——无论是否为墨西哥公民——与在美日裔收容者一道遣送至美国的集中营。相反，阿维拉将数百个日裔家庭从他们位于美墨边境及沿海地带的居所迁往瓜达拉哈拉[1]和墨西哥城。石油商人都留竞、德高望重的松本家族以及其他重要的日裔墨西哥人则在战争期间帮助那些无家可归者寻求救济。虽然这些家庭在墨西哥国内的强制迁移中饱尝艰辛，且这段遭遇并不为大多数墨西哥公众所知，但在整整七十五年之后，一些上了年纪的日裔墨西哥人依然视阿维拉·卡马乔为勇士，因其拒绝将他们送交美国的集中营。

在蒙特雷，两位总统对他们六个月前签署的协议表示满意，协议规定墨西哥将向美国输送30余万劳工支援战争期间的农业生产。美国的种植者正面临紧迫的人力需求以替代前往战场服役的人员，而通常迫切需要工作岗位的墨西哥人正好成了廉价的劳动力。战争期间，墨西哥的输出劳工计划为美国提供了极为重要的帮助，确保了对人口和部队的食品供给源源不断。尽管该计划在起初是暂时性的，但最终有约450万的墨西哥劳工参与进来，直至1964年计划结束。

石油曾让两个邻国间的关系走向危机，而二战引发的紧急状态又促使化解危机的方案产生——然而仅仅是在延搁多时且敌人已然得益之后。罗斯福坚定地认为不能够再发生这样的不幸。"我们都早已明了独立自主的原则，"罗斯福告诉他的墨西哥东道主，"现在是时候让我们认识到相互依存的好处——一个紧挨着另一个。"

---

1 Guadalajara，墨西哥文化、工业和经济重镇，全国第二大城市。

当墨西哥总统以光明和积极的色彩重新描绘两国在地理上的临近时，罗斯福仔细聆听着。距离美国如此之近并不必然是一桩坏事。相反，无设防且无守备的美墨边境是一个十分正面的象征。

"地理成为我们在这片大陆的拉丁和撒克逊文化圈间实现和解的天然桥梁，"阿维拉说道，"如果还有什么地方能够证明睦邻的理论是可以发挥效力的，那一定是两块土地相接的这里。"

世界大战无法永久消除华盛顿和墨西哥城之间的分歧，但美国不会再派出炮舰把意志强加到它南方邻居的头上了。贸易问题理应在谈判桌上解决，而不是用"大棒外交"。

当罗斯福和阿维拉在蒙特雷会面时，在当年已决定由采取温和路线的阿维拉作为党内候选人接替自己职务的卡德纳斯正担任国防部长兼海军部长。威廉·罗兹·戴维斯，这位曾在关键时刻将卡德纳斯最具标志性意义的改革事业——石油国有化推向前进的商人，却已然退出了历史舞台。

珍珠港事件爆发前的那个夏天，戴维斯正身居休斯敦，如同往日一样的健朗和活跃，打理着公司的生意。1941年8月1日的凌晨两点，他跌跌撞撞地穿过拉马尔酒店（Lamar Hotel）自家公寓的走廊，并敲响了跟随他多年的行政秘书厄纳·韦尔莉（Erna Wehrle）卧室的门，戴维斯焦躁不安且一反常态地多话，向秘书表示他"感觉很糟"而且特别口渴。当韦尔莉给戴维斯在当地的医生打电话时，戴维斯回厨房找水喝，之后他再次穿过走廊来到韦尔莉房门口。韦尔莉正握着电话筒，而戴维斯站在那儿，忽然一声不吭地，瘫倒在地板上，口中涌出鲜血。

官方给出的死因是"突发性心脏骤停"，但戴维斯很可能是死于谋杀。时年五十二岁的戴维斯刚从他定期问诊的医生那儿收到健康状况一切正常的证明，其死前的表现与"突发性心脏骤停"，即心肌梗死并不一致，反而像一个传记作家推测的，与某类中毒的症状相似，譬如阿托品（颠茄碱）。死者的验尸工作草草收尾，没有经过解剖，尸体就被火化了。在"无畏者"威廉·史蒂芬逊领导的英国安全协调局的要求下，埃德加·胡佛领导的联邦调查局阻止了警方更深入的调查。

英国安全协调局档案中有一份关于戴维斯和纳粹做生意的记录，包括一项"从墨西哥租用船只运送石油"，以便秘密地在大西洋和加勒比群岛为德国U型潜艇提供燃料的计划。戴维斯走到了他生命旅程的尽头。这份有关潜在U型潜艇燃料计划的英国情报文件以十分简洁的语句结尾："让该计划最快停止的方法就是把戴维斯干掉。"

第三章　白色黄金，橡胶士兵们的故事

那是1943年，在亚马孙雨林的深处，一个割胶工人于黎明前的黑暗中在橡胶树的树干上斜着划了一刀，此时正是橡胶树内的汁液流动最自由的时候。到了白天，乳白色的乳胶便会顺着阶梯状的旧裂口流向树的底部，滴进一个锡制的杯子里。干净的树叶会被铺在森林的地面上，以便接住任何从树皮或是杯子里溅出来的乳胶滴。

到了傍晚，在绿色的光线中，这位割胶工人会把收集的乳胶装进桶里，带至野外的一处站点，在那里他会把乳胶制成椭圆形，放在用一堆棕榈坚果生的火上熏制，直至其变硬。之后，与其他的割胶工人一起，他会背着这些圆圆的块状物体前往码头，将它们装上一艘汽船。这艘船会以最快的速度在这条世界上最长的河流中航行。河流越来越宽阔，最终汇入波涛汹涌的大西洋。

在海上，一艘德国U型潜艇迅速击沉了这艘船，而一艘美国的海军船只赶走了潜艇。美国船员救起幸存者，并雇用渔民打捞那些橡胶块，军官最终确保了这些橡胶被装上另一艘船并继续驶往美国的行程。船员们凭借其敏捷的反应力，抢救出了对赢得战争胜利至关重要的战略物资，因而获得了嘉奖。

五十多年后，我被派往亚马孙地区工作，与割胶工人一起在他们工作的丛林中艰苦跋涉，天没亮便冒着凉意起床，透过一束提灯的光，在朦胧的小路上前行，经过一棵又一棵的巴西橡胶树。早晨，散漫的光线照射进来，树冠深处响起了或许是色彩艳丽的鸟儿的歌唱。割胶工人，又被称为"丛林伐木者"，用和他们先辈在战争期间相同的巧妙手法，在树皮上切下口子，这个过程仿佛是永恒的。然而在1942年至1945年间，他们中一些人的父辈却是在极度紧急的情况下为盟军生产橡胶的。

这场战争是以橡胶为基础的。橡胶对于制造吉普车和卡车的数百万只轮胎，以及生产滑翔机和鱼雷快艇都是不可或缺的。一些战列舰需要多达两万个橡胶部件。数以千计的由橡胶制成的物品决定了战场上的生死存亡。坦克和飞机需要垫圈、皮带和软管。橡胶也是救生船、氧气面罩、照相机、雷达设备、手术手套以及电缆绳的基本材料。

> 大概没有其他的惰性物质能令人如此兴奋了。
>
> ——发明家查尔斯·固特异，1838年

在公元前1000年左右，墨西哥湾沿岸的奥尔梅克人[1]——他们名字的意思是"橡胶人"——发明了一种神圣的球类游戏，以便重演世界诞生之初英雄与黑暗之王的斗争。与玛雅人和阿兹特克人一样，奥尔梅克人有着同样复杂的前哥伦布时代社会结构，他们的女儿文化（daughter culture）在往后的一千年中重复着这一游戏，而进行该游戏的场所——石头广场的遗存如今依然能在从亚利桑那州到尼加拉瓜的若干地点见

---

[1] Olmecs，自公元前1300年起活动于墨西哥东海岸，是中美洲最早文明化的民族，经考古发掘，证实奥尔梅克人具有高超的艺术技巧。

到。在仪式的中心是一个沉重的实心橡胶球,由丛林中的树木制成,它们流动的乳胶象征着生命之力——精液和血。

几个世纪后,欧洲人用来自美洲的乳胶制作防水鞋袜;但这一被他们最初称为"弹性橡胶"的物质始终是一个神奇的存在。1770年,英国发明家爱德华·奈恩[1]发明了一种块状的弹性橡胶,可以擦去多余的铅笔字迹,之后他开始销售这种被称为"橡皮擦"的东西。其他的发明家则用橡胶制作救生圈、瓶子、邮袋和雨衣。但是这些东西在寒冷的天气里会变得易碎,在夏季的高温中又会变得黏糊糊的,即便它们没有完全熔化成一块不具形状的物体。

1834年,一个自诩为发明家,名叫查尔斯·固特异[2]的人刚从一场债务官司里释放出狱,当他经过纽约一家橡胶制品公司的销售商店时,他被橱窗里的一件救生衣吸引住了。固特异相信他能改进该产品的阀门,便买下了这件救生衣并研发了一个他自己版本的可充气式阀门。他带着自己的发明又回去找商店经理,经理说,算了吧,这个公司在阀门市场毫无竞争力,很可能整个公司都快要歇业了。他给固特异展示了一堆气味熏天、熔成一团的东西。橡胶制品没办法承受极度的高温。

固特异开始系统地、全身心投入地搞实验,他常常没有固定收入,对其日益增长的"疯子"名声也毫不理会。最终他发明了一种利用高温将橡胶和硫结合的方法,使橡胶变硬的同时仍能保持其弹性。1844年,他为该项技术申请了专利,称之为"硫化"(vulcanizing),以古罗马的火神伏尔甘(Vulcan)的名字命名。硫化使橡胶在任何天气下都

---

[1] Edward Nairne(1726—1806),英国配镜师和科学仪器发明家,曾研制成功首款潜望镜以及橡皮擦。
[2] Charles Goodyear(1800—1860),美国发明家,硫化橡胶的发明者。1898年,为纪念固特异对美国橡胶工业的巨大贡献,弗兰克·克伯林将其创建的轮胎橡胶公司命名为固特异公司。

能始终坚固。查尔斯·固特异成了人们奉承和赞美的对象,但他并没有商业头脑,无法利用自己的发明来谋生。他同时也饱受厄运的困扰。他试图建立工厂但失败了。其他人侵犯了他的专利,他耗费多年时间和侵权者对簿公堂。他始终都没有挣到足够的钱来还清家庭债务。

尽管如此,硫化橡胶的时代已经降临。就在固特异去世数年之后,欧洲和美国的发明家相继研发出了内燃机,1886年,两名德国人——卡尔·弗雷德里希·本茨[1]和戈特利布·戴姆勒[2]为他们发明的第一辆汽车申请了专利。全世界就这样搭乘硫化轮胎驶入20世纪。不久之后,利用固特异的工艺加工过的橡胶就会成为战争中的关键战略原料。

> 上帝创造了战争,这样美国人才会学习地理。
>
> ——马克·吐温

20世纪30年代,美国的橡胶制造商协会(U.S. Rubber Manufacturers Association)和总统的心腹、金融家伯纳德·巴鲁克[3]建议罗斯福储存橡胶,以备战时之需。早在1931年日军入侵中国东北地区时,美国的将军们即对日本在亚洲的敌对行动感到担忧。华盛顿方面采取以物换物的方式,用其多余的棉花从英国换取一定数量的橡胶供应,但库存的增加依然无法满足美国国内日益增长的消费需求——此时有大约3000万辆汽车在美国的马路上行驶。一旦爆发战争,华盛顿将没有足够的

---

1 Karl Friedrich Benz(1844—1929),德国戴姆勒—奔驰汽车公司创始人,现代汽车工业先驱,汽车的发明者,人称"汽车之父"。
2 Gottlieb Daimler(1834—1900),德国发明家,现代汽车工业先驱。
3 Bernard Baruch(1870—1965),美国金融家,曾担任威尔逊和罗斯福总统的私人经济顾问,1946年提出对原子能实行国际控制的《巴鲁克计划》,在国际事务中发挥了重要作用。

橡胶来同时满足军事和民用需求。

　　人造橡胶对英美来说不是一个解决方案。到1940年时，美国只有1.2%的橡胶是人造的，英国人也没有很大的动力研发这种人造制品，因为他们的亚洲殖民地在一战后生产了大量天然橡胶。而其他国家在这一领域已经遥遥领先了。1917年十月革命后的俄国为了减少对英国和荷兰垄断的橡胶的依赖，开始利用酒精和石油开发合成橡胶。至1940年，苏联拥有了世界上最大的合成橡胶工业，而德国也正在迎头赶上。

　　由于在海外没有生产橡胶的殖民地，德国在一战后具备开发这种合成制品的强烈动机。天然橡胶的价格波动很大，这是个不稳定的市场，政府和工业、企业都无法进行规划。由于缺乏橡胶，德国的公用事业管理人员只能用涂了柏油的纸来包裹电线和电话线以绝缘。1935年，法本公司的科学家开始大规模生产合成丁腈橡胶（Buna-N），现在这种橡胶又被称为"腈基丁二烯橡胶"（NBR）。到了20世纪30年代末，纳粹德国每年能生产7万吨合成橡胶，而美国仅能生产8000吨。

　　珍珠港事件发生三个月后，盟国的天然橡胶供应管道遭遇了灾难性的打击。1942年2月，日本占领了英属马来亚，之后又进犯荷属东印度。美国一下子失去了90%的全球橡胶供应，英国人还保留了一些在印度的生产，他们此时尚控制着锡兰，尽管日军兵锋已直指该岛。此时为对抗轴心国的国家所剩余的橡胶——来自南美洲、墨西哥以及非洲，其总量仅相当于美国战前不到两周的消耗量。

　　到哪儿去弄更多的橡胶呢？

　　美国农业部的研究人员开始在拉丁美洲寻找最适宜种植巴西橡胶树的区域，这是最高产的树种，他们会带来种子，搭建苗圃，在哥斯达黎加、巴拿马和危地马拉，与私人土地所有者合作或是在政府所有的土地上种植。他们分发小册子和照片，一步步地展示如何开始橡胶种植，种子应该埋在怎样的深度，树木间距该是多少，怎样是适宜的嫁接和移植的高度。在危地马拉，当地最大橡胶种植园的所在地至今依然被称作"山姆大叔"（Uncle Sam），这场运动为该国的橡胶产业注入了活力。

但巴西橡胶树——通常也被称为"帕拉橡胶树"（Pará rubber tree），或直接称作"橡胶树"——一般需要五至七年的生长期，而在此期间的资源短缺无疑将威胁到盟国的军事胜利。

1942年9月，此时已担任罗斯福"橡胶调查委员会"（Rubber Survey Committee）主席的巴鲁克发布了一份报告，主张"紧急"加速合成橡胶的生产，在全国各地建立50余个生产项目，但这一举措同样需要时间。另外，单靠合成橡胶无法化解目前的危机：其最有希望的生产工艺需要使用到石油，而石油本身也是战时的宝贵物资，况且某些关键产品如轮胎至少需要使用一定的天然橡胶。

巴鲁克的委员会建议立即采取措施来节约轮胎（1942年的大部分时间根本没有生产新的轮胎）：翻新旧轮胎，将车速限制在每小时35英里，将每辆车每年的行驶里程限制在5000英里以内。"合伙拼车"受到鼓励，这让乘客既符合了配给制，又节省了开销，同时还能感受到爱国情怀。"如果你单独驾车，就是在和希特勒开车！"政府的一张宣传海报如此说道。在英国，国家轮胎管理局（Tyre Control）建立了强有力的保护措施和有效的分配体系。然而，根据巴鲁克的报告，美国持续的橡胶短缺将对战争产生决定性影响。如果这一问题无法得到解决，美国的橡胶危机可能会导致盟国的失败。

随着工厂转向军事生产，政府开始要求民众自愿捐献任何可以回收的橡胶制品：用过的轮胎、花园胶皮管、旧雨衣。一张绘有插图的海报标明了制造某件物品所需要使用的橡胶量：一个防毒面具（1.11磅）、一只救生筏（17—100磅）、一辆巡逻车（306磅）、一架重型轰炸机（1825磅）。然而，尽管采取了各类限制，鼓励废弃物再利用以及提升节约意识，计划者们还是从硬性的指标数字里预见到了可怕的短缺：1944年，仅军队便需要84.2万吨橡胶，而能够提供的只有63.1万吨。

当日本切断了亚洲的橡胶供应时，华盛顿方面认为，在美国能够触及的范围内，最有可能找到即时且稳定的橡胶供应地点的是亚马孙地区。八个南美国家共享着这条大河及其支流的盆地，而只有巴西能够提供所要求数量的天然橡胶——亚马孙60%的面积都处于巴西境内。

但是要让巴西确信应该为了盟军的事业而开采境内丛林并不容易。1934年，德国已成为巴西最大的贸易伙伴，这很大程度上是由于该国自巴西购买了大量的咖啡和可可，至20世纪30年代末，德国人和日本人对橡胶的需求使巴西本国沉寂中的橡胶产业走向复苏。里约热内卢很不情愿损害其与纳粹德国间良好的市场关系。当战争在1939年爆发时，里约热内卢宣布中立，但在华盛顿方面的压力下，巴西还是于1940年停止了向轴心国出售橡胶。尽管如此，总统瓦加斯统治的仍是一个法西斯式的国家，他下决心要在"北方巨人"美国面前保持独立的政治立场。

身材矮小、肥胖而自负，但又和蔼可亲、魅力非凡的瓦加斯，从1930年开始便以民粹主义和铁腕政策结合的方式统治着巴西。作为独裁者的他，以同时代人——葡萄牙的安东尼奥·萨拉查[1]和意大利的墨索里尼为榜样。1937年，瓦加斯解散了立法机关，把议会锁了起来，将议员拒之门外，并通过法令施行统治。巴西总统敏锐地意识到了华盛顿"炮舰外交"的传统——阻挠或推翻它不喜欢的政府，有时会派

---

[1] Antonio Salazar（1889—1970），葡萄牙独裁者，1932—1968年任内阁总理，统治葡萄牙达36年之久。

遣军队支持美国的商业利益。尽管有"睦邻政策"的承诺，但如果瓦加斯看上去在美国的期望面前屈服，特别是在类似橡胶这样有价值的商品的问题上，那么他在其他拉美领导人乃至他本国人民的眼中都不会有好形象。

可无论瓦加斯同意与否，在华盛顿，军事指挥官们一直在考虑战时入侵巴西东北部，在当地建立舰船和飞机基地。早在1938年，美国陆军部即责成一个联合委员会来研究对美国的进攻会从何处开始。其回答是：南美洲和巴拿马运河。美国计划者们划定的国家防御的南部边界并不在本国，而是在巴西的驼峰地域[1]，该国拥有南美洲一半的领土面积和人口。到1939年，防卫巴西这个隆起地带免遭轴心国侵略已成为美国保卫大西洋前线的军事计划的重点。

巴西东北部的驼峰地域有如一个巨大的拳头伸入大西洋。它的最尖端距离西非仅有1800英里，比洛杉矶至芝加哥的距离还要短。1939年，考虑到日本在中国的战事，以及开辟一条除太平洋之外前往亚洲的通道，美国联合军事司令部提议在巴西东北部设立美军基地。驼峰地域这只拳头对于前往法属西非及远东等地的部队来说是个理想地点。

随着1940年巴黎落入纳粹德国之手，而法国在西非的殖民地全数由傀儡政权维希政府接管，美国出台其计划的时间表变得越发紧迫。纳粹德国已在距巴西东北地区仅仅几个小时航程的地方设立了一个虚拟的滩头阵地。巴西的东北部向来是被政客们忽视的贫穷地区，基本没有任何防卫。一份1941年5月的美国陆军报告写道："假设：轴心国正在迅速且有力地将其政治、经济和军事力量扩张至南美。"

瓦加斯的大部分军队都部署在国土的最南端，在那里他们要监视巴西的南方邻居阿根廷，里约热内卢方面一直怀疑阿根廷准备入侵巴

---

[1] 指巴西东北部突入大西洋的区域。

西领土。军方还希望密切注意巴西南部的一百多万德国人,他们的忠诚度是值得怀疑的,而东北部则从未被纳入考虑。

不过并非是美国的最高指挥部,而是罗斯福要求加速向贝伦[1]至里约热内卢的巴西沿海地区部署10万美军的应急计划。但巴西人对此表示反对,他们自己的士兵足以在有需要时保卫国家。尽管如此,在珍珠港事件发生后不久,美国军方立即制定了"占领巴西北部的联合基本计划,序号737,1941年12月21日",该计划主张实施两栖登陆,占领关键的城市和港口。与此同时,该计划还将确保亚马孙门户地带的安全。

一场军事冲突已是箭在弦上。这项秘密行动的代号为:"橡胶计划"(Plan Rubber)。

副国务卿萨姆纳·威尔斯[2],这位不知疲倦、巧舌如簧的外交家说服了总统瓦加斯,瓦加期允许150名美国海军陆战队员伪装成飞机机械师进入贝伦、纳塔尔[3]和累西腓[4]的机场设施。这些海军陆战队员收到的指令是保障机场和途经的美国飞机的安全,但上述任务他们只能记在心里,因为他们表面上是受邀来到这里的,瓦加斯依然坚持巴西的中立。

可是即便只是对美国人做出了如此微小的一个让步,此事依然令人担忧纳粹的支持者会对瓦加斯进行强烈抗议,一旦瓦加斯垮台,那么盟军的处境只会更糟。在华盛顿,指挥官们催促实施"橡胶计划",侵入巴西的东北部。但罗斯福依然倾向于精妙的外交手段。

---

[1] Belém,位于巴西东北部帕拉河畔,帕拉州首府,被认为是赤道上的最大城市。
[2] Sumner Welles(1892—1961),美国外交官,1933年任助理国务卿和副国务卿,1941年,随罗斯福总统出席大西洋会议,协助起草《大西洋宪章》。
[3] Natal,位于波滕日河右岸,巴西东北部重要港市,北里奥格兰德州首府。
[4] Recife,伯南布哥州首府,有"巴西威尼斯"之美誉。

与此同时，老谋深算的瓦加斯也在打着自己的盘算，最终他赌盟军会赢得战争。1942年1月，巴西放弃了"中立"，这离宣战仅仅是一步之遥了。瓦加斯虽然有法西斯主义的倾向，但相比于理论家，他更是个务实派。他预见到如果与盟军合作，那么巴西在战后世界能扮演重要角色。他签署了一份具有里程碑意义的文件——《华盛顿协议》(Washington Accords)，协议于1942年5月生效。美国的武装入侵就此告终，而另一种形式的入侵才刚刚开始。

该协议的官方名称是《美巴政治军事协议》(Brazil-United States Political-Military Agreement)，协议为美国海军历史上最大规模的基地建设项目之一打开了大门。巴西沿海遍布着对南大西洋反潜行动至关重要的飞机（与泛美航空合作）和船只基地。至1942年底盟军在北非登陆以前，该协议规定的航空线路对防卫德国对美洲的入侵提供了保障。1943年，这些基地又在盟军对西西里岛的作战中发挥了重要作用。西西里战役果断地将对抗轴心国势力的战斗推进至欧洲。

虽然代价不菲，但该协议同样确保了拉美最大国家的战略性原材料能够为盟军所用。

1943年，在美国战争情报办公室制作的一部宣传纪录片中，英俊、健康的巴西年轻小伙正在进行军事训练，而人们正在向总统瓦加斯致以欢呼。这些影像在荧幕上以一种恢宏的气势闪过，看上去仿佛是从里芬斯塔尔（Leni Riefenstahl）的纳粹经典宣传片《意志的胜利》[1]里借用过来的。而巴西的原材料，正像这部片子向民众传达的那样，使这个国家"作为盟友的价值翻了倍"。

---

1 Triumph of the Will，由莱妮·里芬斯塔尔执导的纪录片，记录了1934年纳粹纽伦堡党代会的情景。

"这些美国国内的军工厂使用了大量来自巴西的锰、最高等级的铁矿石、锌、镍和其他对生产坦克、机关枪及战列舰不可或缺的矿藏。"在播放到忙碌的工人的镜头时,宣传片的旁白这样说道。"我们战斗机上所用的铝都是由这里的铝土矿制成的……世界上唯一高品质水晶的产地,确保了有充足的水晶供应用来制造电子、光学和精密仪器……世界上最大的工业钻石生产地之一,工业钻石被用于切割机床的硬质金属。""这个国家能生产足够的原料来制造炸药,并供给全世界。"

联盟缓解了美国对橡胶危机的焦虑,美国境外的人也为之如释重负。"巴西一国的橡胶生产便可能成为打赢这场战争的决定性要素。"宣传片说。

《华盛顿协议》所设想的大规模橡胶生产运动也为瓦加斯解决与战争无关的国内问题提供了便利,帮助其长期掌权。巴西国内的橡胶工业——出口量仅次于咖啡——尽管有销量,却长期萎靡不振,但现在肯定能再度腾飞。此外,瓦加斯还能一石二鸟地把生活在干旱肆虐的东北部,难以驾驭的民众,送到丛林里采橡胶,如此一来,他既消除了政治上的定时炸弹,同时也加强了巴西在边境上那些与邻国有争议地区的主权要求。对于这位巴西独裁者来说,这场运动可谓轻易获得的礼物,他将其称之为"橡胶之战"(Batalha da Borracha)。

52　　这场雄心勃勃的巴西战时运动有着两个非同寻常的前身:20世纪初的橡胶业"大繁荣"和自20世纪20年代开始,由亨利·福特推动的耗资高昂的狂妄计划——在雨林之中建立一个美国中西部模样的小镇,并以流水线的方式生产橡胶。两者都以异乎寻常的方式给战时的这场"战斗"做了预演,而它们中的每一个也都包含了被计划者忽视的危险教训。

罗杰指着皮鞭提醒他(内格雷迪):"我如果看到您用它抽

打土著，我就亲自把您交给伊基托斯的警察。"

从此，凯斯门特就再也没见他鞭打搬运工，只是催他们快走。当他们不堪重负、走路磕磕绊绊、扛着或顶着的橡胶棒滑落在地上时，他才大骂几句。

第二天，一个老妪扛着三十公斤重的橡胶爬坡的时候突然跌倒，一下子就死了。内格雷迪确认她没气了，就很不高兴地嘶哑着嗓子匆忙命另外的印第安人去扛死者留下的两筐橡胶。

——马里奥·巴尔加斯·略萨，《凯尔特人之梦》

（孙家孟译，人民文学出版社，2017年）

19世纪晚期，亚马孙的橡胶狂热带来了史无前例的繁荣。粗犷的秘鲁小镇伊基托斯（Iquitos）是位于亚马孙河源头的深水港，发展成世界上最大的不通公路的城市。向东4000英里，在亚马孙河汇入大西洋的地方，过去出口糖的港口贝伦变成了一座欣欣向荣的大都会，有着宽阔的林荫大道和富丽堂皇的大厦。在伊基托斯和贝伦之间，在雨林最深处的心脏位置，有一个背靠丛林之墙，名叫玛瑙斯（Manaus）的河畔村落，它也成长为世界上与其面积相当的城市中最富有的城市之一。

即便是在今天，假使游客走出蒸腾的热浪，步入这座城市的"美好时代"（Belle Époque）歌剧院，依然会为其所展现的富庶和典雅惊叹不已：用卡拉拉大理石雕琢而成的使人感觉凉爽的台阶和石柱，从巴黎进口的丝绒座椅，描绘有戏剧和舞蹈场景的意大利嵌板，一块舞台幕布上的图画则唤起了人们对附近内格罗河与索利蒙斯河交汇融合为亚马孙河的印象。[1]数不清的精美枝形玻璃吊灯正在闪闪发光，就如同

---

[1] 内格罗河（Negro，俗称"黑河"）与索利蒙斯河（Solimões）交汇处会呈现一黑、一白两支水流并排而下的奇景。

它们在19世纪90年代通上电后令当地人大感惊异一样。

在伊基托斯和玛瑙斯的内陆地区,创造了这里一切财富的割胶工人们却过着十分悲惨的生活,以至于他们的绰号叫作"被鞭笞者"(flagelados)。他们的老板——富裕的"橡胶大佬"(rubber barons),控制着一个类似在巴尔加斯·略萨(Vargas Llosa)小说里"内格雷迪"(Negretti)这样的野蛮工头的网络——"内格雷迪"是这群工头中一个真实的人名。巴尔加斯·略萨,这位秘鲁的诺贝尔文学奖获得者,对那个时代"被鞭笞者"的描绘都是依据一位在爱尔兰出生的英国外交官罗杰·凯斯门特[1]所写的报告。凯斯门特亲眼见证了"内格雷迪"及其同党的所作所为。

1906年,凯斯门特的上级派他去调查发生在普图马约[2]印第安人故乡的虐待事件。哥伦比亚、厄瓜多尔、巴西和秘鲁都声称对这片地区——也就是略萨小说里那个女人被橡胶棒压死的地方——拥有主权。凯斯门特165页的报告称,大佬的手下会进入丛林,为橡胶公司——其中一些的所有者是英国人——抓捕印第安人。这些印第安割胶工人不仅没有薪水,还会因他们获得的工具和食物负债,他们的妻子和孩子会被绑架和奸污,直到工人完成了他被指派的橡胶指标后回来。人质与被指违约的割胶工人会被关押在肮脏不堪的栅栏内。"他们是父亲、母亲和孩子,"凯斯门特写道,"而且许多例子表明他们中的一些父母会死于饥饿,或是死于鞭打后的创伤,他们的子女却只能待在他们身边,

---

[1] Roger Casement(1864—1916),外交家和爱尔兰民族主义者,因其调查刚果与秘鲁的人权侵犯行为被誉为"20世纪人权调查之父",后积极投身爱尔兰独立解放事业,1916年8月3日遭英国当局处决。

[2] Putumayo,指亚马孙河支流普图马约河下游地区。普图马约河发源于哥伦比亚帕斯托附近的安第斯山区,东南流入巴西,形成了哥伦比亚与秘鲁、哥伦比亚与巴西的大部分边界,河岸居住有印第安部落。

悲惨地看着父母垂死挣扎的痛苦。"

当时的照片显示，孩子们的背上和臀部都有被鞭打过的痕迹，瘦骨嶙峋的男人们坐在笼子里的一条长凳上，面朝照相机，他们聚在一起，脖子上拴着锁链。凯斯门特行经的秘鲁地区，当地印第安人口在"大繁荣"的最后几年从1906年的50000人锐减至1911年的8000人。

在巴西亚马孙地区，从树上获取橡胶，并将其运至远洋轮船，牵扯到一种葡萄牙语称为"赞助系统"（aviamento）的关系网，这套关系网包含了资助和劳役偿债。在贝伦和玛瑙斯的进出口公司，主要的赞助者——他们为这个系统提供了便利——会向河流贸易商赊账售卖工具和食品。河流商人转头提高货物价格，再将其贷与中间商。中间商们为占据广阔土地的庄园主控制着生产流程，过程中的赊贷将会以未来交付的橡胶来抵偿。

而在贸易站，货品的价格再度被抬高并被赊账卖给割胶工人。当割胶工人把采集到的橡胶带来时，中间商和交易者会在橡胶的重量上欺骗他们，有时还会收取处理橡胶的佣金。工人们很少能看到现钱，并背上了永远无法偿还的债务。而他们的橡胶则流向了美国、英国、德国和其他工业国家的制造厂。

当英国外交部公布了罗杰·凯斯门特的报告后，公众迅速做出了反应，他们谴责虐待并要求改革。然而结束"大繁荣"的并非是人权上的考虑，而是由于经济竞争。

1876年，一位名叫亨利·威克汉姆（Henry Wickham）的冒险家和博物学家偷偷将巴西橡胶树的种子从巴西带到了英国皇家植物园[1]。英国人与其东南亚殖民地的种植者一起，培育了种子和幼苗，建立了种植园。

---

[1] Royal Botanical Gardens at Kew, 位于伦敦三区的西南角，始建于1759年，拥有几个世纪以来英国皇室收集的世界各地的珍稀植物。

到1912年，凭借在锡兰和马来亚修剪整齐的橡胶园，英国人控制了世界上大部分的橡胶供应，他们在那里所生产出的乳胶比亚马孙橡胶大佬生产出的橡胶要便宜得多。荷兰人也在其东印度群岛种植橡胶。而在亚马孙，橡胶狂热骤然降温，野生的橡胶树都归于沉寂。

> 福特兰迪亚，一座现代城镇，具备了一切现代化的舒适，它是在一片荒野上建立起来的，先前这里能见到的最像样的东西也不过是茅草屋。水经过彻底过滤，消除了发烧感染的危险，它们在压力作用下得到供应。在这个地区，电灯照亮了平房，所有这些发明创造都佐证了白人的魔力。
> ——《丛林中诞生的现代都市》，选自《芝加哥论坛报》，1932年

55 亨利·福特，有史以来最富有的人之一，早已对英国在世界范围内的橡胶垄断感到不满和厌倦。1922年，福特担心英属殖民地生产商新增的产量上限会进一步导致橡胶价格上涨，开始将目光投向亚马孙。在用流水线的工作方式革新了全球工业之后，福特认为他必须控制汽车制造的整个供应链，包括轮胎的原材料。福特还决心要致力于其教化使命，在丛林中建造高效的美国式生产中心的同时，他也打算将其关于洁净生活的理念传播出去——福特是个滴酒不沾的人和严格的素食主义者。

福特获得了塔帕若斯河4000平方英里丛林的特许权——塔帕若斯河是亚马孙河一千多条支流中的一条。他把热带雨林砍成光秃秃的空地，在上面种植不计其数的橡胶树。他建起了一个微缩版的美国中西部小镇，在一战之前的岁月里，这种普通小镇很可能就存在于美国的中西部。来自底特律的经理管理着这里多元化的劳动力：美国的技师、来自巴巴多斯的劳工、从丛林一角前来的乳胶采集工，他们被这里比"破败不堪"的"赞助"网络所能提供的更为优越的工作环境吸引而

来，还有3000名从蛮荒的巴西东北部前来的劳动者。当福特兰迪亚和它的姊妹种植城镇在这几年里不断发展的时候，新近搭船抵达的割胶工人在船尾的木制甲板上看到了一片幻影般的景象，美国国土的其中一片仿佛被整体搬迁到了巴西雨林之中：整洁的平房、一家医院、一座食堂、一个供应照明和锯木厂运转的电力房，还有一个游泳池。

福特公司的员工能获得现金支付的基本生活工资。他们的妻子不用再像以前那样在河里打鱼或是磨木薯粉，而是能像城里的妇女一般在市场上购物，公司商店的打折商品造就了消费者群体。福特正在改变亚马孙，在其产业的周边，棚户区如雨后春笋般涌现，工人们会前往那里的酒吧和妓院——这些设施被禁止在福特小镇里开设，也能吃到更合口味的食物，而非福特坚持令公司食堂供应的桃子、燕麦片和以大豆为主的餐食。不过这个密歇根州的发明家似乎的确在丛林里创造了一个奇迹，他成功复制了一个配有作息时间的美国工业操作体系。

1940年，亨利·福特的儿子埃德塞尔（Edsel）邀请瓦加斯视察福特兰迪亚。作为第一位访问亚马孙地区的巴西总统，瓦加斯搭乘的水上飞机降落在福特兰迪亚下游的贝尔特拉[1]，这里已然成为福特种植园的展示场地，而瓦加斯对此印象极为深刻。瓦加斯和福特一样也是个现代化主义者：他将巴西的公路网翻了一番，将机场从过去的几十个扩建至超过500个，同时在美国的帮助下，他启动了能在战后刺激巴西经济繁荣的钢铁工业。瓦加斯觉得自己和美国的实业家有一种同气连枝的关系，他看到了亚马孙现代化发展的可能性。在一场雅致的餐会上，瓦加斯穿着白色的热带服装，立于棕榈叶的拱门之下，身边簇拥着随行人员，并向美国经理们发表演讲。他说道，亨利·福特不仅种下了橡胶，更种下了"健康、舒适和幸福"。

---

[1] Belterra，巴西北部城镇，属帕拉州。

然而福特庄园中的生活远非瓦加斯所描述的那般美好。十年前，工人们为了反抗福特强加的令人窒息的生活方式——他的"教化"使命——发动了一场骚乱。工人们对美国在亚马孙中部实施的禁酒法令感到愤怒，他们对盘子里出现的菠菜——美国传统的保健食品——以及需要强制参加的社交活动，比如舞蹈课，都感到深恶痛绝。他们对严格的朝八晚五的作息时间备感沮丧，这套作息雷打不动，不会因为热带的瓢泼大雨而有所让步，也不会像传统的做法那样在正午最热的时段稍作歇息。

1930年12月20日，积攒已久的愤怒达到了顶点。工人们烧毁汽车，将维修车辆推入水中，焚毁建筑物，乃至破坏设备。他们砸碎了考勤钟。改革立刻实施，大量的劳工被迁往位于贝尔塔拉的种植园。而到了总统瓦加斯到访的时候，骚乱已成为过去。

在美国国内，亨利·福特坚决粉碎工人们成立工会的企图，1932年在密歇根的一家工厂，他任由暴徒冲向正在举行示威游行的3000多名工人，最终5名游行人员死亡，19人受重伤。和他的好朋友查尔斯·林德伯格一样，福特是个反犹分子和孤立主义者，"美国第一"运动的领导者。福特在一系列名为《国际犹太人——世界上最重要的问题》(*The International Jew, The World's Foremost Problem*)的小册子上发表自己的观点。他旗下的报纸《迪尔伯恩独立报》[1]，以头条版面刊登文章，揭露所谓犹太人的阴谋和丑闻，指责犹太人控制了世界的媒体。福特也谴责德国的犹太金融家，并且接受了一枚带有纳粹德国卐字符标志的勋章。

然而，瓦加斯在1930年所看到和欣赏的，只是福特在亚马孙丛林

---

[1] *Dearborn Independent*，又称《福特世界周报》，1919—1927年由亨利·福特发行，其销量在1925年的巅峰期曾仅次于《纽约时报》。

之中精心打造的社会。在返回里约热内卢前，瓦加斯在玛瑙斯发表广播讲话，称赞福特兰迪亚是该地区工业发展的增长点，他也颂扬了福特兰迪亚的社会项目——这是来自一位自诩是"穷人之父"的政客的高度赞誉。他承袭了福特对现代技术的乐观态度以及开展大规模工程的信心——即便是在雨林之中。这篇讲话成为一个里程碑。此后，巴西开始以不一样的眼光看待自己的亚马孙了，这里不再是一块终年沉睡的边疆，而是一个经济扩张时机已经成熟的地区。

与此同时，福特兰迪亚则在世界范围内被视为美国人乐观进取的典范。当沃尔特·迪士尼作为尼尔森·洛克菲勒的亲善大使之一于1941年抵达里约时，洛克菲勒便将其送至丛林。"亨利·福特是今日亚马孙的众多先驱者之一，他为之后的人开辟了道路。"在迪士尼1944年拍摄的纪录片《亚马孙觉醒》（*The Amazon Awakens*）中，一个权威的声音对着一张鲜绿色的地图这般吟诵道。道路、发电厂、最先进的机械、学校、电话——上述东西在影片中一一呈现。在令人惊异的雨林背景下，是修剪得整整齐齐的高尔夫球场。福特的丛林世界似乎万事俱备。

但它唯独缺少橡胶的可靠产出。

在亚马孙以密集方式种植巴西橡胶树——福特流水线生产法的丛林版本，完全不起作用。即便福特兰迪亚的模式被广为吹捧，它的橡胶树还是成百上千地死亡。叶枯病在树木最上面的枝条间扩散，从一棵树的顶端跳至另一棵树，摧毁整个树冠。

"那些以橡胶为食的害虫、真菌和枯萎病在亚马孙都是原生的，"历史学家格雷格·格兰丁（Greg Grandin）这样解释道，"基本上，当你在亚马孙把树紧挨在一起时，你实际上就创造了一个培养皿——但福特依然固执己见。"

亨利·福特能否战胜这些对橡胶树的打击，使得其种植园的想法获得成功，并进而为战争提供所需要的橡胶呢？一种观点认为，如果他能调集更多的工人，他本可以通过高强度的工作来抗击枯萎病的。然而旧有的橡胶赞助系统依然在各地发挥着作用，割胶工人们并不愿意到福特这儿来工作，而有关福特庄园里令人不快的管制的消息也不胫而走。历史学家格兰丁认为，福特在强加美国的社会和行为规范上表现出的文化傲慢，在一定程度上妨碍了他招募和留住劳动力的努力。

或许在任何条件下，无论动用多少工人都没办法战胜叶枯病。当野生的巴西橡胶树在各式各样的树木与藤蔓之间，相互间隔较远地生长时，它们有抵御害虫的能力。但若是按照福特所坚持的方式，在空地上一排排地去种植它们，却只能使真菌、毛毛虫和其他生物大量繁殖。（出了亚马孙，这些滋生的害虫都不足以摧毁橡胶树，即使是种植园内的橡胶树。）在他的装配流水线上，福特试图将人驯化为机器。可到了亚马孙，他尝试将橡胶生产工业化，但那些树却无法照办。大自然拥有最后的发言权。

即便福特的设想失败了，美国的战争策划者们依然将巴西亚马孙视为找寻橡胶的地带。无论如何，他们必须要再创造一次"大繁荣"。显然，像罗杰·凯斯门特所描述的那种对工人的虐待是无法容忍的，但亨利·福特的模式也行不通。

一支橡胶采集者的大军将不得不跨入荒野，在野生橡胶树所在的充满着各式各样生物和危险的雨林中割取橡胶，而他们必须是在总统热图里奥·瓦加斯的庇护之下这么做。

这支由橡胶士兵（Rubber Soldier）组成的大军是一个由我们的同胞组成的勇敢军团，他们在坚定的爱国主义光辉旗帜下进入雨林，从神奇的树木上提取宝贵的乳胶，它们对盟国夺取最后的胜利至关重要。

——巴西报纸，1943年

橡胶运动在地球上最大的雨林中展开了，这片雨林面积超过200万平方英里，覆盖了南美大陆逾40%的土地。亚马孙的雨林及河流是四万种植物以及包括美洲虎和食蚁兽在内的上百种哺乳动物的家园；雨林中尚有上千种鱼类，从猩红色的金刚鹦鹉再到细长的白鹭等鸟类，类似蟒蛇等的爬行动物，状似蛇但其实是两栖动物的伊氏真蚓（Penis Snake），以及生活在树上而非池塘中的蛙类。它是地球上最为丰富的生态系统。

亚马孙缺的是人。即便将其港口城市计算在内，1942年巴西亚马孙的人口密度也仅比每平方英里一人稍多一点。而与其相毗邻，饱受干旱之苦的东北地区则成为一个劳动力储备市场。

在玛瑙斯，为响应美国经济战争办公室（U.S. Office of Economic Warfare）而成立的"美国橡胶发展公司"（U.S. Rubber Development Corporation, RDC）于亚马孙歌剧院（Teatro Amazonas）内开设了总部。经历了1912年橡胶泡沫破裂后的几十年，歌剧院里已经积满了灰尘，但它依旧显得优雅宽敞。在这种非同寻常的环境里，橡胶发展公司的工作人员将负责为巴西政府招募和输送移民劳工提供资金——里约将得到每人100美元，相当于今天1700美元的佣金。项目官员会向那些采集工人将在其中收集原材料的橡胶庄园主发放贷款，农业学家和其他顾问会计算需求和项目进展，工作人员被分散至丛林深处，完善交通基建网络。

在《华盛顿协议》给予美国获取巴西原材料的通道之前，纳尔逊·洛克菲勒曾试图通过一家美资发展公司控制其橡胶生产，该公司的目标是使亚马孙地区能向美国企业的投资开放。瓦加斯的经济顾问愤怒地抱怨洛克菲勒的想法是"美帝国主义"。因为石油已经在巴西北部的巴伊亚州被发现了，一旦标准石油的继承者得偿所愿，那就意味着美国的石油公司可能会在那里开工运作。

罗斯福出面阻止了洛克菲勒的打算，因为他在亚马孙只有一个目标：获取橡胶。华盛顿方面没有支持洛克菲勒的计划，而是资助了一个独立的巴西政府经济发展公司，该公司完全由巴西人领导。橡胶发展公司让洛克菲勒的"美洲事务协调局"（Coordinator of Inter-American Affairs, CIAA）办公室负责这场运动的关键分支：卫生与健康，包括防治疟疾和黄热病，以及运送食物。

橡胶发展公司的总部设在亚马孙歌剧院——这个反映第一次"大繁荣"时期当地曾涌现过大量"橡胶大佬"的标志性建筑，在此设立总部也考虑到效率，这里有充足的空间，更靠近主要的港口，且同样具有象征意义。亚马孙的"白色黄金"——人们曾这样称呼珍贵的橡胶——将不再由亚马孙地区的精英阶层控制，现在，一个由技术官僚组成的中央办公室将取而代之。

然而，巴西政府发起的"橡胶之战"如同一场军事行动。为了能招募劳力，瓦加斯建立了一个特殊组织用于动员前往亚马孙的人手，这个组织以其葡萄牙语首字母的缩写被称为"森塔"（Semta）。"森塔"的成员有时会用枪指向那些毫无戒心的年轻人，并将其抓捕。

"我那时和父亲在农田里，一名士兵过来要我上卡车去打仗，"83岁的卢佩西奥·弗雷尔·迈亚（Lupércio Freire Maia）在2004年这样告诉一位巴西电影制片人，"我只是想征得母亲的同意，但那位士兵说他没有必要也没有义务同意这种事。"

迈亚说，一路上都挤满了前往集合营地的男人，而这些悲惨的驿站里既没有清洁的水，也没有基本的卫生设施。尽管瓦加斯坚称巴西是个"族群民主"的国度，但受优生学影响的营地医疗人员依然会记录下每个应征者的身体特征、生物学类型和"种族"混合的状态。

大多数应征者是自愿前来的，这种所谓的"自由选择"在某种程度上意味着，生活拮据而绝望的穷人被认为是可以自由选择的。瓦加斯开辟了沟通的新方式，他利用现代的广播和电影直面大众，把动员采集原料的工人视为一场爱国运动。如今，割胶工人不再是"被鞭笞者"——橡胶生产机器上最可怜的齿轮，而是自由的守卫者与国防的捍卫者。流行的大众杂志，譬如漫画书，把向丛林进发描绘为一条通向成年和获得更高社会地位的道路，而不用再在东北部的不毛之地上辛苦求生。

瑞士艺术家简-皮埃尔·查布罗兹（Jean-Pierre Chabloz）设计了一款宣传海报，"森塔"则将其广为传播。这张具有代表性的查布罗兹海报展现了一张褐色的巴西地图，上面还画了一道道黑线；士兵们在海岸边，手里举着步枪，时刻准备着，而割胶工人则在一片代表了亚马孙的树林里工作着，"各就各位！"（Each One to His Station!）海报上的人物喊道。图画的角落里用一行小字写着"胜利"，并附带了一个战时为人所熟知的"V"字形手势。

瓦加斯保证那些达到入伍年龄的割胶工人，其服兵役的时间可推迟两年。当时有传言称，数千名巴西士兵将被用船运往欧洲作战，许多东北部的年轻人觉得与其在意大利前线被射杀，还不如签约前往亚马孙雨林，即便这是默默无闻的工作。有时家人会促使他们做出决定。"我成为橡胶士兵是因为我母亲常常大哭，她不想让我从军。"一名橡胶老兵这样回忆道。

与此同时，"森塔"的小册子和合作的出版社把橡胶士兵的应征塑造成了好像是最高指令下的道德选择。东北部的人有"义务"在"亚马孙的神圣土地"上为世界的自由而战，一份福塔雷萨的报纸这样写道："现在已经到了为人类保障资源的时候了，这些资源将用于争得自由和扼杀轴心国！"

有些家庭全家都应征了，因为他们觉得这样能保证他们生存下去。在东北部，很多人都生活在饥饿的边缘，"森塔"会提供金钱让他们搬走。"森塔"的宣传和查布罗兹无处不在的招贴画把丛林描绘为一处葱茏和友善的所在。"亚马孙的新生活"——一张漂亮的海报这样写道。在怀旧的色彩和柔和的光线下，一个割胶工人正在用原木建造的整洁房屋外，划开一棵大树的树皮；一名妇女则把刚洗好的衣服挂在绳子上，小小的家畜——猪和鸡——正跑来跑去。"亚马孙，未来国度"，另一份广告如此宣称。

"我父亲对赚钱不感兴趣，"74岁的咖啡馆老板文森希亚·贝泽拉·德·科斯塔（Vicência Bezerra da Costa）这样告诉巴西电影制片人沃尔尼·奥利韦拉（Wolney Oliveira），"他只是想要一个有水、可以种东西的地方。"贝泽拉·德·科斯塔13岁那年，他父亲让整个家庭都签约报名了，带着母亲以及八个孩子迁往了丛林。瓦加斯正在增加亚马孙的人口。

在贝伦、累西腓和玛瑙斯城外的营地里，等待被运走的应征者要等上几天甚至几个礼拜，有时他们会唱歌，赞颂他们的"热图里奥"。男人和男孩子会收到制服和装备：蓝裤子、白衬衫、草帽、一双黄麻底的帆布鞋、一只锡盘、马克杯和餐具、一张吊床以及一条香烟。

搭船的行程十分乏味，乘客们通常被关在甲板下面，水路也可能变得很危险。贝泽拉·德·科斯塔说，有一天，船员们命令乘客全都穿好救生衣到甲板上，口袋里装好求生所需的水和硬饼干，同时还有氰化物胶囊，以防在潜艇攻击下被敌人俘虏。一艘扫雷艇一直护卫着这条船。贝泽拉·德·科斯塔的母亲拿起挂在脖子上的宗教徽章紧紧握在手里。"她不停地祈祷，"他说，"我们不能发出声响或是点燃火柴。"

当应征者被转移到当地的河道运输船上后，行程也并没有变得舒服一些。他们和牲畜一起待在统舱里，由于组织混乱，他们常常得不到食物。

瓦加斯用准军事手段"招募"了橡胶士兵，但在美国方面的坚持下，这些人携带了有证件照的劳务合同。可一旦工人们到了偏远地区，从来没有真正解体的"赞助系统"就接手了，没有一个工人被真正当成"士兵"或合同工来对待。

不过从积极的一面看，巴西政府的介入意味着橡胶庄园的大佬不能再随意折磨割胶工人，或是在他们逃走时派出武装民防团来进行追捕了。那些虐待割胶工人的地主将遭受失去巴西橡胶信贷银行（Brazilian Rubber Credit Bank）贷款的风险，这家银行是橡胶发展公司在运动中的对口企业。但割胶工人们的生活条件依然十分艰苦，与凯斯门特所处的时代一样，天主教会的活动人士代表工人致信当局，描述了十分悲惨的状况。

他们住在与世隔绝的林中小屋，过长的工作时间使他们根本无暇种植自己的作物，他们遭受着营养不良。贸易站的经营者对赊购来的食品和货物索价高昂，19世纪以来支配橡胶收集的关系网络实在太过根深蒂固，不可能在一夜之间被政府机构或纸面合同所取代。割胶工人本应得到他们所交付原材料价值的60%，但中间商大搞缺斤少两，以致工人负债。抵达偏远地带的橡胶发展公司工作人员曾汇报了这种异常现象，但无论是巴西人还是美国人都没有足够的资源来监控亚马孙地区的每个角落。

就像是如此艰苦的工作环境还不够似的，自东北部抵达这里的人和亚马孙土著相比，对当地疾病也缺乏天然的免疫力。洛克菲勒"美洲事务协调局"的健康和卫生项目为当地的巴西医疗网络建立起基础，该网络包括了各主要河道上的流动诊所以及一项护士培训计划。如同亨利·福特在他的亚马孙设施中提供免费医疗，担心生病的工人就意味着生产受损一样，橡胶发展公司也认为健康和卫生对于其达成在短期内生产大量橡胶的目标具有基础性意义。

然而计划抵不过现实状况。洛克菲勒的医疗小组分发了数百万份免费的阿塔布林药片来防治疟疾，但这些药常常无法抵达目标人群手中。当地的腐败分子会把货物偷偷拿到城里的黑市上销售。中间商对药片漫天要价，而割胶工人通常手头也没有钱。创造性的流动诊所往往离割胶工人过远，使得他们不愿浪费宝贵的工作时间前往。当一名割胶工人的皮肤因为染上肝炎而呈现出藏红花颜色时，他常常只能喝喝薰衣草茶，然后听天由命。

"有一天，风吹断一节树枝打到了我，然后我这只眼睛就看不见了，"79岁的阿方索·佩雷拉·品托（Alfonso Pereira Pinto）在2004年告诉奥利韦拉，"后来我又生了病，失去了一条腿。等到战争结束，我都没有钱回家了。"品托留在了亚马孙西部的沙普里（Xapuri）。

洛克菲勒请来的美国医生和科学家无疑拯救了很多的生命。他们在这里获得了治疗热带疾病的经验，之后便将其应用于美军驻扎的非洲和南太平洋地区——美国大兵对地方流行病也没有什么免疫力。

尽管洛克菲勒的食品计划旨在为整个巴西东北部提供食物，但依然有割胶工人因营养不良死亡。由于缺乏自南部粮食产区通往北方的道路，在反潜舰的护卫之下，装有粮食的运输船会经过海路驶抵亚马孙河口；但离开了主要的支流河道，巴西政府的食品分配做得很不够。在恶劣的气候里，食物在仓库里腐烂或是在抵达目的地后即已无法食用。限价规定在这些遥远的土地上完全被置之不理，因为当地无论是运输还是零售都依赖于旧有且牢不可破的"赞助"网络。

如果外来的割胶工人能带上他们的家人或是与当地的印第安妇女结婚，他们就有极大可能存活下来。当一家之主在外面采集乳胶时，女人和孩子便能耕种粮食或是在森林中采集一些物产来贩卖，例如被沉重豆荚包裹的巴西坚果。土著妇女尤其了解利用草药治病的方法，以及可以躲避危险动物的传统雨林生存术。

1943年，美国自拉美获取的橡胶比在世界其他任何地区得到的都多，而这些拉美橡胶的绝大多数来自亚马孙。在1942年至1945年的其他年份，巴西的乳胶产出比预计的要少，与非洲的情况差不多。尽管如此，亚马孙的贡献仍使美国免于橡胶危机，直至1944年合成橡胶实现大量生产的时候。

而在"橡胶之战"面临失败的地区，失败的部分原因在于其开展作业的地方地形过于复杂，橡胶产地被分散在如同人类静脉和动脉系统般复杂的支流和水道网络之中。这样的地理环境本身便使任何有序的生产计划都变得困难，更不用说这场运动是在一个国家权力实际处于真空的地带开展的。

但人为的疏失也一样造成了令人失望的结果。"无论是巴西政府还是橡胶发展公司，都不愿也没有能力花费必要的资金和人力来监督落实橡胶产地的限价规定。"巴西学者希妮娅·威尔金森（Xenia Wilkinson）写道。

同时代的批评来自一位美国外交官沃尔特·沃姆斯利（Walter Walmsley），他于1943年参观了亚马孙，谴责美国方面在该项目中浪费开支，甚至是贪污，哀叹其对割胶工人的状况缺乏了解。他写道："在那些被我们称之为贪污和浪费的更进步的国家中，怕是没有哪个地方会呈现出比这里更黑暗的画面了。"

不过经历了这一切，巴西在二战的橡胶运动中所获得的繁荣远远超过了世纪初那场"大繁荣"，当时橡胶大佬及其进出口公司与纽约和利物浦的商贸往来远比同里约和圣保罗来得直接便利。而《华盛顿协议》中规定的战时资源开采却为巴西中央政府带来了收入。同时，瓦加斯在战时强化了他将亚马孙地区统合进整个国家的努力。20世纪初叶，精英阶层把这片广大的区域当作私人领地进行管理，而"橡胶之战"让里约政府得以控制该边境地带。

在 1942 年至 1945 年参加劳动的 57000 名橡胶士兵中，有 3 万人死于疟疾、黄热病、美洲锥虫病（Chagas disease），或是被毒蛇、蝎子所咬；有的在河里淹死，有的被食人鱼吃掉；还有的则被美洲虎咬伤。而那些幸存下来的人中，有些人已无法离开亚马孙，因为他们负债累累。有些人直到停战协议签署一两年后，才知道战争已经结束。瓦加斯成功地开启了向亚马孙地区的移民进程，但他违背了让橡胶士兵返回家园的承诺，许多人从未拿到许诺给他们的抚恤金。

于 20 世纪 60 年代接管巴西政府的军方统治者，目睹了美国人如何在战时修建道路并建立补给线。他们延续了瓦加斯将亚马孙地区作为一个巨大发展目标的愿景，建造了更多的公路和水坝。他们将国家的首都自里约热内卢迁至更靠近雨林的巴西利亚，并从南部铺设了一条高速公路，名为横贯亚马孙公路[1]，以此鼓励农民、伐木工、矿工和农场主涌入这一地区。

1972 年，美国国家航空航天局（NASA）陆地卫星（Landsat）的照相机开始自外太空发回地球的观测照片，它们以前所未有的角度展示了亚马孙是如何在快速萎缩的，绵延的绿色地带一周之后即变成了棕色。亚马孙雨林正以每年相当于英格兰、苏格兰和威尔士面积总和的速度消失。仅亚马孙盆地一处就提供了全世界五分之一的淡水，而亚马孙雨林占地球现存雨林的 40%，拯救亚马孙正成为一个全球性的议题。

在亚马孙，老去的橡胶士兵和那些被往昔橡胶士兵的精神所激励的年轻割胶工人加入了这场挑战。

1985 年 10 月，依然奋战在丛林中的 120 名橡胶老兵加入了他们的割胶后辈和巴西利亚其他市民的行列，示威群众要求为曾参与"橡胶

---

[1] Transamazonia，1972 年 9 月通车，全长 4000 公里，是巴西总长度第三的高速公路。

之战"的老兵支付养老金,但他们的要求并不止于索要赔偿。他们在亚马孙地区三个州的工会正在组织合作社,以清除中间商;他们希望能获得其他巴西人的支持,也希望政府对这场斗争给予安全保障。这次示威的目的就是将他们的问题公之于众。他们唱着战争时期的爱国歌曲:"巴西士兵万岁!你们的产品对全世界都有用。"

到了20世纪70年代末,当地割胶工人的传统方法——在天然橡胶树上采集乳胶,越发被证明是亚马孙地区最适宜的生产方式。在第一次橡胶"大繁荣"时,割胶工人被唤作"被鞭笞者";到了战争期间,作为盟军的重要人力,他们又被称为"士兵";而到20世纪80年代,在这10年中见证了有记录以来最为炎热的6年后,他们开始称自己是"森林卫士"。

全世界的环境保护团体成了现代割胶工人的盟友,他们意识到提取式的传统生产方式,以及划定原住民的边界来阻止外来者进入,都是拯救雨林方案的一部分。在国际金融机构考虑向巴西提供援助和贷款之际,不断奋斗的橡胶工人协会(Rubber Tappers Union)忽然在谈判桌上有了一席之地。

一个身材魁梧、长着一张圆脸的橡胶士兵之子弗朗西斯科·"奇科"·门德斯(Francisco "Chico" Mendes)口齿伶俐,仿佛不知疲倦,成了这场运动名义上的领袖。过去在橡胶产地是没有学校的,当奇科快20岁时,他接受了一名家庭老师的教育。这位老师是个在逃的政治犯,因参与颇有个人魅力、被誉为"希望的骑手"(Horseman of Hope)的共产党领袖路易斯·卡洛斯·普雷斯特斯[1]的起义而被捕入狱。奇科的老师领着他看书,并且教他如何在收音机里找到葡萄牙语的国际新闻节目,还建议他依靠英国广播公司(BBC)来获取最公正的报道。

---

1 Luis Carlos Prestes(1898—1990),曾任巴西共产党总书记。

他还受到"解放神学"[1]运动牧师的影响,这场运动从解放被压迫者的角度来阐释耶稣福音。作为一个如饥似渴的阅读者,奇科逐渐成长为拥有天生的政治技巧的组织家,他能使人们反思自己的处境并采取行动。

尽管有通过国际上的联系取得的潜在保护以及越来越大的名声,又或许正因如此,加入公会的丛林工人与那些自己想要占有土地的人、和旧日的精英有联系的人结下了深仇大恨。"如果有信使自天上送信来,保证说我的死能加强我们的斗争,那我觉得死是值得的,"奇科曾这样告诉一个朋友,"但是……集会和许多场葬礼怕是也不能拯救亚马孙,所以我想活下去。"

1988年12月22日,奇科·门德斯在自家屋外被一个枪手暗杀。

在这位活动家被杀八年后,我趁着在亚马孙执行任务期间,前往奇科·门德斯成长和工作的塞林加(seringal),此地位于沙普里直辖市。我拜访了奇科的祖母,她依然住在奇科堂兄弟的木板房里。每天黎明前,52岁的工程师塞巴斯蒂奥·门德斯(Sebastiao Mendes)都要完成一项早晨的仪式:他会从一团橡胶原料上掰下一小块,把它像灯芯一样点燃,然后丢到火炉里的一堆木头上,再把咖啡放到上面。"你不会想到寒冷,"他说,"你只会想到它之后会变得有多热。"

我们走在一条被连夜的雨水浸湿的小路上。塞巴斯蒂奥·门德斯会在一棵标记过的树上划下对角的切口。他看着白色的乳胶渗出,开始流到钉在树干上的锡杯里。他和18岁的儿子安东尼奥一起干活,既快又熟练,整个早上,他们在树木间穿梭,就像每个人从童年时起开

---

[1] Liberation Theology,拉丁美洲一种激进的天主教神学理论。该派神学家将马克思主义的社会经济分析作为解释《圣经》的原则,认为政治解放的根基,是从罪当中解放出来,强调耶稣是"解放者"。解放神学强调理论与实践的结合,对20世纪60年代拉美各国对抗军人独裁政权的斗争产生了一定影响。

始做的那样,他们会留意自己脚下的藤蔓和裸露的树根,这些东西很可能会绊到脚踝,或是把他们的腿扭折得像卷饼一样。他们也会密切注意带刺的植物、响尾蛇和黄头蝰蛇。

"我们依靠信念,因为要是有蛇,它能咬破你的鞋子。"年轻的安东尼奥边说边露齿笑起来。他穿着橡胶底的网球鞋,这比他曾曾祖父时代的割胶工人,赤着脚或是穿着薄凉鞋要好得多。他也比他祖父那一辈的橡胶士兵要好,那时候他们所穿的鞋子还是黄麻做的。

第二部　不受欢迎的人

第四章 "他们不能进入的地方":犹太人的生活

在加拉帕戈斯群岛[1]狭小而干燥的巴尔特拉岛(Baltra)——士兵们称它为"岩石"——上,抽着烟斗的美国大兵索尔·斯科尔尼克(Saul Skolnick)正将武器装载到B-17和B-29轰炸机上,这些飞机会在巴拿马运河的西部入口巡逻,监视敌方潜艇。假如斯科尔尼克是个飞行员,他的日子或许会更令人兴奋一些,可装炸弹的活是颇为乏味的。而且斯科尔尼克很快就意识到,在这个离厄瓜多尔海岸超过500英里的孤岛上,并没有多少下班后的休闲活动。

这里有一座电影院和一个啤酒花园(beer garden)为2400名军人和750个居民服务,但你最多只能看到那么点电影,喝到那么多啤酒。而离开基地,你也只能给晒太阳的鬣蜥(达尔文曾描述它们"长着十分愚蠢的外表")拍那么点照片,或是驯服那么多山羊——驯服山羊是部分美国大兵的喜好。似乎连大自然都对这个岛十分吝啬,即使是使加拉帕戈斯群岛中那些更大的岛屿名闻遐迩的巨型陆龟,在这儿也是难

---

[1] Galapagos,又称科隆群岛,隶属于厄瓜多尔,位于南美大陆以西1000公里的太平洋面上,由海底火山喷发的熔岩凝固而成的小岛和岩礁组成,群岛面积7500多平方公里。

觅踪影。达尔文提到的奇特雀类也极少光顾那些生长在基地周围红色尘土中的仙人掌和干燥的玉檀香树（palo santo tree）。

为了打破这种单调乏味，1943年12月一个晴朗的日子，斯科尔尼克同几个朋友一起开着轰炸机到700英里以东的秘鲁兜兜风，给基地的同伴们进行圣诞采购。他们中的一些人给了斯科尔尼克一点儿美金，让他去买几张羊驼毛毯，那时的斯科尔尼克才二十来岁，他余下的人生都会记住这次出行。

飞机降落在了塔拉拉[1]，这是美国为了保卫秘鲁沿海的油田新建的设施。斯科尔尼克与一名同伴一起前往海滨，他们穿着空军发放的棕色短袖工作衫走进了一家商店。柜台后面的男人直勾勾地盯着斯科尔尼克口袋上的名字，然后用意第绪语（Yiddish）同这个美国人打起招呼。两人热闹地讨价还价了一番，直到斯科尔尼克和讶异的同伴拿着以更低价格买到的比预想中多许多的毛毯走出了商店。

"见鬼，"斯科尔尼克的同伴说道，"我都不知道你西班牙语能讲这么好。"

到了来年春天，索尔·斯科尔尼克收到了那位塔拉拉商人的邀请，去参加逾越节[2]聚餐，还可以带上朋友。"店家用犹太人逾越节的传统迎接陌生人，"斯科尔尼克的儿子保罗，一位洛杉矶的退休新闻记者，已经从他2002年过世的父亲那儿听过这个故事很多次了，"他常说，'这个国家每个未婚的犹太女人都该到那张桌边瞧瞧，这里有十几个长相不错的男子，而且他们中没有一个是纳粹。'"

索尔·斯科尔尼克——被他儿子称为"一个典型的布鲁克林犹太

---

1 Talara，秘鲁西北部太平洋沿岸港口城市，是秘鲁的石油产区及重要的炼油中心。
2 逾越节是犹太人最重要的节日，为期七日或八日，在这段日子中不能吃发酵的任何食品，需食用无酵饼或为逾越节特制的饼。

人"——当时惊讶地发觉,在这片天主教徒占绝大多数的一个大陆小镇上,竟然有这么多的犹太人。"这让他大开眼界,"保罗说道,"他很想知道,这些犹太人是怎么到这里来的?"

当索尔·斯科尔尼克和新朋友们坐在秘鲁逾越节的宴会桌边时,他或许不知道,犹太人自15世纪以来便一直是西半球住民的一部分,这对于许多初次抵达拉美的人来说依然会感到诧异。1492年,当伊莎贝拉女王[1]和国王斐迪南终结了穆斯林对西班牙长达几个世纪的统治,并将犹太人驱逐出这个国家时,6名犹太船员正跟随哥伦布展开他的首次航行。

他们是"皈依者"(conversos),是指那些皈依了天主教或为了逃避惩罚而假装皈依天主教的犹太人。其中的一位,罗德里戈·德·特里亚纳(Rodrigo de Triana),是第一个瞭望到陆地的人。而哥伦布描述另一位名叫路易斯·德·托雷斯(Luis de Torres)的人说:"过去是犹太人,既懂希伯来文,也会一点阿拉伯文。"德·托雷斯就是第一个踏上新大陆的人。

通过驱逐犹太人和穆斯林,伊比利亚的君主施行了"血液净化"(limpieza de sangre)。他们认为这种净化也应当被扩展到殖民地,禁止犹太人和直至第四代的皈依者到美洲土地定居。不过,下定决心的旅客总是能从受贿的官员那里得到豁免。海上的船长也可以通过受贿让"新基督徒"在秘密的入境点登陆,例如墨西哥的韦拉克鲁斯南部,或是洪都拉斯沿岸,以及智利的南部。

最早抵达拉美的犹太人并不会像他们可能在欧洲经历的那样被左

---

[1] 伊莎贝拉一世(1451—1504),卡斯蒂利亚女王,与其丈夫斐迪南二世完成了收复失地运动,为西班牙的统一奠定了基础。伊莎贝拉还是哥伦布航海的主要资助者。

邻右舍躲避和告发。或许，在新环境中谋生的共同困难甚至起到了一种平衡的作用，这和其他边缘社会的情况是相同的。然而，当西班牙和葡萄牙统治着拉美大地，犹太人无法逃脱伊比利亚半岛偏狭的天主教会伸出的魔爪。

在墨西哥城华雷斯大道（Avenida Juarez）附近的一处步行广场，繁忙的现代街道深入这座首都历史中心的心脏，熙来攘往的人群在挤满了穿着时髦的老顾客的露天咖啡馆周围打着转。在这样的喧闹环境中，游客或许会错过一座远离街道的明黄色小教堂。不过一根面朝广场的柱子上的石刻铭文颇值得一读："1596—1771年，此处前方是宗教裁判所的火刑场。"

罗马天主教法庭于12世纪早期成立于欧洲，它动用酷刑和死刑来惩罚那些被判定为异教徒的人。起初，宗教裁判所只将目光集中于犯了错误的天主教徒，但之后便扩大到新教徒、犹太人和社会弃民，譬如同性恋身上。在新大陆，当地土著和非洲奴隶可能会被带到法庭。但最终，如同犹太人大屠杀一样，宗教裁判所针对的目标依然是犹太人。

在石柱前的广场上，被宗教裁判所认定有罪的人会被处以"信仰审判"（auto-da-fé），在公开场合承认自己良心上所犯的罪孽。尽管酷刑与欧洲相比并不频繁，但许多人会被监禁。在墨西哥，宗教裁判所管辖着周边的土地，一名在葡萄牙出生的危地马拉人努内斯·佩雷拉（Nunes Pereira）被以"犹太化、异端和叛教"的罪名处死在墨西哥的这根柱子前。受指控的异教徒会从遥远的玻利维亚和厄瓜多尔被带到位于利马（Lima）的教会法庭，或是从巴拿马被带至卡塔赫纳（Cartagena）。一位英国学者写道："实际上，西属美洲（Spanish America）的每个城镇都受到宗教裁判所的影响。"

在新大陆普通的天主教徒中间，宗教实践并不会像在西班牙所表现的那样极端不宽容——人们清楚地知道哪些朋友或邻居是犹太人，但他们不会去告发。自1630年开始，当荷兰人在累西腓和巴西海岸的其他城镇占据统治地位后，犹太人即在那里公开定居并建造犹太教堂。上述地方一直免于宗教裁判所的影响，直到1654年葡萄牙人将其夺回，法庭当局将犯人送往里斯本为止。

在宗教裁判所存在于拉美的200多年里，一共进行了大约3000次审判，总计可能有100人被杀。有时裁判所法官的动机可能是政治性的——墨西哥独立运动英雄和天主教牧师米格尔·伊达尔戈（Miguel Hidalgo）便遭到法庭指控，但最终被宣判无罪。他说假使自己没有支持解放事业，就不会被指控。然而犹太人，或是被贴上"皈依者"标签的人，几乎总是最容易受到攻击的。

19世纪初，随着拉美国家从西班牙和葡萄牙的统治中摆脱出来，宗教裁判所从拉美大地上消失，一个新的转变开始了：这些新近独立的国家开始接纳作为移民的犹太人。

从1880年开始，西班牙系犹太人开始进入秘鲁和巴西人迹罕至的丛林。坐在临时拼凑的小船上，他们"在亚马孙河及其支流航行，不停寻找着橡胶和贸易"，大约一个世纪后，一位秘鲁犹太人社区领袖这样写道。1969年，雅科夫·哈桑（Yaacov Hasson）在位于亚马孙河源头的伊基托斯拜访了这些先驱者的后人。他报告称，相关的记录和口头证言都表明，一些最早的定居者曾将亚马孙地区视为一个潜在的乌托邦，他们可以"将个人的期望和在这里建设犹太文明的愿景联系在一起"。

1912年，橡胶催生的繁荣的破灭，摧毁了亚马孙的梦想，但犹太人先驱者已经到别处定居了。20世纪初，对犹太人的迫害席卷了俄罗斯帝国和君士坦丁堡，成千上万的人前往广阔的巴西和阿根廷寻求庇护。总部位于伦敦的"犹太殖民协会"（Jewish Colonization Association）

是一个由德国银行家和慈善家莫里斯·德·赫希男爵[1]创立的机构，该机构会取得土地并组织犹太人的行程。俄国在对待犹太人的恶劣态度上毫不动摇，而极其富有的莫里斯·德·赫希将移民视为他们唯一的出路。

在俄国，犹太人被禁止从事各类职业和贸易，包括农业，不过，犹太殖民协会在布宜诺斯艾利斯附近购买了数万英亩用于耕作的土地。那些在协会努力下踏上行程的人中只有极少数拥有种田的经验，但他们还是加入了这一"出埃及记"的行列，寻找一种能够自由实践他们信仰的生活。在阿根廷的恩特雷里奥斯省（Entre Rios），犹太殖民协会种植了连绵数英里的苜蓿，定居者还饲养了牛。在新大陆的荒野中，他们一同劳作，在共同的信仰下备受鼓舞，这片土地成了此后以色列基布兹农场[2]的先声。他们会"把犁好好修理一下，看着小麦像大片绿叶一样生长，"立陶宛裔阿根廷作家阿尔贝托·格尔楚诺夫（Alberto Gerchunoff）曾在1914年这样写道，"他们守圣日并享受着劳作的成果"。

格尔楚诺夫作品中许多重要的情节是取材自他在恩特雷里奥斯的生活，《潘帕斯上的犹太高乔人》（*The Jewish Gauchos of the Pampas*），这部献给德·赫希的书，被认为是拉美犹太文学的开创性作品。这本小书读起来像是对早期定居者热情和理想主义的一首赞歌。在一个片段中，新来的人唱道："到阿根廷，我们会到那儿——播种；像朋友和兄弟一样生活，去获得自由！"

从1904年开始，殖民协会在巴西南部省份南里奥格兰德（Rio

---

[1] Baron Maurice de Hirsch（1831—1896），德籍犹太裔银行家，对犹太人大规模移民阿根廷的项目进行了赞助。
[2] kibbutzim，以色列的一种集体社区，主要从事农业生产。其目标是混合共产主义和锡安主义的思想建立乌托邦社区，社区里的人没有私有财产，工作没有工资，衣食住行、教育、医疗全部免费。外人可以自愿加入基布兹，基布兹成员也可以自愿退出。

Grande do Sul)又增购了数万英亩的土地,但经历了几十年,那里的试验失败了。部分原因在于殖民地农民对农业缺乏经验。其中一些心怀不满的人,还有那些只是感到疲惫不堪的人,此后变成了小贩。他们常常会走很远的路到商店、家庭和农场里去兜售货物。1910—1920年的照片展现了典型的犹太小贩,戴着帽子和领带,但从头到脚都是货物——背上的包里装满织物和针线,锅碗瓢盆绑在胸口,一只手拿着扫帚,另一只手拿着耙。

离开了农业殖民地的犹太人被吸引到城市,与在墨西哥韦拉克鲁斯、危地马拉巴里奥斯港(Puerto Barrios)、哥伦比亚卡塔赫纳、阿根廷布宜诺斯艾利斯或是古巴哈瓦那上岸的新移民一起生活。他们会从巴西最南端的港口南里奥格兰德前往乌拉圭和巴拉圭。其他人则直接向北前往200英里外的省府阿雷格里港[1],在那里他们会生活在一个犹太人小村(shtetl)般的社区,名叫"博姆芬"(Bom Fim)。

博姆芬里有商店、犹太教堂、专业办公室,以及青少年下课后可以聚集的空地,在20世纪30年代末和40年代初,这里成为见证犹太人——或多或少也是拉美各国的犹太人——经历的缩影。

夏天到了,紧接着便是光明节。约珥和南森会点起灯纪念马加比家族[2]。之后便是逾越节,他们会吃无酵饼,以纪念从埃及逃出来的人。再然后是耶稣受难日[3],最后是圣周六[4],到了这

---

[1] Porto Alegre,巴西南部最大城市和重要港口,南里奥格兰德州首府。
[2] 马加比家族,公元前2—公元1世纪巴勒斯坦地区耶路撒冷附近的犹太教世袭祭司长家族,曾领导犹太人夺回耶路撒冷的第二圣殿,为保卫和恢复犹太人的政治和宗教做出贡献。
[3] 耶稣受难日,又称圣周五,是悼念耶稣被钉死在十字架上的日子。
[4] 圣周六,又称复活节前夜,是纪念耶稣死后,尸体放在墓穴的那一天。

一天,费尔南德斯·维埃拉大街上的石头对犹太人都充满了仇恨,苦楝树会垂下枝条惩罚他们,凶猛的梅兰皮奥猎犬会从郊外跑来,边狂吠边追赶他们。异邦人在整个博姆芬里追捕犹太人。到了第二天,他们会和解,一起在考杜罗大道的球场踢足球,但在圣周六这一天,痛打至少一个犹太人是必须的。

——莫瓦西尔·斯科利亚《博姆芬中的战争》

希特勒的崛起刺激了新的犹太移民,但正当难民们最需要敞开大门的时候,拉美国家却将门关上了。从墨西哥到阿根廷,激进的右翼团体开始出现,它们有时得到了德国纳粹的资助,但本质上是土生土长的,它们一样是那些培育了欧洲法西斯主义的力量的产物:经济衰退、极端民族主义、对"外来人"抢夺工作岗位的恐惧,以及在一个具有压倒性的天主教文化氛围里对不寻常风俗的怀疑。甚至是在像阿雷格里港的博姆芬这样的犹太人已经生活了几十年的社区,反犹主义也在潜滋暗长。

"在那个时候,你都不能张口,你不得不保持安静。"索菲亚·沃尔夫·卡诺斯(Sofia Wolff Carnos)说。卡诺斯1909年出生在德·赫希男爵的一处农业聚居地上,她与父母一起搬到了博姆芬。"任何说话的人都会遭到谴责和迫害。"

卡诺斯的回忆是博姆芬一处犹太教堂的研究者们在20世纪80年代记录下的数百份回忆中的一份。1910—1920年,在她的童年岁月,卡诺斯说,那些想要在当地的好学校学习的女孩子都会说自己是德国人,而不是犹太人,因为学校不接收犹太学生。在亲法西斯的独裁者热图里奥·瓦加斯掌权的时代,反犹主义可谓无处不在。

"在街上你不能讲意第绪语。"卡诺斯说。在战争期间,她与身为店主的丈夫一起收集衣物和援助物资,把它们寄给欧洲的犹太人。她说,在阿雷格里港，邻里正背弃他们的传统。"人们否认自己是犹太人，倒不是出于羞耻，而是为了保护自己"不受骚扰，不被怀疑成共产分子。

与巴西别处一样，一个极端民族主义的群众运动——"整体主义"（Ação Integralista Brasileira），从德裔和意大利裔巴西人中吸收了大批成员，成为阿雷格里港的显著存在。由于瓦加斯正与老牌的巴西共产党争夺工人们的效忠，他将法西斯的整体主义者视为一个可靠的后盾。因其喜爱穿着的服装，人们将整体主义者称为"绿党"或"绿衫党"。

"他们就在讨论要灭绝犹太人。"卡诺斯说。当居民们看见他们那些从小一起在斯科利亚提到的"考杜罗大道的球场"踢球的非犹太人伙伴，忽然穿起了带有类似闪电般西格玛字母图案的绿色T恤衫时，都备感震惊。"整体主义"的标记由希腊字母西格玛构成（发音时会发出"嘶嘶"的声音），黑色的字母呈现在白底上，边缘锋利，容易使人联想到纳粹使用的卐字标记。

如今的博姆芬依然保留有许多犹太教堂，但大多数犹太人已经搬到这座城市的其他地方了，原来的社区被留给了中产阶级，到处都是新开的咖啡馆、普拉提健身房和有警卫的住宅。奥斯瓦尔多·阿拉尼亚大街（Osvaldo Aranha Avenue）位于社区的边缘，现在是以瓦加斯外交部部长的名字命名的。在寻常的工作日，可以看到这条大街七个车道的马路穿过高耸的棕榈树，然而在20世纪30年代，这条大街却是整体党一个准军事游行的场所。身穿绿色制服的游行者会像墨索里尼和希特勒的追随者们那样举起手臂行纳粹礼。他们会在街角与共产党人扭打成一团。

整体党党徒不是巴西唯一的法西斯主义分子。"对我来说觉得更严重的……是一个与之平行的运动……那些来自德国殖民地的德国人后裔，没有继承爱国主义（因为这不是属于他们的爱国主义——他们是巴西人——而是属于他们父辈祖辈的爱国主义），反而接受了纳粹主义和纳粹思想。"毛里西奥·罗塞姆布拉特（Mauricio Rosemblatt），这位阿雷格里港知识分子的证言被记载在了犹太教堂的档案里。

20世纪30年代,有100万德裔巴西人生活在巴西南部,而在一些城市中讲德语的第二代和第三代移民便占了人口总数的50%。有时候他们根本就不说葡萄牙语,他们的生活都围绕着德国教堂、德国学校和德国社交俱乐部。那里有数不清的体育、体操、射击和唱歌的德国人协会;有提供准军事训练的协会;还有为男孩、女孩以及妇女开设的纳粹俱乐部,可以说是一个在巴西国土上名副其实的德国世界。直到今天,在茹安维尔镇[1]——这里老一辈的居民依然记得20世纪30年代看见齐柏林飞艇飞过屋顶时的激动心情——街道标牌除了会标注葡萄牙文,也会写上它们过去的德文名称。

巴西其他大部分地区都是信仰罗马天主教的,但在德国人居住的南部,居民都会参加由德国牧师引导的路德宗仪式。许多牧师都是国家社会主义者,效忠希特勒。1935年,德国纳粹党在巴西的首脑汉斯·亨宁·冯·科塞尔(Hans Henning von Cossel)——他住在圣保罗——在参观南部城市布鲁梅瑙(Blumenau)时大感吃惊。直到今天,布鲁梅瑙依然像是一块从欧洲母国抽出的飞地,这里有德国面包房、金发的孩子和仿佛来自巴伐利亚的房屋。

"谁能够理解这种感觉?在一个处于南美洲中心地带的城市,听不到一个葡萄牙语单词,房子让人联想起德国中部的小城,而商店和招牌都是德文的。"冯·科塞尔欢呼道:"到处都长着棕榈树,但现在就连仅有的几个黑皮肤的人也讲德语了,而且表现得像是'优秀德国人',这就显得格格不入了。"

在巴西的"优秀德国人"中间,纳粹是极具影响力的。当有杂志

---

[1] Joinville,巴西南部城市,属圣卡塔琳娜州,是巴西南部第三大城市和圣卡塔琳娜州最大城市,城市居民主要为德裔、瑞典裔和挪威裔,被称为巴西的"德国城"。

发表反整体主义和反纳粹的文章时，德国和意大利的大使馆便会向出版商和政府当局投诉，于是报摊上的这几期杂志便会被撤下。

在德国，亚历山大·普雷格医生（Dr. Alexandre Preger）一直认为德国人民"受过良好的教育，以至于不会关心"纳粹，直到1933年4月1日，一名党卫军士兵在普雷格医生的诊所上贴了一张告示："不要在这里买东西，因为店主和服务员都是犹太人。"普雷格乘船去了巴西，但即使在相对安全的博姆芬犹太社区，他也面临着麻烦。

1937年，极端民族主义者瓦加斯禁止在国内使用外语。"在战争期间，我们不允许说德语，我必须确保孩子们一个字都不会说。"普雷格说道。

当瓦加斯在1942年与英国和美国结盟后，除了限制语言，巴西还对来自轴心国的居民采取了针对性的措施。作为一名德国居民，普雷格的诊所被列入了商业黑名单，而他本人被要求定期向巴西银行交钱。但他最害怕的还是进监狱。"对巴西人来说，我是个德国人；对警察和所有人来说，我出生在柏林，而并非是一个被迫逃离德国的犹太人。"巴西当局会把违反新法规的德国人和德国犹太人关在同一个牢房里。

二战期间，在拉美犹太人所遭受的各种焦虑中，最令人痛苦的便是失去了有关欧洲亲人下落的消息。每个人都知道犹太人正在受苦，但有关镇压的细节却模糊不清。邮件和电报都失灵了，打电话也成了一场梦。1935年，16岁的建筑工人莫德柴伊·布莱克（Mordechay Bryk）来到阿雷格里港，他持续与在波兰的家人通信，直到他们的信件中断为止。到1948年，布莱克才获悉他的父母、兄弟和兄弟的孩子都被一个德裔乌克兰巡逻兵开枪打死了，当时全家人正蜷缩在树林里的一处避难所中——一个躲在附近的8岁女孩成了目击者。

朱迪斯·斯科利亚（Judith Scliar）是一位教育家，也是小说家莫瓦西尔·斯科利亚[1]的遗孀。她告诉我，在战争的那几年，她的父母一直从阿雷格里港向身处华沙的她的外祖父母送大米和面粉。但他们互相之间很快也失去了联系。她的双亲"对于死亡集中营，以及正在进行的灭绝行动一无所知"，斯克利亚说道。之后，他们了解到斯克利亚的外祖父母已经死在了占领下的波兰境内名为马伊达内克的集中营。[2]

直到去世前，朱迪斯·斯克利亚的母亲都在遗憾没能将她父母从厄运中拯救出来。但即使拉美犹太人能够以某种方式从纳粹手中救出他们的亲人，其亲属也不太可能在拉丁美洲的土地上找到避难所。各国都在限制犹太移民，通常认为这种做法是在效仿美国，美国对犹太难民实施了非常严格的名额限制。华盛顿的配额政策是由一系列原因所促成的：仇外情绪、反犹主义、对就业竞争的忧虑，以及担心在德国控制的土地上有近亲的犹太人可能会被勒索去为纳粹德国从事间谍一类的工作。

在拉美和美国，歧视犹太移民的做法也受到20世纪初起源于英国的优生学（eugenics）思维方式的影响。而在战争期间，优生学的信仰传遍了全世界。

> 那时候，这个话题相当热门……当优生婴儿躺在各种各样的画报图片上；当尼采有关进化论的幻想成为知识分子的新呼吁……
>
> ——G.K.切斯特顿《优生学和其他的邪恶》

---

[1] Moacyr Scliar（1937—2011），巴西小说家，其作品主要关注巴西犹太人的生活及身份认同问题。
[2] 马伊达内克集中营，位于波兰境内卢布林附近的马伊达内克村（Majdanek）。该集中营由纳粹德国建立于1941年10月1日，1944年7月22日被苏联红军解放，在此期间约有79000人在该集中营遇难，其中约59000人为波兰犹太人。

优生学——这个词来自希腊语，意为"出生好的"——是一场科学运动和社会运动，它旨在利用当时人们理解的遗传规律来改良人类。优生学的普遍思潮导致犹太人在逃离法西斯后被排斥在拉丁美洲之外，也导致当时已经抵达的犹太人被认为没有能力融入更大的社会。

今天，优生学被认为是一种不可信的伪科学，而人们之所以会记住它，主要是因为其与种族主义和纳粹制造"纯种"雅利安人的可怕动机有关。然而，优生学最初被认为是通向公共卫生和社会进步的有效途径，它影响了从美国到阿根廷等众多国家的移民实践。该理论的前提和结果被广泛接受：人类和他们所归属的群体"在遗传价值上"是各不相同的，而社会政策最好应基于这些感知到的差异。优生学曾被认为是具有前瞻性和值得尊敬的。

譬如，巴西的优生学很早就与卫生学以及环境卫生联系在一起。接受优生学的医学专业人士变成了公共卫生专家，他们反对近亲结婚，提倡"建设性的优生学"，比如进行产前护理、性教育和对身体虚弱状况的婚前检查，鼓动称只有健康的夫妇才能生孩子。社会改革家拥护这一运动——更健康、更强壮的人最终将克服贫困和"人口过剩"等社会疾病，提升地球的生活质量。

很快，优生学便被用来支持歧视和偏见，譬如白人相对于深色人种所存在的想象中的优越感。在拉美，对"优生"的一种极端解释让人们产生了"优生学"能够令混血人种"白人化"的期望。在希特勒统治下的欧洲，优生学展现了其最黑暗的一面，它被用来清除第三帝国中除了健康雅利安人之外的一切人。1940年，纳粹党卫军军官沃尔特·劳夫（Walter Rauff）——他在战后定居智利——指挥了一支有密封车厢的货车队，并向车厢内被认为患有精神疾病的波兰儿童施放一氧化碳。最终，这些货车被用来杀害了150万犹太人。

纳粹德国将优生学发挥到了极端，然而美国却是第一个实施基于优生学的绝育手术的国家,到20世纪30年代,除德国之外,美国拥有最广泛的关于优生的立法。根据《优生绝育示范法》(Model Eugenic Sterilization Law),美国33个州对数万名被认为"社会能力不足"的人实施了绝育,这些人通常是智障、聋哑、失明、癫痫或未婚先孕者,他们被判定没有能力管理自身的生育,而非裔美国人和印第安妇女尤其容易受到伤害。

在美洲大陆的其他地区,美国的政策则直接影响了拉美人,并且被当成了范本。优生绝育于1936年在波多黎各启动,至1960年该计划结束时,该国领土内已有三分之一的妇女被绝育。被优生学激起的反对"社会缺陷"的情绪催生了1924年美国《移民法案》的出台,该法案限制了20世纪30—40年代许多逃离欧洲的人入境美国,特别是犹太人和意大利人。上述法案在1964年前始终生效,它拒不承认为求生存而逃难的难民,也完全排斥亚洲人。当美国总统柯立芝签署该法案时,他说:"美国必须始终是美国人的。"

拉美人绝大多数都是罗马天主教徒,许多人依然把耶稣基督被钉死在十字架上归咎于犹太人,直到20世纪60年代教廷才明确否认了这一说法。1917年俄国革命后,犹太人还被怀疑同情共产主义,是"布尔什维克"。优生学提供了一种社会可以接受的方式将犹太人界定为不受欢迎者。

当时,阿根廷是大多数拉美犹太人的家园。优生学家建议移民应当考虑到种族选择,以免"非拉丁"的新移民损害国家认同。上述想法是对强大的反犹政治右翼的附和,其结果导致战时该国实施了限制犹太移民的法律。巴西最著名和最受尊敬的优生学家之一雷纳托·凯尔(Renato Kehl)在20世纪20年代初访问了德国,并以拜耳制药公司[1]医学总监的

---

[1] Bayer pharmaceutical company,德国大型医药及化工产业集团,创立于1863年,1912年总部迁至勒沃库森。

身份回到巴西。他提出了更加激进的"消极优生学"(negative eugenics)的观点：不受欢迎的人应当被禁止生育，"退化的人和罪犯"应当被绝育。受美国优生学档案办公室所编写的遗传研究著作的影响，凯尔提出了种族隔离以及禁止劣等移民的建议。但就像在其他拉美国家一样，在巴西，天主教会以及医学和社会观点上的争论阻止了上述极端做法。但很少有人能阻止将犹太人视为"他者"，一群抗拒被同化的人。

> 世界似乎分成了两部分——犹太人无法生活的地方和犹太人不能进入的地方。
> ——哈伊姆·魏茨曼，《曼彻斯特卫报》，1936年5月23日

由于担心在德国无家可归的东欧犹太人正面临越来越大的危险，阿尔伯特·爱因斯坦于1930年支持了一项在秘鲁的定居计划。该项计划预备在秘鲁的特许土地上初期解决2万犹太人的安置问题，到最终能安置100万犹太人。

"也许这将真的有助于大部分犹太人找到一种健康的生活。"爱因斯坦写道。然而令这位科学家沮丧的是，有影响力的犹太复国主义者决心要在巴勒斯坦建立家园，他们阻止了这一秘鲁的计划，以免其分裂他们的运动。这项雄心勃勃的秘鲁事业是否可以成功自然是个待决的问题，而类似这样潜在的"逃生阀"很快也将变得毫无意义。

1935年，德国的国家社会主义政府制定了《纽伦堡法令》(Nuremberg Statutes)，从剥夺犹太人的公民权开始，这部反犹法律为接下来不可想象的大屠杀奠定了法律框架。大多数犹太人都想尽一切办法逃离。

但他们在拉美并不受欢迎。譬如，1937年6月，巴西外交部向其全球领事馆发布了一份秘密通告，命令其外交官不得向"闪米特血统"的人发放签证。而在公开场合，瓦加斯总统将自己标榜为独特的"巴

西标识"(brasilidade)的拥护者。"巴西标识"指的是一种包含了印第安、非洲和欧洲三种族源的共同身份,它必须将各个肤色和阶层融合在一起,最终打造出一个现代社会。可是言论和移民政策是两码事。

上述秘密通告和一部附加了更多限制条件的新宪法相当于对犹太人的禁令。把所谓"巴西标识"撇在一边,新法规强调了优生学和白人化的承诺,这种长期存在的思想意识鼓励西欧的移民能够"改良"巴西的"人种"。其最终的推论便是,只要深色皮肤的巴西人选择更白的伴侣,那么深色巴西人就会消失,犹太人——闪米特人——不被认为是白人。毫不畏惧遭到报复,官员们纷纷把犹太人赶走了。

尽管在其他拉美国家的首都也存在类似的态度,但它们的外交岗位上依然有勇敢的人在努力地挽救生命。1942年,何塞·阿图罗·卡斯特利亚诺斯(José Arturo Castellanos),一位萨尔瓦多的陆军上校,在日内瓦担任总领事期间,特兰西瓦尼亚的一名犹太商人乔治·曼德尔(George Mandel)找到了他,希望能为自己和家人申请身份证明文件。于是这位萨尔瓦多外交官任命曼德尔为领事馆的"第一秘书"——这是个并不存在的职位,两人还全力伪造了多本萨尔瓦多护照,免费向难民发放了出去。卡斯特利亚诺斯从纳粹的死亡集中营中营救出了大约4万名来自匈牙利、捷克斯洛伐克、罗马尼亚、保加利亚和波兰的犹太人。

在马赛,墨西哥总领事吉尔贝托·博斯克斯·萨尔迪瓦(Gilberto Bosques Saldívar)租了一座城堡和一个夏令营帐篷,并且宣布这些产业是受国际法保护的墨西哥领土。在那里,博斯克斯庇护了抵达这座地中海港口城市的欧洲犹太人,以及逃离弗朗西斯科·佛朗哥法西斯势力的西班牙共和国领导人。博斯克斯之后被誉为"墨西哥的辛德勒",他签发了成千上万张签证,用包租船只将难民送往非洲国家,难民接着可以再去往墨西哥、巴西和阿根廷。(博斯克斯及其家人,还有40名领事馆人员于1943年被捕并在波恩附近被德国人关押了一年。经过协商，墨西哥城通过一份囚犯交换协议使他们得以获释。）虽然在欧洲的巴西领事馆会依据秘密通告拒绝犹太人，但依然有个别官员主动向请愿者发放签证。

尽管有少数恪尽职守、敢于冒险的外交官独自行动，可他们无法解决数十万被迫离开纳粹德国的犹太人重新安置的问题。罗斯福总统或许有接收难民的个人愿望，埃莉诺·罗斯福也强烈主张接收难民。但美国政治阶层，尤其是国会中的反犹主义者对此坚决反对。而孤立主义——比如"美国第一"运动——在大多数美国人中很流行，他们认为应该把欧洲的问题留给欧洲人自己去解决。然而，美国的犹太人和其他人向总统施加了压力。1938年，犹太人逃离纳粹德国仍然是可能的——如果有地方能接纳他们的话，即使许多家庭不得不身无分文地离开。必须要做点什么。

1938年3月，在希特勒占领奥地利十天后，罗斯福倡议召开国际会议，商讨解决方案。在7月份的五个美好的日子里，来自32个国家（其中有19个来自拉丁美洲）的代表及众多非政府组织的代表在位于蔚蓝而波光粼粼的日内瓦湖边的埃维昂莱班（Évian-les-Bains）豪华酒店举行了会议。

希特勒从柏林发出了冷嘲热讽的消息。"我们……已经准备好把所有这些罪犯交给这些国家处置，"他说，"我才不关心呢，哪怕是用豪华轮船把他们运走。"

最后，声势浩大的埃维昂莱班会议仅仅成了全球关注的一场"橱窗秀"。只有多米尼加共和国一个国家愿意接纳10万名犹太人，多米尼加独裁者拉斐尔·特鲁希略[1]想要巴结罗斯福，让本国的人口变得更

---

[1] Rafael Trujillo（1891—1961），多米尼加独裁者，1930年发动政变上台，统治国家将近30年，绰号"加勒比狼狗"，1961年5月在圣多明各遭人击毙。

"白"。在此之前,特鲁希略出于同样的原因接受了2000名西班牙共和国人士。其中一位不存幻想的西班牙流亡者曾对采访的人表示"我们是白人,我们可以繁衍后代"。然而,等到1940年1月引进犹太人的计划开始的时候,潜艇战和盟军运输船空间不足的问题阻碍了移民抵达多米尼加。只有数百名犹太人最终来到这里,建立了一个农业定居点,继续为这个国家大部分地区提供奶制品。

玻利维亚派往埃维昂的代表团由"安第斯的洛克菲勒""锡王"西蒙·伊图里·帕蒂诺[1]率领,他是拉巴斯驻法国的公使,也是世界上最富有的人之一。帕蒂诺没有公开表态,但在接下来的三年里,在另一位极为富有的"锡男爵"、德国犹太人莫里茨·霍赫希尔德[2]的帮助下,数千名犹太人以合法的方式悄然进入玻利维亚。可是除了多米尼加共和国的特鲁希略,在埃维昂没有一个政府领导人挺身而出。

"没人想要他们!"德国《民族观察报》(*Völkischer Beobachter*)的头版标题幸灾乐祸地写道。翌年1月,希特勒在国会大厦发表讲话时说:"这真是可耻的一幕,整个民主世界对饱受折磨的可怜犹太人流露出同情,可等到要帮助他们的时候,却又铁石心肠、冥顽不化。"学者们称埃维昂是"希特勒种族灭绝的绿灯"。

尽管有着种种限制,在1933年至1945年间,有大约84000名犹太移民通过呼吁、哄骗或是贿赂设法逃亡至拉美,这个数字还不及前十五年拉美接受的移民人数的一半。在巴西,制定移民政策的精英们持有两种相互矛盾,且都基于刻板观念的态度。一方面,反犹主义和

---

1 Simón Iturri Patiño(1862—1947),玻利维亚实业家。他接管了玻利维亚的锡矿和英、德的冶炼厂,至1940年代,完全控制了国际锡业市场。
2 Moritz Hochschild(1881—1965),德籍犹太实业家,矿业大亨。

优生学引发了不愿接纳犹太人的偏见；而另一方面，一种先入为主的看法认为，犹太人是聪明的金融经理，他们拥有资本，可以发展巴西经济。这种相信某些犹太人能够帮助到巴西的观点促使巴西当局在1939年向德国犹太人发放了大约2000张签证。

但是，在新大陆，逃离了法西斯的犹太人经常成为某种怀疑对象，与在欧洲时便困扰着他们的完全相同：认为他们是法西斯主义的敌人——"布尔什维克主义"或共产主义的理论家。

1937年，当巴西总统瓦加斯的任期即将结束时，他凭空策划了一起共产主义阴谋，被称为"科恩计划"（Plan Cohen）。他在广播中宣布，行凶者即将接管政府。两年前的1935年，瓦加斯对包括共产党人在内的左翼反对派发动了一场国家恐怖运动，迫使积极分子转入武装抵抗，但很快便被镇压。共产党领导人路易斯·卡洛斯·普雷斯特斯（Luis Carlos Prestes）惨遭酷刑和监禁，普雷斯特斯怀有身孕的妻子奥尔加·贝纳里奥·普雷斯特斯（Olga Benário Prestes）是个犹太人，出生在慕尼黑。与盖世太保一同工作的巴西外交官确认了她的身份，并将她送往德国。她被送至拉文斯布吕克（Ravensbrück）集中营关押，1942年4月，被转移至一处州立疗养院，在安乐室内被用毒气毒死。

然而在1937年的巴西，并没有什么共产主义阴谋，也没有什么"科恩计划"。但瓦加斯通过操弄这场骗局，在他所谓的"新国家"（Estado Novo）中获得了独裁权力，并用新的法律工具来对付异见人士。为了维系政权，瓦加斯还煽动始终存在的反犹主义火苗，将犹太人视为效忠于苏联的颠覆性的第五纵队。

犹太人被广泛且不合理地视为监视甚至逮捕的对象。"在巴西政治警察的评判标准中，一个人是犹太人或仅仅拥有犹太人血统的事实都会起到负面作用。"历史学家塔齐亚纳·维亚佐夫斯基（Taciana Wiazovski）曾写道。对犹太人来说，只要他有工会成员的身份，或认识某个正在接受调查的人,或是某个犹太组织的成员,那么对他动用通常用来对待嫌疑犯那样的审查都被认作是合理的。

20世纪90年代,巴西当局解散了位于圣保罗地区的国内间谍组织——"政治和社会秩序部"(DEOPS),在它的档案公开后,揭露出了调查人员对犹太人的个人仇恨,以及他们在追捕颠覆分子时收集的所谓"证据"。在一份有关希尔德加德·博斯科维奇(Hildegard Boskovics)——一名被跟踪了9年的秘书——申请旅行签证的文件中,一名调查者的记录写道,她应当被送去"见希特勒",因为她是个"以色列人"。至于欧内斯特·乔斯克(Ernest Joske),一名被跟踪了12年的会计师,他的犯罪证据包括了为名为红色国际援助组织(International Red Aid)的救济协会——一家由共产国际建立的为政治犯提供援助的类似红十字会的机构——捐款的邮票,以及反纳粹、反法西斯、共产主义文学书籍。乔斯克表示他是反纳粹,因为他是个犹太人,并宣称他在思想上是个马克思主义者,当然,这并不违法。

1932年,在圣保罗亚马孙街(Amazonas Street)的犹太组织中心遭到突袭后,"政治和社会秩序部"的一份文件得出结论,称在这一地址注册的机构,譬如"犹太体育与体操协会"(Jewish Sport and Gymnastic Society)和"以色列工人文化中心"(Israelite Workers' Culture Center),都是从事颠覆活动的场所。"这些所谓的'体育'和'慈善'组织实质上只是一个组织良好的共产分子宣传中心。"文件称,没收的印刷品包括了来自布宜诺斯艾利斯和纽约的英语、意第绪语、德语和西班牙语期刊,诸如《国家》(The Nation)、《苏联画报》(The Soviet Russian Pictorial)和《工人月刊》(The Workers' Monthly)。

1903年在俄国出版的臭名昭著的反犹长文《锡安长老会纪要》(The Protocols of the Elders of Zion)讲述了一个虚构的有关犹太人阴谋占领世界的故事。20世纪30—40年代,这篇文章在巴西广为流传,并且影响了"政治和社会秩序部"的特工。根据这份《纪要》所示,犹太人阴谋接管全球的第一步便是对青少年进行颠覆性的教育。于是儿童月刊《先锋》(Pioneer)在亚马孙街的突袭行动中被发现,引起了特别的注意——调查人员称其目的就是为了"腐蚀青年"。

在巴西以北约3000英里的小国危地马拉,两名逃离希特勒魔爪的难民的故事表明,对那些在拉美寻求安全的人来说,通向自由的道路有多么崎岖。即使在拉丁美洲的天空下,逃离希特勒魔爪的犹太人依然与大屠杀的悲剧有着不可分割的联系。

1933年,35岁的路德维希·昂格尔(Ludwig Unger)离开了他在汉堡的家。昂格尔个子高高的,身材匀称,长着浅色的头发,五官端正,相貌英俊。他在这座国际化的港口城市长大,从来没有反犹主义的经历,在他的家族所处的舒适的上流圈子里,或是作为德国志愿兵奔赴比利时前线的时候,他都没有这种感受。昂格尔在一战中为德国作战,负伤三次还被俘过,他曾作为战俘在英国被关押了一段时间。

1933年,希特勒成为德国总理,他站在人群前发表了充斥着反犹反共色彩的演说。纳粹暴徒当街殴打犹太人。昂格尔丢了工作。在家人的催促下,他漂洋过海来到了听起来充满异国情调的国家——危地马拉。他的一个叔叔在那里经营着一家进口公司。

路德维希·昂格尔提着一个轻便的手提箱,在加勒比海港口巴里奥斯下了船,之后他登上火车,向西南行进200英里抵达繁忙的首都危地马拉城。在那里,路德维希更名路易斯(Luis),找到了一份在电影院售票的工作,不久后又管理起一家百货商店。为人随和的昂格尔很容易就结交上了德国和危地马拉的朋友。1936年,他遇到了一位美丽又年轻的危地马拉籍西班牙系犹太女孩,并与她结了婚。这位女孩的名字着实引人注目,叫"福尔图娜"[1]。他在当地的西班牙语和德语报纸上读到了欧洲的紧张局势加剧的消息。但路易斯·昂格尔现在住在离希特勒几千英里远的地方,假使欧洲爆发战争,他也不会在附近。在这个被称为"永恒春之国"的地方,战争怎么会降临到他头上呢?

答案接踵而至,而且一个比一个糟。

1938年,纳粹党的海外分支机构"奥斯兰组织"(Auslandorganisation)在世界各地安排船只,这样国外的德国人便可以投票通过"德奥合并"。路易斯·昂格尔的一个好朋友前往巴里奥斯港旅行,在那里他会登上一艘船投票。利用离岸的投票站,德国人可以绕开禁止参与外国选举的国内法律。在危地马拉,参加投票活动的家庭可以享受一段短暂的休假,行程中的花销都由柏林补贴,包括搭火车、跳下船游泳(第二艘船已经停泊在太平洋的圣何塞港[2])以及野餐。

然而,当路易斯·昂格尔的朋友回到危地马拉城后,他们之间的关系发生了一些变化。"听着,"他朋友说,"我不能再同你来往了。"在他朋友办公室的墙上,挂起了一张崭新的希特勒照片。

根据昂格尔儿子的说法,昂格尔感觉被"残酷地对待了"。昂格尔之子戴维是一名翻译家和小说家,住在纽约。多年之后,路易斯·昂格尔向儿子讲述了这段破裂的友谊,言语间依然带着刺痛。"他说不出话来,他没料到会变成这样。"

德国大使馆贴出告示,建议不要和某些犹太家庭来往,无论他们是否是多年的邻居。个人关系的破裂只是局势恶化的一个征兆;把亲戚带来此地同样变得愈加困难。

欣赏墨索里尼的危地马拉独裁者豪尔赫·乌维科(Jorge Ubico)总

---

[1] Fortuna,指罗马神话中的命运女神。
[2] Puerto San Jose,危地马拉第二大港,也是危地马拉在太平洋沿岸的主要港口。

统在1938年削减了德国移民的配额，实际上对来自纳粹德国的难民关上了大门。当纳粹控制了危地马拉的德国俱乐部和德国学校时，他袖手旁观。不过，乌维科私底下会提供签证来换取现金，为大多数人提供了救助。毫无疑问，他拯救了生命。

1938年"水晶之夜"[1]前的几个月里，15岁的汉斯·古根海姆（Hans Guggenheim）的母亲在柏林排队买黄油时，另外一位犹太妇女对她说，"他们正在发危地马拉的签证。"汉斯和他的妹妹加比（Gaby）已经被送到英国了。那天晚上，他们的父母制定了一个计划，写信给一位1900年举家迁往危地马拉的表亲，请求他尽其所能为他们取得签证，这样他们也可以逃走。安全抵达了危地马拉城之后，他们便前往总统乌维科那里。乌维科刚刚在首都的中心广场建起了一座浅绿色的巨大石头宫殿，他在那儿迎接到访者。古根海姆一家付了钱，得到了孩子能取得签证的承诺。

93岁的汉斯·古根海姆坐在他位于波士顿的多层砖房的高大窗户前，身边是他毕生收集的精美艺术品和手工艺品，他回忆起第一次乘坐豪华邮轮横渡大西洋的激动心情。"为什么要哭呢？我当时才18岁，对我来说，这是一场冒险，"他说，"在去往古巴的路上，一艘潜艇袭击了我们，我还第一次吃到了普罗旺斯青蛙腿。"

作为画家和麻省理工学院的前人类学教授，古根海姆正在撰写一本回忆录，内容涵盖了"从法西斯主义到特朗普"的那些年，他清楚地记得20世纪30—40年代危地马拉首都繁花似锦的景象。富有的犹太家庭住在"改革大道宽敞雅致的大房子里"，在柏林，纳粹没收了这家

---

[1] 1938年11月9日至10日凌晨，希特勒青年团、盖世太保和党卫军袭击德国和奥地利犹太人，该事件标志着纳粹开始对犹太人有组织地屠杀。

人的财产,但在危地马拉,他们获得了生存的机会。汉斯的父亲很快在首都拥有了一家生产锻铁家具的小工厂,在那里犹太人的生活自由地围绕着三座犹太教堂——德系犹太人(Ashkenazi)的、德国人的和西班牙系犹太人的。

20岁时,这位年轻的艺术家在危地马拉俱乐部(Club Guatemala)——市中心的一处专属场所——举办了他的第一次展览。他感到十分惬意。"我们觉得自己成了百分之百的危地马拉人,"他说,"或许周围有人不喜欢犹太人,但那不是有组织的。"

古根海姆直言不讳地把危地马拉独裁者乌维科称为法西斯分子。然而,在战争反复无常的环境下,一个被历史定义为铁腕、以自我为中心的极右翼人物却被一些人视为活下去的关键。古根海姆说乌维科是"犹太人的朋友"。

"没有他,我就不可能在这里了,"他说,"他拯救了我父母的生命,加比的生命,还有我的生命。"

1939年,汉斯·古根海姆在市中心找了份不错的工作,在危地马拉的主要日报《新闻报》(La Prensa)担任艺术编辑。他不认识路易斯·昂格尔,当时昂格尔即将在建设中的美国空军基地的军需官办公室工作,该基地位于城市的边缘。当古根海姆对他的新家感到安全的时候,路易斯·昂格尔也从欧洲传来的不断增多的坏消息中得到安慰,他知道他寡居的母亲即将离开汉堡了。

5月13日,贝蒂·昂格尔(Betty Unger)和她的妹妹古斯蒂·汉森(Gusti Hansen)搭乘同一艘豪华邮轮起航,当年汉斯·古根海姆便是乘坐这一艘邮轮来到危地马拉的。她们打算到纽约去,和另一位姐妹茱莉亚碰面,茱莉亚支付了她们的旅费。她们的护照上被纳粹德国标记了一个红色的"J",表明她们是犹太人。不过她们现在正在逃离汉堡驶往哈瓦那，她们将奔向自由。当轮船靠岸后，乘客们——其中三分之一都是孩子，他们的父母正等着他们——将下船，并留在古巴。又或者，像贝蒂·昂格尔和古斯蒂那样，他们会被安排再转赴美洲其他地方的最终目的地。

与这对姐妹同行的乘客有许多是专业人士、律师和医生——纳粹禁止他们执业。有些人已经有过被关入集中营的经历。马克斯·洛伊（Max Loewe）是一名来自布雷斯劳（Breslau）的律师，他在"水晶之夜"被捕，并被送往达豪，一直到他设法获释，并为他自己、妻子和他们15岁的女儿在"圣路易斯"号（St. Louis）上订好了船票。"圣路易斯"之行是一场"特别的航程"，其财务细节是由艾希曼工作的"帝国安全总局"（Reichssicherheitshauptamt，简称RSHA）监管的。帝国安全总局要求所有乘客皆须支付往返船票的费用，即便这些难民都是单程航程。当这艘船起航时，德国报纸《攻击者报》（*Der Sturmer*）欢呼道"谢天谢地"。

但船长古斯塔夫·施罗德（Gustav Schroeder）要求身穿白衣的工作人员把乘客们"当成受到优待的游客"。船上的纳粹工作人员表示反对，几乎到了要哗变的地步，但施罗德依然坚持自己的立场。这并不容易。6名盖世太保密探已经潜入了船员中。他们的任务是在哈瓦那上岸后，从德国情报机构"阿博韦尔"的站点收集间谍文件，同时他们被指令盯紧船长。

施罗德，一个瘦小的有着37年航海经验的人，维持着自己的权威。他确保孩子们能在甲板上的游泳池里上游泳课，大人们则能享受跳舞。他允许乘客在餐厅里用一块桌布盖住希特勒的半身像，并在周五晚上举行礼拜仪式。在航行期间的照片里，男人们轻松地躺在甲板的木制椅子上，舒展的双腿上叠着毯子，女人们穿着洁白的裙子站在船舷边，微风吹拂起她们的头发。小男孩们抬头看着照相机，咧着嘴笑着，难以抑制他们的喜悦，随着大船的航行享受着海上的自由自在。贝蒂·昂格尔和古斯蒂也出现在那张照片中，她们坐在甲板一处阴凉的座位上，显得很放松，穿着印花玻璃纱和闪亮的黑色玛丽珍鞋[1]，头上的窄边草帽让这对中年姐妹看上去十分活泼。

就在"圣路易斯号"驶往哈瓦那的时候，施罗德开始收到来自汉堡至美国航线总办事处令人不安的电报：

> 1939年5月23日：你船上的多数乘客由于违反古巴新的第937号法令，将不被获准上岸。具体情况在你未抵达哈瓦那前，尚不完全清楚，但若无法解决，将是很严重的。

而从航线古巴办事处传来的电报是这样的：

> 1939年5月26日：在锚泊地停船。不再重复，不要试图靠岸。

在哈瓦那街头，德国大使馆组织的纳粹示威活动抗议难民的到来。在"圣路易斯"号的甲板上到处流传着谣言，说几乎所有乘客的上陆许可都是无效的。古巴移民局局长曼纽尔·贝尼特斯（Manuel Benitez）是个江湖骗子和小偷。贝尼特斯是未来古巴独裁者富尔亨西奥·巴蒂斯塔（Fulgencio Batista）的亲信，享受着巴蒂斯塔的庇护，经营着发放签证、私自圈钱的违法勾当。总统费德里科·拉雷多·布鲁（Federico Laredo Brú）在"圣路易斯"号预定停靠的前一天解雇了贝尼特斯，并取消了由贝尼特斯签发的过境签证——有人说这是因为腐败的移民局局长没能让拉雷多·布鲁在这项交易里分一杯羹。

---

1 Mary Janes，是对绑带鞋的美式统称，尤指低跟、圆面、脚踝搭扣绑带式的鞋子。

一连几天,太阳都从"圣路易斯"号的上空升起,这艘船不得不抛锚停泊在远离哈瓦那码头的地方,除了30名直接从政府部门拿到签证的乘客——而不是从被纵容牟利的贝尼特斯处——没有人被获准上岸。一些难民变得歇斯底里,女人们把她们抱着的婴儿伸出船舷,威胁说要是不让她们下船,就把婴儿丢下去。来自布雷斯劳的律师马克斯·洛伊,曾在"水晶之夜"和达豪集中营的劫难中幸存下来,此时在乘客们众目睽睽之下割腕跳海。(一名船员潜入水中抓住了洛伊,把半死的他摆渡到了岸边。洛伊后来在岸上住院并活了下来,但他的妻子和女儿被禁止与其团聚。)在第一批令人不安的电报抵达后,施罗德船长挑选了一小批乘客作为其他乘客的联络员,现在他指派他们进行防自杀观察。

贝蒂·昂格尔和古斯蒂也和其他乘客一起在船上等待着,手里拿着她们的"贝尼特斯"——这些有问题的过境签证被取了一个黑暗的绰号。施罗德给公司总部打电报,请求外交官出面调解,他与两名古巴律师上岸,打算亲自将乘客们的一份备忘录交给古巴总统,但总统拒绝见他。美国犹太人联合救济委员会(American Jewish Joint Distribution Committee),这个努力为难民们寻求落脚避难之地的私人慈善协会和其他机构在岸上疯狂游说,甚至给主要的官员们送钱,而这些钱压根满足不了这些官员的胃口。

此时,"圣路易斯"号停在哈瓦那港外,乘客能看见这座城市白色建筑的撩人姿影。热带的微风轻轻吹过,然而乘客们却觉得自己被卷入了一个他们无法控制的旋涡,意识到自由正在渐渐离他们而去。一些人把最后的珠宝和其他传家宝都卖给船员,用来支付电报费,这些电报拍发给了罗斯福总统、古巴总统拉雷多·布鲁,甚至是古巴总统夫人莱昂诺尔(Leonor):"您作为女性的情感带给我们希望……"

整整三天,这些乘客在岸上的亲属或是划船,或是开车,来看他们的亲人。在小船中，亲属们的呼号声都盖过了海浪，在一片哭声与哀号中，他们看着这艘邮轮让人难以置信地开走了。

施罗德船长尽其所能阻止把乘客载回欧洲，他向许多港口发送信息，但没有一个美洲国家愿意收留他们。施罗德有意向北航行了数英里到达佛罗里达，并紧贴着海岸，希望华盛顿能允许他靠岸。但美国海岸警卫队的快艇迫使这艘船离开。在回程穿过大西洋时，他曾讨论让"圣路易斯"号在南安普顿（Southampton）附近搁浅，或是制造一场火灾让乘客逃生并让他们在英国境内获救。

英国、丹麦、瑞典、法国和荷兰最后被说服接纳了一批难民。但"圣路易斯"号的过境作为一次注定失败的航行被载入史册。这群乘客中最终有254人在欧洲成了囚犯，死在纳粹德国的灭绝营里。

路易斯·昂格尔再也无法见到他的母亲了。

贝蒂和她的妹妹古斯蒂在阿姆斯特丹下了船，她们在格罗宁根（Groningen）的一所小房子里安静地生活了三年。格罗宁根是一座大学城，位于荷兰港口东北90英里的地方。在戴维·昂格尔展示的她们最后一张照片里，两位女士穿着深色的衣服，端端正正地坐在木制门廊的柳条椅上，贝蒂穿着高领衣服，古斯蒂戴着珍珠项链。她们双手叠在膝上，灿烂的阳光映衬着她们的笑脸。1942年，纳粹和荷兰的通敌者在荷兰大肆围捕犹太人。这对姐妹一起死在了纳粹占领下波兰的索比布尔（Sobibór）集中营，她们在那儿被毒气毒死。

1947年，路易斯·昂格尔从红十字会得知他母亲的死讯。战后，汉斯·古根海姆与他的家人也发现汉斯的祖母在奥斯威辛被毒气毒死了。就在汉斯和妹妹安全抵达危地马拉后不久，他的父母便回到乌维科总统那里，想要为他的祖母申请签证，然而遭到了乌维科的拒绝。

"我猜他会想：'不，我已经给了他们四张签证了，这足够了。'"古根海姆说，"但他对之后会发生什么一无所知，我们也一样。"

有时候，那些经历过二战岁月的拉美犹太人以及他们的后代，似乎会用一种对他们在大屠杀中逝去亲人的思念密不可分的方式承载着那个时代。汉斯·古根海姆没有说他背负了过去的战争，但他已经在包括马里和危地马拉等受到现代战争波及的国家开办儿童艺术学校。1995年，他向越南的一家博物馆捐赠了几十幅戈雅的版画原件《战争的灾难》(*The Disasters of War*)。

甚至下一世代的家庭成员也会与他们长辈生活的战争年代保持一种联系。出生在巴西的朱迪斯·斯科利亚（Judith Scliar）朝圣般地来到华沙一家新建的犹太博物馆。她说，在这座她的祖父母被带离的城市的旅行"深深地"触动了她。在博姆芬的一个温暖的夜晚，斯科利亚在拥挤的犹太教堂中做了一个有关她波兰之行的演讲。在我们上方教堂二楼的档案室里，文件柜中存放着附近居民的战时回忆。而在我两边的观众席上，坐着一些中年妇女，她们向我讲述了她们自己的故事，讲述了她们父母的损失和迁徙。我有一种感觉，在像这样的犹太社区里，无论一个人去到拉丁美洲的任何地方，战争和它的后续效应仍旧在回响。

玛乔丽·阿格森（Marjorie Agosin）的曾祖母从维也纳和敖德萨逃到了智利，阿格森在这里成长。阿格森是一位诗人和文学家，执教于卫斯理学院（Wellesley College），她出生于战争结束的整整十年之后，但似乎始终生活在仿佛永无止境的灾难余音之中。作为一位诗人和人权活动家，她的作品以一种将二战时期和她那一代人在20世纪70—80年代经历的极右国家暴力相连接的方式，与家族的以及其他人的遭遇发生了共鸣。

阿根廷军政府（1976—1983）"在希特勒的画像下残酷折磨犹太人"，阿格森在《亲爱的安妮·弗兰克》(*Dear Anne Frank*)一书中写道。与纳粹种族灭绝的受害者一样，那些在战后拉美的独裁统治时期失踪的人"没有可以埋葬他们的纪念地,他们的家人依然不知道该去哪里探望他们,缅怀他们,向他们献上生者的礼物"。

有时阿格森的诗篇仿佛进入了她的那些先辈,那些正从欧洲前往拉美旅途中的人们的心灵:

> 你走在庄严肃穆的林荫道上,
> 林荫道的两旁种着橡胶树,
> 商人们手里拿着无花果和新鲜水果。
> 忽然,你在炽热的阳光下驻足,
> 仿佛你受伤的心正跳动出话语。
> 你开始喃喃:
> "有次在维也纳……有次在维也纳"
> 而记忆的天使会来到你的脚边。

第五章　白蝴蝶之地上的纳粹与非纳粹

当玛雅·萨珀尔（Maya Sapper）还是个小女孩的时候，她喜欢在她的出生地——位于危地马拉的咖啡种植园中徜徉，这里遍布着树木与溪流，有如亚热带的仙境。很多年后她回忆道，这个地方是那样"与世隔绝"，以至于当她母亲身为年轻的新娘子第一次来这里时，需要和当地土生土长的基切玛雅妇女一样，用三块石头搭成的灶台煮饭。基切人（Q'eqchi'）是山地的原住民，也是萨珀尔一家在许多年里仅有的邻居。当玛雅的父亲骑在马背上巡视着这片从玛雅的祖父母手中继承下来的广袤产业的时候，玛雅的母亲则从基切妇女那儿学会了如何用草药和茶叶舒缓病痛的诀窍，她已经完全沉浸在了这个离她的故乡德国十分遥远的新家园。母亲用其钦佩的印第安人的名字为小玛雅命名。玛雅和她的父亲都诞生在危地马拉的同一所房子里，她不曾在其他任何地方生活过，也不会料想到余生中会到其他的地方去生活。

"我记得小时候，有次站在种植园的树丛里，透过藤蔓间泻下的光线，看到了一只巨大的白蝴蝶。"当我拜访萨珀尔在加利福尼亚海滨的家时，她这样对我说道。已经85岁的她坐在狭小餐厅的桌子边张开了双臂，伴随着回忆缓缓伸展，"蝴蝶的翅膀是那样白，几近透明，在那儿微微地颤动着,于是我就对自己说:'要是有一天我死了,一定要埋在这里。'"

可当时是20世纪30年代的晚期,战争已经开始,它掀起的涟漪终将撼动萨珀尔一家辛劳但田园牧歌式的生活。从1942年开始,美国启动了一项鲜为人知的政治绑架计划,包括萨珀尔的父亲赫尔穆特(Helmut)在内的许多拉美居民被强行抓捕至美国。

在1942年1月于里约热内卢召开的一场西半球会议上,美国的助理国务卿萨姆纳·威尔斯成功地迫使拉美国家同意对其境内的德裔、日裔及意大利裔居民采取惩罚性措施。十九个国家决定遵照办理,进而严重违反了各自的法律,而紧随其后的强制性遣返,同样也违反美国的法律。墨西哥与巴西将外籍居民的社区整个拔除,在本国的边界内重新进行安置,哥伦比亚将被列入黑名单的人员强行转移至有警卫看守的酒店进行集中看管,而危地马拉和秘鲁等其余十六个国家则与美国的情报机构和外交官合作,将大批居民送到位于美国的营地,这些被遣送者中不仅包括拥有轴心国国籍的人,甚至还有那些在当地出生、早已归化的公民。

虽然这些被捕的俘虏不会遭受类似在纳粹死亡集中营中囚犯的待遇,但在这闭塞隔绝的营地中,有时他们会被关押上好几年,有关集中营的一切定义在这里都适用:为数众多的犯人,特别是政治犯和受迫害的少数族群被监禁在一个条件艰苦的狭小区域,极少或者根本就没有法律申诉的机会。

为了证明抓捕和关押这些拉美居民完全合法正当,罗斯福政府竟从几个世纪前美国在与法国展开一场未经宣战的海战时通过的法案中找寻依据。1798年的《敌侨法案》(*Alien Enemies Act*)规定,为提升美国的国家安全,对与美国正处在交战状态的国家的国民实施逮捕。150

年后，罗斯福再度启用了这项法案，用来针对来自拉美的"敌侨"。为了落实《敌侨法案》，把人员自拉美抓捕至美国势在必行。几乎就在珍珠港遇袭后不久，抓捕行动便开始了。

被强制转移的人，其中一些作为"遣返人员"登上了开往德国和日本的船只，另一些则成了人质交换游戏的抵押品，被华盛顿当局用于换回落入敌手的美国公民，而剩下的一些，包括整个家庭，都被多年圈禁在四面环绕着铁丝网的监狱中。美国为关押拉美俘虏所设立的营地，有的甚至一直运营到1947年，此时距战争结束已过去两年有余了。

这场秘密的抓捕和拘禁计划成了美国在911事件后的"反恐战争"中，通过与盟国合作实施特别引渡行动的预演。以"无论敌人在哪里，都要把他铲除"为前提，二战期间的这场隐秘行动正如其实施者们所宣称的那样，是为了确保国家安全。可事实上，抓捕被非理智的恐惧驱使着，混杂着更为阴暗的目的：获取交换战俘的筹码，粉碎商业竞争者，以及在抓捕日裔犯人中所显示出的——彻头彻尾的种族主义。

上述绑架行动在很长时间里一直远离公众的视野，直至今日都鲜为人知。但许多人的命运却因此永远改变了，因为他们的国家同意将自己国土上的居民甚至公民都交到美国手上。拉美15个国家总计超过4000名德裔居民，例如赫尔穆特·萨珀尔，被强迫带往了设于美国偏远地带的营地中。这项秘密计划导致玛雅·萨珀尔的父亲被迫离开家园，沦落异乡，更使得她的母亲、哥哥霍斯特（Horst），还有家里的其他人陷入经年的不安与迷茫。

当局的目标还对准了人数超过2000人的日裔居民，其中多数是妇女和儿童。意大利裔人士同样不能幸免，虽然所遭受的抓捕，程度上相对较轻。盟国对意大利的战斗在1943年9月结束，尽管此时尚有2000名居美的意大利移民被短期收押在美国的营地中，总统罗斯福已经不再将意大利人视为对南、北美洲的严重威胁了。"我不怎么担心意大利人,"他在一场有关拘留外国人的谈话中对司法部部长弗朗西斯·比德尔[1]说道,"他们就是一帮唱歌剧的。"

允许美国抓捕"外敌"同样给拉美国家带来了损失,抓捕行动破坏了当地长期存在的商贸网络、社会关系乃至众多构成民族文化的元素,旧有的族群社区在战后重建时已经无法恢复往日原貌了。危地马拉的玛雅·萨珀尔一家正处在这场大震荡的中心。

二战爆发时,萨珀尔大家族归属于总人口在13000人左右的危地马拉德裔移民社区。在超过半个世纪的时间里,德裔居民为这个国家的经济发展和知识储备做出了远超其人口比重的贡献。"萨珀尔一家在上韦拉帕斯[2]的发展轨迹生动诠释了德国移民通过自身努力可以达到怎样的成就。"历史学家里贾纳·瓦格纳(Regina Wagner)如此写道。他们从底层起步,"没有资金,凭的只是一股决心以及为自己争取一片坚实的立足之地而激发出的无限渴望"。

1884年,玛雅的祖父理查德·萨珀尔(Richard Sapper)初次来到上韦拉帕斯,这是一片地处危地马拉,郁郁葱葱而又温润潮湿的土地,其名字意为"真正的和平",源于16世纪的多明我会教士巴托洛梅·德拉斯·卡萨斯(Bartolomé de las Casas)。作为一位历史学家和社会改革家,卡萨斯当年成功说服西班牙殖民者,更应当用十字架而非刀剑去征服美洲的印第安人。由于西班牙士兵在进入上韦拉帕斯时,并没有像在危地马拉的其他地方那样四处强占土地、摧毁传统,19世纪晚期来到这里的定居者发现此处是一片原始自然的土地,当地的基切印第安人几乎

---

1 Francis Biddle(1886—1968),美国律师、政治家,1941—1945年任司法部部长,二战结束后作为法官参与了纽伦堡审判。
2 Alta Verapaz,危地马拉北部省份。

还保持着与五百年前相同的生活方式。

和其他许多移民一样,玛雅·萨珀尔的祖父是被有关危地马拉的美丽风光和谋生潜力等热情洋溢的宣传吸引来的。尽管时年22岁的理查德·萨珀尔还很年轻,他已经有了在意大利和希腊处理德国出口业务的工作经历。同那些最能吃苦的种植者先驱一样——大多数是德国人,但也有一小部分法国人、英国人以及北美人——萨珀尔会花上几个月的时间骑着骡和马或仅靠步行,跟随当地向导,在原始丛林中披荆斩棘,寻找适合种植咖啡的土地,为此他们要测量土地,露宿野外,狩猎果腹,明火野炊。

在理查德·萨珀尔听说他新近从慕尼黑大学自然科学系毕业的弟弟卡尔(Karl Sapper)正深受肺部疾病困扰的时候,他邀请卡尔跨过大洋,到这里呼吸呼吸山里的新鲜空气以便恢复健康。1888年,卡尔抵达了危地马拉,这位年轻的博物学家凭借着土壤和地质学方面的专业知识,很快开始徒步探索起这片地区,并指点兄长何处是建立咖啡种植园(fincas)的合适地点。在此后的十二年间,经由基切人的协助,以及兄长理查德时不时地资助,卡尔踏遍了从墨西哥特万特佩克地峡到巴拿马的土地,正如一位现代地理学家称他为"暴走行者",即便可以骑驴或马,卡尔也会习惯性地在山峰和峡谷徒步,以尽最大可能地了解这些地方。他会记录下地形地貌、野生物种的情况,以及所遇见的当地人的农业习俗。与上个世纪的普鲁士博物学家和探险家亚历山大·冯·洪堡[1]前辈相比,卡尔更关注中美洲,他为中美洲的现代地图测绘奠定了基础,尤其是对危地马拉的自然和文化地理影响深远,延续至今。

---

[1] Alexander von Humboldt(1769—1859),德国科学家、自然地理学家,近代气候学、植物地理学、地球物理学的创始人之一。

当年幼的玛雅在种植园中看见那只难以忘怀的白蝴蝶时，她的祖父理查德已经过世了，余下的萨珀尔家族成员们住在带有阿尔卑斯风格的房子里，掌管着数百平方英里、叶片有光泽的咖啡树。他们属于一个在文化上所做的贡献将在危地马拉世代传扬的家族。他们生产着世界上品质最好的一部分咖啡。

像萨珀尔家族这样的德国移民咖啡种植户，在高涨的国际价格中获益颇丰，在市场波动时他们也能维持住自己的权威地位。他们同样也得益于19世纪末危地马拉政府对农业与出口投资的渴求而实施的政策。新法规宣布，土著的土地如果在事实上是"未开垦"的，就需要将其提供给新来的移民以做发展之用。尽管基切印第安人从久远的时代起便在他们的小块土地上种植玉米和大豆了，可他们手里没有土地的所有权证书。新法规实施后，许多基切人便收拾起他们极少的家当，穿过丛林，去往新的边境，其他人则选择留下来继续耕种他们的小块农田，作为交换，他们为萨珀尔家族这些初来乍到的欧洲地主们打工。德国人意识到了拥有一批忠诚可靠的劳动力的好处，他们总体上待基切人很友善，也学习基切人的语言。有时他们也会娶当地妇女，当他们与基切女仆或是情人确立关系后，一般就认下了因这段结合而出生的孩子。

与那些舒舒服服地住在首都，并让管家打理产业的在外地主（absentee landowner）不同，德国的咖啡种植户们通常亲力亲为，始终在种植园辛勤劳作。到1890年，危地马拉翠绿葱茏的中北部地区有三分之二的咖啡产自德国人或是德裔危地马拉人拥有的土地，大部分咖啡被运往全球的咖啡仓库——德国汉堡。至20世纪30年代，德国人在太平洋沿岸和上韦拉帕斯的种植园供给着危地马拉大约80%的咖啡，咖啡成了这个中美洲最大国家主要的出口商品和外汇的最大来源。此时萨珀尔家族的产业已扩展至包括咖啡加工、咖啡出口、一家银行，以及一系列由雇佣自欧洲的德国亲朋好友管理的种植园等多种经营领域。萨珀尔种植园的名字就像一段有关繁荣的冗长祷告的回荡：Cimama, Campur, Chirixquiche, Chajmayaic, Samox, Chajchucub……

对于当时的玛雅·萨珀尔来说，她从未想过一场在遥远的地方上演的战争可能会给自己避风港般的生活带来灾难。时隔70多年，坐在加利福尼亚海岸边明亮的房间里喝着茶，她勉强将那段时光的记忆碎片拼凑成形。她回忆起当年危机浮现的第一个征兆得自她母亲的花园，花园里当时不仅盛放着玫瑰，也种植着从附近的雨林中采集的奇花异草。"我母亲一定已经有所预感了，"玛雅说，"有一天她带着她的英国朋友到了花园，我听见她说：'如果将来有什么事发生，请替我照料我的兰花。'"

当大洋彼岸战云密布的时候，萨珀尔家的孩子们正在危地马拉享受着骑小马或是在酷暑到种植园的方形混凝土水池泼水玩耍的快乐。同时，他们与在欧洲的堂表亲们共享着独特的德国式成长环境。在省城科班（Coban），孩子们会进入德国学校（Colegio Aleman），像这样的学校在拉美有上百家。从墨西哥到阿根廷，这样的一所德国学校能够提供当地城镇可达到的最好的教育，学校遵循最为严格的德国标准，教师都是自德国聘请而来并用德语授课，以便年轻学子之后能进入商界或是前往欧洲继续深造。在玛雅所在的德国学校，学生们必须通过国家要求的西班牙语测验，以证明他们确实都掌握了双语能力，以及对危地马拉的历史和地理都有了一定了解。

这片被萨珀尔视为"家"的聚居地多产而富饶，但它只是展现德国人在危地马拉影响力的标志之一。为了能让产品抵达港口，种植者们修建了道路，任何人都能使用。德国公司修建的铁路、输电网络和电话线，同样也造福于危地马拉大众。德国人的表现与在危地马拉的美国人形成了鲜明对比,譬如,美国人在类似联合果品公司[1]这样的美资企业往往都占据着行政主管的位子,但却绝少会在自家的地盘外冒险。德国人喜欢在他们的协会(Vereine)里聚首,这些协会包括了数不清的德国运动俱乐部、啤酒吧、志愿消防队、互助小组和妇女团体,他们同时也在当地深深扎下根来,将自己融入危地马拉的各项发展中,因为他们视这个国家的未来有如自己的明天。

从城市到乡镇,德国人涉足的行业可谓无所不包,这些企业的招牌被自豪地悬挂在店门上:"博恩霍尔特:箭牌衬衫、斯泰森毡帽、优质羊绒";"托普克:铁器店";"佐默坎普德国面包房:一级裸麦面包、甜点、种植园直供"。这里有香肠加工厂、茶厂、啤酒厂、裁缝铺;有家用电器、照相器材和留声机的供应商。1940年,在首都危地马拉城,13家销售农业和小型工业机械的商家中有8家是德国人开的,而大多数杂货品店和服装店也都是由德国人经营的。首都的德国俱乐部,建于1890年,是整个中美洲的时尚前哨,那里有每年一度的嘉年华和一整套节庆日程,包括了"慕尼黑十月啤酒节""圣保利—汉堡炎日水手节""加尔米施—帕滕基兴[2]冬季嘉年华",以及从多瑙河到莱茵河以庆贺葡萄酒丰收命名的各种节日。

就这样,德裔危地马拉人组成了一个勤勉而又树大根深的移民社区,同时乡愁的纽带又将他们与父辈的过往连接在了一起。可是从20世纪30年代开始,凡是翻开《德意志日报》(*Deutsche Zeitung*)这份在中美洲发行的德文报纸的读者都会察觉到,报纸对第三帝国极端民族

---

[1] United Fruit Company,创立于1899年,主要经营水果和其他热带作物生产,曾是世界上最大的香蕉康采恩。联合果品公司通过在中美洲低价收购土地、铺设铁路、购买船只,成为势力强大的垄断组织,甚至操纵中美洲各国的政治,其庄园俨然"国中之国"。
[2] Garmisch—Partenkirchen,德国巴伐利亚州城市,位于德国南部边境的阿尔卑斯山区,是1936年冬季奥运会主办地。

主义观点的支持越来越明显了。报刊文章开始连篇累牍地阐释希特勒世界观的演进或是鼓吹与"祖国"结成更加坚实的联系，专栏则猛烈抨击美国新闻机构对经由"民主选举"上台的元首的诽谤宣传。到了1935年前后，《德意志日报》已被纳粹编辑们牢牢控制。自1936年起，所有危地马拉人都能打开收音机从德国的官方电台——德意志广播电台（Deutsche Rundfunk）直接收听到新闻、室内乐、歌剧和军乐队演奏会。甚至危地马拉的国家电台都要辟出一个"德国时间"的栏目，用于播放音乐和进行德文授课。

　　这股亲纳粹的资讯和宣传可以被视为时任纳粹公众启蒙与宣传部部长约瑟夫·戈培尔（Joseph Goebbels）在全球所做努力的一部分，但它同样也映射出新来的德国移民的观点。自从德国在第一次世界大战战败后，有超过十万名德国人迁居拉美，找寻新的工作，他们中的大多数都是年轻人，对胜利一方的协约国的不公正对待心怀愤懑，并对希特勒的铁腕政策由衷赞赏。这批人因其共同的经历和那些老一代的移民者构成了两个不同的世界。历史学家里贾纳·瓦格纳把老一代移民者称为"老古董"，指的是那些在理查德·萨珀尔的上一代就迁居于此的男男女女，以及他们那些出生在危地马拉的孩子，就像玛雅·萨珀尔的父亲，他对德国战败后的情况一无所知。很多年来，"老古董"们在这片新的土地上已经培养起了对各式各样观点的容忍心，可是他们与亲纳粹的新来者之间的摩擦却越发严重，后者尽管在人数上略逊一等，却携带着依附于一场强大运动而来的力量。

　　如同那些生来就觉得自己是危地马拉人的德裔移民一样，在拉美的其他轴心国移民社区中间也有彻底归化的人，他们会以自己的祖先为荣，但他们更希望自己被看作巴西人、玻利维亚人或是尼加拉瓜人，然而同一社区里的另一批人则觉得自己不过是身处海外的德国人、意大利人和日本人。即便是第二代和第三代移民,就算他们早就生活在国土之外,轴心母国也会鼓吹要对其宣誓效忠。德国法律规定,在一段时期内凡是在种族上被认定为德意志人,就自动归属第三帝国国民。贝尼托·墨索里尼(他的父母用墨西哥改革家贝尼托·华瑞兹的名字为其取名)为了维持海外意大利人的身份认同和传播法西斯信仰,积极鼓动各种宣传和文化项目,他尤其关注在阿根廷的大批意大利裔人口。而在巴西,这个海外日裔人口数量最多的聚居地,一些天皇的"臣民"甚至在二战结束之后依然狂热地忠于日本帝国,他们拒绝相信东京已经失败了。"臣道联盟"(Shindo Renmei),这个位于圣保罗并由思想最为激进的日裔移民构成的组织,四处恐吓那些说同盟国赢得了战争的日裔巴西人,他们甚至想要影响秘鲁的日裔人。至少有二十三名日裔巴西人被"臣道联盟"的成员残忍杀害。

在轴心国移民社区内部,成员之间的巨大隔阂可以以危地马拉城的德国人作为例子。1933年,纳粹党徒在德国公使馆内大肆庆贺国家劳动节(Nazi National Work Day),赞颂海外德意志人与"祖国"团结一致;颇受大众欢迎的德国大使,一位作风老派的帝国外交官,发表了一篇措辞中立的演说,可其他发言者却希望对纳粹党必须要有更加拥护的表示,新近自欧洲抵达的路德宗牧师已经在他们的宗教论述中编织进了支持"新德国"的内容。很快,暴力冲突在首都危地马拉城的德国俱乐部上演,纳粹党试图从"老古董"们手中夺取这里的控制权,把这个过去统一的德裔移民社区的心脏地带转化成政治组织的基地。他们同时也占领了德国学校,肆意悬挂希特勒的相片,并赶走犹太学生。纳粹党徒还设立了他们自己的"德意志人协会"(Association of Germans),该协会的成员不光有德国人,而是所有种族意义上的日耳曼人——包括了瑞士人、荷兰人以及奥地利人,他们之间共同的问候方式便是行纳粹礼。为了支援德国国内为救济穷人而发起的"冬季援助活动"[1]，危地马拉的纳粹党徒还开展筹集钱款、衣物以及袋装咖啡的活动。纳粹在当地的各种机构会招待到访的德国名人和演讲者，放映影片及幻灯片，到了希特勒掌权的纪念日或是元首的生日，他们还会举行庆祝活动。就这样，一种同过去的"老古董"们分庭抗礼的文化与节庆日程被建构起来。

年幼的玛雅·萨珀尔在家人的悉心呵护下，对于整个社区被撕裂的景况是懵然无知的。直到几十年之后，她发现了母亲写给欧洲姑妈的一批书信，才意识到她的家族当时在德国都经历着些什么。在20世纪30年代末，玛雅说，她以为她的外祖父前来与他们度过的假期只是次寻常的"来访"，仅仅是一个内科医生为了走亲访友而给自己放的长假。"可事实是，他在希特勒那儿惹了麻烦，他到这儿来是为了躲避些什么，而我也不知道他要躲避的是什么。"玛雅说道。战争开始后，来自德国的书信就断绝了。玛雅的母亲，常常以一种"虽非宗教，但却是灵性的"方式，站在月亮下为自己挚爱的亲友们祈祷，祈求他们在盟军飞机的轰炸中能够安然无恙。

玛雅开始切身感受到战争时是11岁。此时玛雅一家人已从乡间搬迁至科班，这座整洁漂亮的高地小镇，在它的各色店铺招牌和建筑细节里，依然保留着受德国人影响的痕迹。"一个美国人检查了我们的学校"，玛雅说，不久之后学校就关门了。一天清晨，玛雅的母亲叫醒了孩子们，对他们说："我们得到监狱去一趟，晚上有群带枪的人把你们爸爸抓走了。"

此时的危地马拉政府正处于亲纳粹但也"脚踩两条船"的独裁者

---

[1] Winterhilfwerk，简称"WHW"，是纳粹党上台后为笼络德国民众推出的社会福利事业，以"不让一个人受冻挨饿"为口号，在每年冬天（当年10月至次年3月）为德国穷人提供各种援助，包括衣服、食物以及取暖用的煤炭等。

豪尔赫·乌维科的统治之下。乌维科是在美国的支持下上台的，他坚决执行华盛顿方面所要求的遣送德国社区中重要成员的计划，连同一些地位根本谈不上显要的人士。从许多案例中可以发现，美国政府对于何者是亲纳粹分子，何者只是以其德国血脉为荣但并不喜欢纳粹德国，根本就不加区分。

华盛顿方面早就开始对居于拉美的"外侨"有全面的怀疑，到了1938年，美国官员坚信德国人和日本人在该地区进行的间谍、破坏和武装行动已经构成了威胁。国务卿科德尔·赫尔把轴心国在拉美的渗透说成是"真实且日益迫近"的危险，上述危险将"不仅限于可能的军事入侵"。在欧洲，希特勒刚刚吞并了奥地利和德语区苏台德[1]，上述事件的发展过程，在赫尔看来像极了此时正在美洲发生的事，这里的纳粹威胁"经由宣传、渗透、组织政治团体、收买信徒以及勒索他人等间接的形式"已然十分严峻。在秘鲁利马召开的第八次美洲国家国际会议上，美国、墨西哥以及中、南美洲各国一致决议，要采取共同行动，保卫区域内国家免于外部攻击。

1941年12月11日，就在日本空袭珍珠港后的第四天，危地马拉对轴心国宣战。1942年1月，96家德裔人士名下的企业、商店、报纸，1条当地铁路，以及67个种植园全部被美国国务院列入了封锁名单。出台该名单的目的是为了封堵拉美的"轴心国资金"，这是一个单方面的黑名单，在制定时根本没有征询业务所涉及国家的意见。到了7月，来自危地马拉的117名德裔居民加入了来自拉美其他国家成百人的遣返群体，在未来的几年中，这些男女老幼将被驱逐回德国，有时这意味着十分悲惨的航程，一路上他们只能用水桶来如厕，待在局促的空间里，

---

[1] Sudetenland，指两次世界大战期间捷克斯洛伐克境内邻近德国以讲德语居民为主要民族的区域，1938年慕尼黑会议后，该地区被移交给德国。

呼吸不到新鲜空气。

总统豪尔赫·乌维科本来不太可能成为美国计划的合作者。身为军官，乌维科曾担任过上韦拉帕斯的地方长官，他很了解生活在那里的德国人的情况，对于德国人也向来是不吝赞美之词。乌维科酷爱穿军装，配上他那顶饰满了金色叶片的帽子。1931年，他接管政权，并以其独裁作风与傲慢举止成了"中美洲的拿破仑"。作为一个倚靠严酷的秘密警察实行统治的强人，乌维科对希特勒和墨索里尼推崇备至。在这方面，乌维科的做法像极了智利和阿根廷的领导人：智利领导人将其军队送到德国去训练，阿根廷领导人则将部队送去意大利。法西斯政权对秩序有强烈偏好，承诺树立一种既进步又稳定的榜样，而这些恰恰是拉丁美洲许多地方所匮乏的。合法的法西斯主义政党开始在拉美不断壮大，民粹主义的巴西独裁者瓦加斯便以他自创版本的法西斯主义统治着这个南半球的最大国家。

但假若危地马拉总统乌维科不懂得机会主义的话，那他将什么都不是。乌维科把自己的个人喜好隐藏起来，他注视着美国空军开工建造其垂涎已久的机场，这个机场至今依然是危地马拉的国际空港。乌维科还趁机没收了许多的咖啡种植园，这些种植园囊括了该国最富饶的大片土地，他把其中一部分收归国有，另一部分出售。其中就包括赫尔穆特·萨珀尔的种植园。

为什么美国人想要赫尔穆特呢？赫尔穆特并非出生在德国，而是在危地马拉土生土长，他也没有参与1938年为通过德奥合并而举行的船上投票。赫尔穆特被公认是一个反法西斯主义者，在一场集会上，当其他人都承诺要做好准备为纳粹德国而战的时候，赫尔穆特却站起来表态说他"不是一个希特勒信条的支持者"。既然如此，为什么美国人在战争结束几个月后依然不愿将其释放呢？上述问题的答案其实也能解释逮捕拉美其他德裔人士的潜在原因：华盛顿方面意图在格兰德河以南排除掉那些强大的非拉丁裔商业网络在经济上的竞争，给美国公司的入主开辟道路。

位于危地马拉城的美国大使馆把赫尔穆特·萨珀尔与其他四人列为"美国境内最重要拘留者"。在战后一封致国务院的电报中，大使馆方面认为这五个人不应当被获准回到危地马拉，其原因并不在于他们构成什么政治上的威胁——德国在几个月之前就已经战败了，而是因为他们几个在德裔危地马拉商人中间是关键角色：萨珀尔是上韦拉帕斯地区咖啡种植和相关产业的行业巨头；诺特博姆兄弟（Nottebohm brothers），卡尔·诺特博姆像大使馆电报中所言，认为自己是个"纯种危地马拉人"，柯特·诺特博姆同样是杰出的商人和银行家，并且与萨珀尔一样，是在危地马拉出生的。兄弟俩十分富裕，以至于他们的家族集团在首都能占有整整一个街区。另一位在"美国境内最重要拘留者"名单中的——可以注意大使馆电报所用的措辞，没有出现"最危险"的字眼——是赫尔曼·考特瓦瑟（Hermann Kaltwasser），他在危地马拉城的行业抬头是这样写的："考特瓦瑟：化学及医药产品、兽医用药"。考特瓦瑟自1914年起便生活在危地马拉，尽管美国的相关机构证实，他们没有发现什么证据表明其与纳粹政权合作，甚至是间接形式的合作，"但他是德国商品在危地马拉的主要经销商之一"，电报中称。第五位是马丁·科诺茨奇（Martin Knoetzsch），他是诺特博姆的总经理，曾经签署过一份公开声明，谴责纳粹党接管德国学校。科诺茨奇还曾向危地马拉政府提供过一份纳粹党重要成员的名单，以示他忠于其归化国家，上述事实美国外交官也都是一清二楚的。

美国大使馆提醒华盛顿方面，虽然没有可靠的证据表明存在不良的政治行动，但这些人因其经济地位的重要性应当被禁止回到危地马拉他们亲人身边，"他们可能会利用其经济地位在某方面进行反抗，尽管没有太多可靠的证据表明会有不良的政治行动"。历史学家麦克斯·保罗·弗里德曼（Max Paul Friedman）曾写道，这起事件展现出美国的抓捕和驱离政策已经从"最初由防范颠覆和确保安全的需要而展开的任务，变成了一个在声称是'美国后院'的地区永久性地铲除德国商业竞争者的长期计划"。拉美的当权者们很乐意驱逐那些"产业的拥有者，这样一来便更容易夺取他们的家当，因为已经没有人来保卫它们了"。

在科班高地，当玛雅的母亲在那个清晨宣布他们的父亲已经被捕之后，全家人立刻穿过小镇，从家里赶到监狱。可他们在访客室只见到了早就认识的其他人，警察已经把犯人们转送到距离科班一天路程的危地马拉城去了。

"母亲把我们塞进一辆汽车，追随我父亲到首都去。"玛雅回忆说。他们在市中心的酒店租了一个房间。几天后，赫尔穆特被获准可以前来与家人团聚，有时也可以一起过夜，只要他每天都能向警察报告自己的行踪，直到1943年1月19日。"这之后，没有任何事先通知，他们就把他带走了。我们后来才查明，犯人们被带上了一架飞机，飞机的窗户都被遮住，这样他们就无法看到外面。"

几个星期后，萨珀尔一家打听到赫尔穆特和其他犯人一道被关押在位于得克萨斯州东南部的肯尼迪外籍人士拘留中心（Kenedy Alien Detention Center）。这个因19世纪的企业家米夫林·肯尼迪[1]得名的小镇，曾经以"六射手交叉口"（Six Shooter Junction）而广为人知——在铁路附近主街上的酒馆里，老主顾们为了自娱自乐会打趣式地向行经的列车开火。得克萨斯州骑警则跨着马，手拿套索，迎接走下火车的第一

---

[1] Mifflin Kenedy（1818—1895），美国得克萨斯州商人，经营范围涵盖牧场和船运。

个拘留犯。

在危地马拉，政府冻结了所有被捕人员的银行账户，并且没收了他们的财产。为了展现对雇主的忠诚，萨珀尔种植园里的工人们会把仍提供给早已停止运转的机器设备的汽油配给券收集起来，把它们悄悄交给玛雅的母亲，她就靠着销售配给券所得给孩子们买些吃的。"好心人"也会给他们一家带衣服，或是带只鸡，但打击始终存在。在危地马拉城的酒店房间里，玛雅说服母亲让她能裹着父亲的睡衣睡觉。"我明白他已经走了，"她说，"可我只是想感受被他的肌肤拥抱的感觉。"

玛雅的哥哥霍斯特，从很年轻的时候起便在种植园里学习摆弄机器了，如今他开始靠着修理汽车和摩托车来贴补家用。父亲赫尔穆特的信从肯尼迪营地寄了回来，信上布满了被美国审查机关剪去词句而留下的窟窿。赫尔穆特写道，他把自己的物品吊在一根钉子上，在厨房里工作，那儿的天气一直很热。"千万不要回德国。"他在一封信里说。与诺特博姆兄弟、考特瓦瑟以及科诺茨奇一起，赫尔穆特说他一直在为改变自己的境遇而战，"我们打算提出控告"，他写道。这些人控告自己遭到非法拘押，另外在人身保护令的动议下，他们要求知道自己被监禁的具体罪名，以便了解他们是否可以得到释放。

在肯尼迪营地度过了三年后，赫尔穆特终于赢得了这场官司，1945年12月24日，他回到危地马拉，给一家人留下了最美好的圣诞节记忆。可是，面对被洗劫一空的家和产业，赫尔穆特已经无法在这里重操旧业了，他开始走街串巷地贩卖德国的厨房用品和廉价照相机。霍斯特的维修事业则变得欣欣向荣，后来他与父亲一道，冒着风险做起进口摩托车的生意——他们能够提供保修服务。最终，玛雅的兄弟姐妹们管理着一个利润可观的德国进口公司。可老赫尔穆特却依然是意难平。

当玛雅在加拿大做护理学生的时候，她与一个年轻的美国医生相爱，医生乘飞机到危地马拉，询问赫尔穆特能否同意他们俩的婚事，赫尔穆特回绝了，说他不希望自己的孙子辈长大了讲一口英语。（这对情侣最终私奔了。）玛雅在父亲去世的1972年曾回过危地马拉，可是当她的哥哥霍斯特在1981年危地马拉内战期间被不知名的袭击者残忍杀害的时候，她并不在那里。

当我询问玛雅，她是否也会怀有那种让她的父亲备感苦涩的怨恨时，她说不会，但自己确实从父亲的经历中学到了生动的一课。"总是有那么些时候，你需要去自证清白，而不是坐待别人坐实你的罪。"

"美国人不希望看到美洲大陆上的生意与德国人有瓜葛，"她说，"他们想要掌控整个大陆，这是他们看待问题的方式。"

玛雅·萨珀尔缓缓步出房间，回来的时候拿着一本放满了老照片的袖珍相簿。里面有张照片是她父亲赫尔穆特与孩子们在家中，父亲年轻的脸上充满了闲适；还有一张则是小女孩时的玛雅站在室外，她穿着一件浅色的连衣裙，身后则是上韦拉帕斯有着陡峭屋顶的房子。

临走前，玛雅领着我朝一扇木门走去，穿过她家的花园，强烈的玫瑰香气让我不禁驻足，那种馥郁芬芳的花香即便在如今的玫瑰里也是极为少见的，桃红色的花朵艳丽撩人。"那是我母亲的花儿。"玛雅说道。

第六章　在印加国度抓捕"日本人"

从1940年到1941年，日本一直对拉丁美洲展现出巨大的兴趣，并将其视为可能的贸易伙伴。美国国防安全的守卫者们却对日本在该地区急速增长的影响力持相当怀疑的态度。他们开始在拉美编织一张应变计划的网。

——斯科特·科比特《安静通道：二战期间美日两国的平民交换》

美国的强制遣返和驱逐计划将超过两千名日裔居民从他们在拉美的故乡赶走，带至美国的集中营关押。这次大规模的绑架行动，其表面理由是防止第五纵队对盟军的破坏，然而真实的原因却更为隐晦。

和德国一样，日本对于作为市场和原材料来源地的拉美抱有浓厚的兴趣——日本是仅次于美国的秘鲁主要出口作物（例如棉花）的进口国。如同美国在战时将拉美的德国企业列入黑名单，禁止其做生意一样，盟国也希望能限制与其竞争的日本企业，为战后可能的最为友好的贸易环境扫清道路。而拉美政府也做好了接管这些黑名单企业的准备。

种族偏见是个关键因素——同样的偏见驱使战时的美国拘禁了12万名日裔美国人，他们中的三分之二都出生在美国，没有受到指控或证明其有不正当行为的证据。拉美政府可以看到华盛顿方面正在监禁本国的所谓"日本人",尽管他们无需向这个北方大国学习种族歧视的经验。拉美的政客和精英常常将他们自己视为欧洲白人——虽然是与黑人及土著居民混血的后代。在政策和倾向上,许多拉美人对于歧视(假如不是敌视的话)亚洲人也颇感满意。

但将日裔人从拉美抓走的最重要原因是:美国迫切需要"日本人"来交换关押在亚洲的美国人。华盛顿方面需要交易诱饵。

战争期间,日本帝国共俘虏了12100名美国男性、女性和儿童,其中6000人在中国,5000人在菲律宾,1100人在日本。他们中有的是外交官,可以用传统方式一对一地换回其他的外交人员。然而大多数是商人或其他打算在亚洲安家的美国人。这批人中还包括一些传教士,尽管美国国务院反复警告敌对行动即将来临,但他们的教会未能将其及时撤出,又或者他们自己由于没感到有直接的威胁,决定趁机留下来。战争一旦开始,外交官和其他高价值的囚犯会被优先交换;但对美国当局来说,一想到有数以千计的其他美国公民以及他们的家属将遭到囚禁或是在敌人手中碰上更坏的境遇就令人难以忍受。必须要创造一种方式来交换他们,把他们带回家。

在美日本居民和日裔美国人无法被用来进行交易,即便是关押在偏远的营地里,这些人作为美国公民和合法居民所享有的权利还是比作为"非法居留者"(illegal alien)被带到美国的拉美"日本人"要多。来自拉美的俘虏将由负责战俘交换的美国国务院特别战争问题司(Special War Problems Division)管理。

美国国务院于1939年设立该司,"以处理欧洲动荡局势中出现的特殊问题,譬如协助撤离美国公民"。至1942年7月,此后被称为"安静通道"(Quiet Passages)的战俘交换计划,已经有效撤完了想要回家的那些在欧洲的美国平民。和日本人之间的"安静通道"则耗时更加漫长，这是由于交通工具的短缺、美国政府机构内职责的交叉重叠，以及缺乏符合条件的"日本人"——比如日本政府机构的雇员或希望被遣返的日本公民——来交换美方人员。国务卿赫尔认为利用拉美的日裔俘虏是一个很棒的主意，他建议不要仅停留在抓捕一小批人上，而是要清空整个大陆，他鼓励罗斯福总统继续"共同努力，把这些美洲共和国内的日本人全部转移至美国关押"。

与其他任何国家相比，秘鲁更愿意同华盛顿方面协作，将本国拥有日本血统的居民送走。成功的企业家和社会领袖被从一个总人口3万人的繁荣社区里挑选出来。在从拉美送往美国的2200名日本人中，有大约1800名来自秘鲁。他们中的许多人都是该社区最聪明和最优秀的。

联邦调查局探员、外交官和美国军方情报人员会寻找可能构成安全威胁的身在秘鲁的日本人。并不是所有的抓捕者都能讲流利的西班牙语。有时根据起疑的邻居或是商业竞争对手的一面之词，检举揭发就会被受理。在秘鲁的日本人说联邦调查局特工会检索报纸以开列抓捕名单，他们会寻找那些在日本的文化、贸易和自助团体中扮演重要角色的人物，关注那些参加社交活动的人。当可疑的危险分子被警探们带进来时，几乎无法寻求法律手段，虽然当地官员也不吝惜收受贿赂来释放嫌疑人，只要给的价钱合适。

在美国驻拉美的所有大使馆中，只有利马的大使馆会任命一名既精通日语又精通西班牙语的外交官来仔细监视日本社区。约翰·埃默森（John K. Emmerson），一个土生土长的科罗拉多甘农城（Canon City）人，有在巴黎大学学习的经历，1942年2月抵达秘鲁前，他曾在东京和台北的大使手下任过职。作为美国驻利马大使馆的三等秘书，他写道，他的主要任务是："第一，驱逐日本殖民地中的领导人物；第二，掌控他们的行踪和动向；第三，找到抵消轴心国宣传的方法"。

为了找出"危险的"日本人，埃默森求助于中国大使馆的工作人员。他会在秘鲁各个省份当地的华人中间找寻线人，这些中国人的老家正在同日本人打仗，而且他们一直是秘鲁日本人在商业上的竞争对手。埃默森认为秘鲁的日本人"危险、有良好的组织、（对日本）怀有强烈的爱国心"，这一评价支持了国务院清理此一少数族裔群体的行动，而利马方面也很乐意将他们赶走。

秘鲁人是如此热衷于驱逐国内的日本人，以至于外交官们不得不拒绝他们所提出的许多建议。不过值得一问的是，根据其过往经验，利马大使馆的负责者是否已在挖出那些子虚乌有的颠覆分子的狂热之中迷失了方向呢？

在工作了20个月后，约翰·埃默森似乎向后退了一步。他开始质疑所谓"日本殖民地"是否真的构成了威胁。他撰写了一份长达一百页的报告，其中包括了对秘鲁官员在驱逐行动中贪污的指控。这份报告被束之高阁，"为了那种没有不愉快真相的国际和谐"。历史学家哈维·加德纳（C. Harvey Gardiner）称，离开利马35年后，埃默森在写到秘鲁的日本人时表示："在我于大使馆任职期间，我们没有找到任何确凿的证据，证明存在有计划或有预谋的破坏、颠覆和间谍活动。"

然而，在埃默森的看管下，"被认为有危险的"秘鲁日本人还是被用船运出了这个国家，其他人则被禁止旅行，他们的电话通讯被切断，学校遭到关闭，财产予以没收。

拥有一家小型进口公司的下村仲平（Chuhei Shimomura）在没有受到任何指控的情况下遭到逮捕，也没有举行听证会。70多年后，福萝·德·玛利亚·下村（Flor de Maria Shimomura）仍记得她1943年前往利马戒备森严的环形监狱探望父亲的情景。在女儿造访的几天后，下村仲平便与其他1000余名囚犯登上了从阿拉斯加包装工人协会（Alaska Packers' Association）借调来的燃油动力轮船"埃托林"号（Etolin），船舷两侧都新漆上了"已认证"（DIPLOMATE）的字样。

"我们前往码头，看看他们是否会发慈悲。"福萝·德·玛利亚说。但没有人被释放。她的哥哥卡洛斯说那天的场面如同"沉重的黑夜"（queda gravado），深深铭刻在了心头。兄妹俩与母亲一起注视着轮船，"直到它消失不见"。

而在美国，罗斯福总统的密友、特别战争问题司司长布雷肯里奇·隆[1]怀疑司法部会反对在没有正当程序的情况下将数以千计的人关押于美国，他试图说服美国陆军部全权负责接收拉美俘虏，但没有成功，他们依旧由国务院来实施监管。隆对司法部的担忧是正确的：司法部部长弗朗西斯·比德尔要求国务卿赫尔考虑为来美的囚犯举行听证会，"与那些为美国敌侨举行的相同，以决定他们是否需要被严格限制"。司法部还希望在利马能派驻一名自己的代表来"核查事实"，以避免拘留那些不带来危险的人。

但赫尔并不喜欢上述意见，他表示大使馆在处理过程中是小心谨慎的。比德尔让步了，随着战争的激烈进行，人们担心讲求"正当程序"会造成伤亡。

秘鲁的日本人所遭遇到的战时危机在秘鲁之外几乎鲜为人知，在该国国内，有关其经历的绝大部分记忆已渐渐被忽视和淡忘，而那些还记得的人，则不但在安第斯土地的历史上，更在美国忠于自身原则的历史上都描绘了一段黑暗而复杂的时刻。

> 我的家人睡在我身后，紧挨在一起，
> 如同部落在某处废墟上扎营。
> 这时我把舌头贴在墙上，

---

[1] Breckinridge Long（1881—1958），美国外交官，曾任驻意大利大使，后负责国务院移民签证部，对接纳犹太难民态度消极。

> 在我们走之前留下一个潮湿的印记。
>
> ——何塞·渡边，节选自《墙》，收录于《雾后的旗帜》

如今在太平洋上航行的豪华邮轮会停泊在秘鲁的主要港口卡亚俄（Callao），乘客们会前往临近的利马，游览博物馆和殖民中心，这座城市历史悠久，有着古老的黄金和西班牙征服者华丽的大理石坟墓。他们也能坐小巴到机场，在那儿他们可以搭飞机前往库斯科[1]，它坐落在安第斯山海拔两英里的地方，是前往马丘比丘[2]的门户，也是令人叹为观止的15世纪印加帝国都城。他们通常在行程中都不在港市卡亚俄游玩，因为这里曾是秘鲁战前日本人的生活中心，现在却因夜幕降临后贩毒团伙的暴力活动而闻名。

然而当你白天漫步于卡亚俄的街头，你会发现一个熙熙攘攘的城市，"卡拉科斯"（chalacos）——当地老百姓的昵称——都精神抖擞地做着他们自己的生意。长途卡车驶离码头，沿着满是小商店和中餐馆（chifas）——这些餐馆供应融合了秘鲁菜和中餐风味的菜肴——的街道奔驰。年轻人则推着装满了已被拔了毛的鸡的木车大胆地穿越车流，准备运到市场上去。来到一条名为苏古雷街（Calle Sucre）的繁忙商业街附近的小路上，便不难想象1935年恺撒·常重（Cesar Tsuneshige）出生时周围街坊的样子。

"这里一家连着一家曾经都是日本商店。"兽医恺撒·常重说。他的父亲常重诚（Makoto Tsuneshige）当时是个社区大夫。常重浑身都散发着活力，走起路来昂首挺胸，穿着西装，打着领带，衣着得体。他带着我参

---

[1] Cuzco，秘鲁南部古城，现为库斯科省省会，曾是古印加帝国首都，被誉为"安第斯山王冠上的明珠"，被联合教科文组织列为世界文化和自然双遗产。

[2] Machu Picchu，位于库斯科西北75公里，由印加帝国建于约公元1500年。整个遗址高耸在海拔约2350米的山脊上，俯瞰着乌鲁班巴河谷，为热带丛林所包围，气势恢宏。

观这块他现在还居住着的地方。"这边曾是个啤酒厂，这里曾是牛奶铺。"

在20世纪的头十年，大多数日本移民最初签署的都是农村劳动合同，但他们往往会在最短时间来到利马和卡亚俄。在此之前，他们可能一直在棉花种植园里工作或刚逃脱亚马孙橡胶营里残暴的工头。不管他们的轨迹有多么不同，在卡亚俄，他们发现了一个只要勤奋工作便能维持生存，甚至常常能享受到富裕生活的社区。

新来的人或许会从做理发师起步，只带上梳子和剪刀，在街角摆一把椅子。（到了1924年，日本理发师的数量已是秘鲁理发师的三倍）。又或许，他会给俗称为"市场"（bazaar）的百货商店送货，起初只是为了食宿费打拼，但可能——这经常会发生——之后就成了一家商店的老板，能够把店铺名称画在雨篷上。

与常重一起行走在卡亚俄，让我能够一窥此地战前的往昔岁月。我感觉自己仿佛是在阅读一个城市的重写本（Palimpsest），过去的痕迹依然在其间渗透而出。

"这是我的母校。"常重说。一扇门此时在长长的白色金属墙上悄然开启。

"我看见你在等着了。"门卫说道。

穿过一片露天的操场，屋顶上金色鲤鱼形状的风筝正在晴朗无云的蓝天下飘动。在常重小的时候，操场还满是尘土，如今都重新铺过，路面上用黄色圆圈标记了数字，孩子们会被训练在地震时到这些地点集中。"到了学校，我们会停下来向校长（Dirección）鞠躬，以示尊敬。"他指着校长办公室说。在办公室里，常重在谈及1942年至1944年那几年时陷入了沉思，当时他的很多同学都从校园里消失了，"他们把一家人全带走了，我没有再见到过他们。"他说。

学校校长是个秘鲁人——他后来告诉我他身上"没有一丁点日本人的血统"——他进来之后用日本人的方式深深鞠了一躬，"这是我们这儿保留的传统",他说。现在学校的四百名学生里只有8%"是你们所说的'日本人'",他又说道。

"战争期间我们的生活真是发生了天翻地覆的变化。"常重说。他的父亲逃脱了抓捕,当时一个邻居在街对面打手势警告常重一家,说有陌生的便衣侦探正站在门口。"他爬上一层楼,跳进了他养斗鸡的院子里"然后逃走了。

这所学校也因同样的敏捷应变免于被政府接管。当秘鲁向日本宣战时,有传言称当局会接管利马日兴(Lima Nikko)——位于距该地10英里的首都大型日本院校。常重学校的主管们立即将学校的所有权转让给了一名秘鲁员工。当侦探到来的时候,新任老板兼校长便把学生和教职员都介绍成"我的客户"。像这样的学校在战前秘鲁日本人的生活中曾经居于中心位置,象征着他们既在新土地扎下了根,但也时常能回想起故土,然而在老一辈移民的记忆里,故乡正在渐渐远去。

像常重的父亲和他的好朋友长沼岩一(Iwaichi Naganuma)——他在苏古雷街上开一家洗衣店——这样的一群家长一同创建了这所学校。在学校的一面墙上挂着自1926年以来历任校长的黑白照片。常重走到墙边,一个接一个地指着那些被驱赶到美国集中营里的校长。首先便是长沼岩一,他在秘鲁以其西班牙语名字路易斯(Luis)为人所知。他面容消瘦,表情严肃,戴一副无框眼镜,留着修剪整齐的小胡子。

2016年,长沼的儿子——和重(Kazushige)、和治(Kazuharu)与和武(Kazumu)来到我旧金山的家中,他们现在也住在旧金山。在秘鲁的时候他们都有西班牙语名,当他们在美国上学时,大姐喜代(Kiyo)给他们取了英文名以便他们老师发音:吉米、乔治和托尼。不过如今他们更偏爱用出生时父母起的日本名字。

最年长的和重告诉我,他已经从金门公园日本茶室的岗位上退休了；和治也退休了，退休前在一家印刷公司工作；最年轻的和武76岁，是个平面设计师和活跃的足球教练。和重、和治对他们童年时许多场景都有记忆，而这么多年来，他们2012年已经去世的大姐喜代也曾为他们补充了很多细节。很显然，七个兄弟姐妹中如今还在世的三兄弟希望能将家族的故事继续流传下去。

当侦探第一次敲响家门的时候，和重说，父亲从后门跑了出去，带着他们时年十五岁的大哥一起前往利马郊外的山区，因为父亲担心这个年轻人可能也会被捕。他们躲藏了几天，之后再回来，这样的情景反反复复了许多次，直到联邦调查局探员最终进了他们的屋子并留下来，长沼岩一于是自首。特工命令他到卡亚俄的码头报到，登上一艘美国陆军运输船，如果愿意也可以带上家人——秘鲁政府希望尽可能多地赶走日本人。父母和孩子们只打包了一箱行李，此时的他们还不知道，他们的故事将代表几乎所有被捕的秘鲁日本人的遭遇——永久地从家园流亡，秘鲁不会再接收这些"日本人"返回。

长沼兄弟们告诉我，他们的父亲是在1910年之后根据一份农业劳动合同从日本来到秘鲁的，之后他往家乡寄了张新娘的照片。父亲长沼岩一第一次遇到他们的母亲矶华（Isoka）是在她从船上登岸的时候；他一言不发，只是把一块手表系在她的手腕上作为结婚礼物。和治还记得他们家在卡亚俄的房子以及附属的苏古雷街上的商业洗衣房："全部都是用大块洗衣板和金属水槽手洗的，晾晒的衣服和床单挂在外面，还有一间缝纫室，用来缝补衣服。"

在20世纪30年代，岩一和矶华（通常用她的西班牙语名字玛利亚）夫妇俩的生活总是被洗衣房的工作、孩子，还有悲剧所充斥。他们三岁的儿子古列尔莫（Guillermo）"吞了一颗大头钉"，可能是从洗衣房的地板上拾起来的圆柱销，也可能是从帽子上掉下来的装饰用的钉子，导致儿子的窒息。长沼夫妇的朋友常重诚医生，恺撒·常重的父亲，已经挽救不回他的生命。

听他们讲述自己的故事,便是一段长沼家的男孩在战前卡亚俄街道上茁壮成长的历程,西班牙语是日常游戏的语言。他们会庆祝秘鲁的节日,同时也会庆祝日本传统的"运动会"(undōkai)。"我们有一个大院子,"和治回忆道,"一个花园,有狗、猫,还有鸡。"他们的父亲还造了间录音室。"我过去经常看人们跳舞,但基本只能透过旋转门的下半扇看到腿,因为我那时个子太矮了。"常重医生的夫人每周会给长沼家的姐妹教授一次日本古琴(koto),一种类似齐特琴(zither)的乐器。假如和重幸运的话,姐姐们会带他去看电影,比如埃罗尔·弗林[1]和罗纳德·里根主演的西部片《圣菲小路》[2]。

有次他看了一部取笑日本人的动画故事片,片子里有类似东条英机大将的形象,戴着大黑框眼镜,"长着龅牙",以及其他充满成见的角色(很可能是派拉蒙摄制的《你是个笨蛋,日本先生》)。"我回到家后提到了它,但我并没有感到被冒犯,"和重说,"我完全是从一个秘鲁孩子的角度看待它的。"

1947年,衣衫褴褛、贫困潦倒、饱受肺结核折磨的长沼一家被从位于得克萨斯州克里斯特尔市(Crystal City)的美国司法部集中营释放。他们中唯一在2016年短暂回过秘鲁的是和重,他是去取走那个因吞食大头钉而死的弟弟的骨灰。在这几十年里,恺撒·常重的家人一直帮忙照管幼童古列尔莫的墓。在加利福尼亚,和重、和治、和武将弟弟的骨灰埋入父母的坟墓。年幼的古列尔莫的日文名字和明(Kazuaki)已经刻在了墓碑上。父亲要求把弟弟的骨灰埋在一起,直到生命的最

---

[1] Errol Flynn(1909—1959),澳大利亚著名影星,生于塔斯马尼亚州霍巴特,1933年前往英国从事表演,凭借英俊外表走红,之后被好莱坞看中而前往美国。
[2] *Santa Fe Trail*,1940年的好莱坞电影。

后一刻他都在想着这个被他留在秘鲁的儿子。

在长沼兄弟即将离开我家时,和武取出了一张装在相框里的全家福照片,照片里一家人站在监禁地克里斯特尔城的阳光下。男孩们打着背带穿着短裤,他们的姐姐穿着白色的衣服,父亲戴着和卡亚俄学校墙上的照片里一样的大眼镜,母亲则在夹克上别了一朵花。

> 他们在扔石头,我不得不帮我妹妹沿着梯子爬到另一层楼去——她已经怀孕八个月了。当他们抢劫楼下的面包店时,我们躲了起来。
>
> ——上里千惠子,关于1940年秘鲁的反日暴乱

潜滋暗长的秘鲁民族主义和种族仇恨,以及大萧条下不断加剧的政治投机主义和经济压力,为秘鲁和美国合作开展抓捕计划奠定了基础。许多秘鲁日本人一直在为经济挣扎,但也有一些人——而这往往是最受到关注的——变得富有了。到了1940年,他们坐拥该国棉花产量的15%。棉花是秘鲁主要的出口商品,这种作物可以在小块土地上生长,因而对于第一次创业的人来说负担得起。部分公司发展得规模很大。日本企业遍布秘鲁各地,不仅限于日本社区,它们所服务的客户群体很广。例如长沼的洗衣店,其业务就包括为卡亚俄的秘鲁海军学院清洗、熨烫源源不断送来的床单和被单,就像一个小型的商业金矿。秘鲁的日本人在理发店、衬衫制作、钟表店和面包房都取得了垄断地位。他们还绕过银行,更偏爱利用一种称为"赖母子讲"[1]的社区储

---

1 tanomoshiko,又称"无尽""无尽讲",是一种产生于日本室町时期的民间经济互助组织,一般由 10 人以上的成员聚集成立,每人缴纳一定资金向需求者提供无息、无担保的借贷。该种组织作为一种灵活的资金互助方式在日本农村十分流行,其影响一直延续至二战后。

蓄和借贷系统，这种互助会建立在按时还钱的诚信守则上，而他们都不太可能负债。

成功引来了忌妒。进入20世纪30年代，秘鲁人指责"外来人"抢走了他们的工作，一场有计划的诽谤运动开始了。报纸上发布耸人听闻的报道，指责日本人的乳制品厂在牛奶里掺假，他们的商店出售伪劣产品。而日本国内不断升温的军国主义则催生了秘鲁当地更含糊也更具有煽动性的文章，它们称当地的日本人都是受日本帝国控制的特工、间谍和第五纵队，准备携带隐藏的武器入侵秘鲁。"日本人"可能会与秘鲁的土著印第安人结盟，密谋帮助他们夺回在西班牙征服中丧失的东西。

最多疑的人则想知道日本人在交谈时都说些什么，他们印刷的日文写的又是什么。日本人的印刷品起初是贴在理发店里的手写传单，上面会有社区和日本家乡的消息，接着扩充成了油印传单，最终发展成大量的报纸和杂志。

作为外来者，日本人的情况和德国人、意大利人还有所不同，他们不是欧洲人。秘鲁的报纸上对"黄祸"提出了警告，公共知识分子则建议将移民限制在那些能改良"种族"的人群。对亚裔人的偏见来源于对华人长期的不尊重，中国人在1852年取代了被解放的黑奴，黑奴和华人一直从事着橡胶和制糖业，就像世纪初日本人抵达这里时一样。在20世纪20年代和30年代，秘鲁法律限制日本移民，剥夺甚至取消在秘鲁出生或归化的日本人的公民权和国籍。这些法律在政治上颇受欢迎，但却造成了恶性循环：随着融合和同化的机会消失，秘鲁的日本人变得愈加闭关自守。

1940年5月13日，一场由利马青少年学生发起的反日游行很快演变成从首都到小镇的持续骚乱。街坊邻里、暴徒，还有总统曼努埃尔·普拉多（Manuel Prado）——这位总统丝毫不掩饰他对一个没有日本人的秘鲁的期待——的支持者捣毁了数以百计的企业和住宅。一群暴徒闯入拥有四千英亩棉花田的岸甚目（Hijime Kishi）的住处，直到一名警察现身，并示意"这里已经不剩什么了"，洗劫才宣告停止。中国商人则在他们的商店里挂起中国国旗，并写上西班牙文标语："我们不是日本人"。

一些人会保护他们的日本邻居。"当暴徒到我母亲的服装店时，邻居们会很快赶来，他们都是百分之百的秘鲁人。"卡洛斯·下村（Carlos Shimomura）回忆道："肉贩拿着菜刀站在门口，菜贩则举着棍子。他们挂起了秘鲁国旗。"这家商店幸免于难了，但是在其他地方，体面人却紧紧关上他们的大门。10名日本人死亡，上百人受伤，而警察却只是袖手旁观。

11天后，利马和卡亚俄发生了8.5级地震。大批建筑物倒塌，包括被称为"金恰"（quincha），由藤条和灰泥搭建而成、被认为能够防震的屋子。环绕着精致小礼拜堂以及守护秘鲁征服者弗朗西斯科·皮萨罗[1]坟墓的黑色大理石雕像的教堂围墙也全部损毁了。这场地震一共造成179人死亡，3500人受伤。

令日本人感到惊讶的是，秘鲁人十分谦卑地来到他们门前或是在街上拦住他们，请求其能够原谅地震前发生的骚乱，他们把这场自然灾害视作上天的惩罚。"主啊，我没有对日本人做任何坏事！"一个女人这样说道。

然而日本人对事情的变化并不感到满意，骚乱即便不是在政府的鼓励下也是在其纵容之下发生的，这意味着越过了底线。秘鲁的日本人明白，他们如今已不能再指望获得自己国家的支持甚至保护了。

---

[1] Francisco Pizarro（1475—1541），西班牙殖民者，1532年入侵秘鲁，灭亡了印加帝国，开启了南美洲的西班牙征服时期。

暴乱没有波及祥和的亚热带城市奇克拉约[1]。这是一座由16世纪的西班牙传教士建立的城市，距海岸线十英里，在利马以北500英里，是通往丛林和高地的贸易中心。"我父亲每次出差前都会告诉我他什么时候回家，这样我就能知道他要离开多久。"女儿利比娅·直树（Libia Maoki）回忆道。当侦探们在奇克拉约围捕她父亲和其他日本人以及极少数的德国人时，利比娅看着卡车开走了，这一次她不知道父亲什么时候才能再回来。

每当我和她在萨克拉门托南郊购物中心的一家咖啡店聊天时，利比娅·直树都始终保持着冷静和对细节的关注，这或许是她退休前从事的工作所需要的品质——直树过去负责一家长途汽车公司包租业务的监督工作。1914年，父亲维克托·直树（Victor Maoki）开了一家小咖啡馆，并面向棉花种植园杜曼庄园（Hacienda Tuman）里的工人开了一家百货商店，她说。在女儿至今依然很珍视的一张老照片上，父亲穿着西装、马甲，打着领带，上衣的胸前口袋里塞了一块方巾，无框眼镜后面，一双黑色的眼睛正张望着。在一个传统上要求人们在照片中要保持严肃的岁月里，可以看到父亲的嘴角却挂着一丝微笑。维克托·直树回了一趟日本，娶了妻子仁美（Hitomi），仁美是一名护士。

直树仁美"对秘鲁的一切都如此原始感到很震惊"。她取了个名字叫"埃琳娜"（Elena），随着孩子的出生，她开始寻找扩充生意的方法。她用白棉布裁剪衬衫销售给工人们。当维克托的兄弟从日本带来一个制作"仙贝"（senbei）——一种米饼——的奇妙设备后，她创造了带有查理·卓别林（包括他的圆顶高帽和八字胡）形象的模具，把图案印在零食上再卖出去。利比娅会从钉子上扯下自制的太妃糖，母亲将它们切成块，用纸包好，分送到各家商店去。直树家的生意扩展到奇

---

[1] Chiclayo，秘鲁西北部城市，兰巴耶克省首府，位于沿海的沙漠地带。

第六章 在印加国度抓捕"日本人" 147

克拉约市区，他们在那里开了家轮胎修理店，当时大多数汽车还是在未铺平的道路上行驶，这样的投资可以说是很明智的。

一些日本移民一直梦想着攒钱，然后衣锦还乡回到日本，可维克托·直树坚定地在"新世界"扎下根来。"父亲一直说我们必须要像秘鲁人一样生活，"利比娅说，"他给我们起西班牙语名字。对他来说，让我们和他们一样敬奉上帝甚至更为重要。"他给孩子们施洗礼，让他们加入天主教，并举行了第一次圣餐仪式。他组织修建了一所学校。"墙壁刷成了白色，教室宽敞通风，里面大概有60个孩子，"利比娅的姐姐布兰卡（Blanca）回忆道，"在秘鲁，他们正准备让我们成为领导者，所以把我们赶走实在是太糟糕了。"

直树一家的商店，尽管在规模上并不显眼且远离首都，可也足够引来贪婪的当权者的注意。然而，其他数以千计的秘鲁日本人，即使其企业被列入了美国的黑名单并遭到没收，也没有因此被绑架。那为什么要抓走一个像维克托·直树这样的人呢？

维克托是个曾长途跋涉抵达利马，请求日本大使馆为盖学校捐献砖瓦的人。当社区里有人过世，他会出面处理文书工作并安排葬礼。直树一家有三个孩子在很小的年纪夭折，埋在当地的公墓中，但包括非基督徒在内的许多日本人的遗体都不被允许埋在这个神圣的地方，于是他在庄园的一角取得一块土地，作为一处庄严的墓地来埋葬那些无处入土为安的人。在一座小山丘上，他竖起一个16英尺高面朝太平洋的十字架，向1899年至1903年间第一批自日本渡海而来的移民致敬。

在被用卡车运走一个月后，维克托·直树的一封信从巴拿马寄了回来，在信的折叠处掉下了一株没精打采的马齿苋花和一朵洋蔷薇。他没有忘记女儿布兰卡12岁的生日。他写道，他的体重轻了二十磅，变得非常瘦。

在被驱逐出境时,没有记录显示被捕的人有肢体上的反抗。但不服从是存在的,像常重医生和长沼兄弟的父亲这些人会逃跑以躲避抓捕。当维克托·直树被带走时,他与其他犯人一起,泰然自若地站在卡车后面,仿佛他们不打算屈服。"他们高呼'万岁',"一种振奋精神的常用口号,利比娅说,"然后他们开始唱歌。"在南方城市伊卡(Ica),友善的警察提醒东出诚一(Seiichi Higashide),他可能会被首都来的特工抓走,于是他在自家地板下亲手挖的地下室里藏了6个月,在这个六乘九英尺见方的秘密生活空间里,仅仅放了一张用来睡觉的榻榻米床垫、一台短波收音机、一张桌子和一把椅子。

东出是名教师,他来这里经营一家高档干货店并主持一个商人协会,当不再传来新的抓捕消息后,他觉得危险已经过去了,便从藏身之地爬了出来。然而1944年1月6日的晚上,在与家人一起进行了周日的湖边野餐,又在那里的沙丘间玩了滑沙后,五个荷枪实弹的人闯入东出的屋子。这个来自北海道的35岁移民花费整整15年光阴在归化国建立的一切,都即将化为乌有。

在1993年出版的回忆录《再见眼泪》(*Adios to Tears*)中,东出写道他被关在伊卡的警察总部过夜,但他拒绝搭乘一辆肮脏的囚车被转送到利马去,他得到允许,可以自己雇一辆出租车——由一名警探陪同——前往300英里以北的首都。他在途中的一家摄影馆停了下来,打算拍一张肖像照,假如他没法再回来就把它寄给家人。在照片里,一个英俊、忧郁、西装革履的男人凝视着镜头。不久之后,当美国士兵手持带刺刀的步枪命令他脱光衣服接受检查时,东出在心里坚守着一个念头:他没犯任何罪。

大多数在拉美被捕的人都会通过船只运送,通常是由美国军方征收的老旧民用船只。自利马启程,船只将从卡亚俄或石油出口港塔拉拉——南美大陆的最西端——开出。

除了是港口，塔拉拉之所以重要，还有其他原因：英国国际石油公司（British International Petroleum Company，即之后的"英国石油"）已经在当地经营了几十年，在附近的油田开采原油。在华盛顿与利马之间达成的一项协议中，工程师刚刚获准扩建公司飞机跑道周边的设施，以作为美国的飞机基地。经由塔拉拉转运的遣送者目睹了来来去去的船只和飞机，这对于东出这群担惊受怕、疲惫不堪的俘虏来说是个令人悦目的景致。他们从利马出发行驶了600英里、花了两天半时间来到这儿，一路上他们都待在敞篷卡车的后面，"如同沙漠烈日下的货物一般"。有谣言说他们会被带到一个山区，然后被集体屠杀。"当时的情况简直混乱极了，若是那种事真的发生了也不稀奇，"东出写道，"秘鲁当局的程序和法纪已经败坏到了这种程度。"另一名俘虏说，美军士兵用刺刀把他们逼上了船。

尽管如此，一些人依然记得在塔拉拉的恩典时刻。在经历了一路上警卫都无法提供充足食物的行程后，奥古斯托·影（Augusto Kage）的父亲对他说，码头上有很多流动小贩从托盘里给俘虏们递水果。林甲子郎（Kashiro Hayashi）告诉他的儿子托马斯，一名美国士兵注意到他走路时一瘸一拐，便叫他停下来。士兵发现林在他的鞋子里藏了禁止携带的钢笔。林请求道："请让我留下它吧，我必须给家里人写信。"他保住了钢笔。

在驶离秘鲁的航程中，俘虏们被禁止离开其潮湿、充满臭气的船舱，他们在里面摇晃着，判断船可能是向北驶往美国。然而看不见太阳和星星，他们也无法十分笃定。东出的船减速并很快停了下来。炙热的空气涌进船舱，他们不断猜测自己身处何方？

当铁制的舱门缓缓升起，俘虏们沿着一架金属梯子向上爬，双膝发软地从囚禁的地方走到甲板上。被光线照得迷失了方向感的东出只能模糊地看到一片棕榈树。"这一定是巴拿马!"他说。

> 我们是人质,
> 可恶啊,把我们带到任何地方……
> 忍耐吧,忍耐吧,雨点在耳边呢喃
>
> ——阿雷基帕商人枥尾泰二郎,《离别之歌》

第一批抵达巴拿马运河区(Canal Zone)的俘虏,适逢珍珠港事件发生后不久,他们遭受了挥舞着步枪的美军士兵的嘲弄。上岸后,他们收到自行搭建厕所的命令。他们在热带雨林中砍伐乔木和灌木,为建造一座美国军营提供着免费劳力。他们被禁止停下来或提出喝水的要求,看守有时还会踢打或用刺刀刺他们。

1944年2月1日,当东出诚一的船靠岸时,情况并没有太大改观。一名美国官员用流利的西班牙语口述了一份规则清单,并警告称,一旦违反就要遭到严厉的惩罚。这些从秘鲁运送来的犯人每天凌晨5点起床,以尽可能快的速度穿好衣服,然后跑出去列队,立正站好后他们看着星条旗冉冉升起,并依照要求尽力背诵效忠誓词[1]。

当地的炎热、昆虫和雨水让东出和他的28个同伴(其中包括至少5名归化秘鲁人和2名在秘鲁出生的人)感到十分困扰和不习惯,他们终日都在用斧头和砍刀清理灌木丛,这类任务对于大多数像东出这样的人来说都是陌生的,东出说"在我以往的工作中只需要接触钢笔或算盘"。俘虏们穿着不合脚的军靴和过于肥大的工作服。"我希望联邦调查局的局长,那个常常提到日本第五纵队的人,能够看看这里的悲惨

---

[1] Pledge of Allegiance,指向美国国旗以及美利坚合众国表达忠诚,誓词最初由弗朗西斯·贝拉米撰写,并于1942年被美国国会采纳。

景象。"东出写道。看着上了年纪的人都在紧张地工作实在是"太令人同情了"。疼痛的水泡在每个人手上冒出来,"当那些水泡破裂又愈合之后,新的水泡又在刚刚痊愈的部位长了起来"。

他们的无偿劳动违反了《日内瓦公约》(Geneva Conventions),这是得到国际认可的有关战时非战斗人员的规定。然而这些俘虏并没有意识到他们的权利,美国人也不愿意对他们施以怜悯。

东出记录下他晚上回到陋屋后的所思所想。从他孩提时起,他便"读了许多有关美国的书","我曾经认为美国是理想的国家,应当被视为全世界的典范。可为什么这样一个国家要采取如此让人无法接受的措施?《独立宣言》和美国宪法里体现的个人权利和公正精神又到哪里去了?"

维克托·直树被带走一年后,穷困潦倒的妻子埃琳娜向代表日本利益的西班牙外交使节团提出申诉,恳求与她的丈夫团聚。"我听说他们不想用居住在美国的人来进行犯人交换,"她告诉女儿们,埃琳娜指的是拘留中的日裔美国人,"所以他们想要用在秘鲁拘捕的人。"

美国当局声称,这些妻子加入被捕的丈夫行列完全出于"自愿"。但绑架行动给家庭所造成的影响,以及可能再也见不到至亲的念头,都令人不禁要问,这其中究竟有多少的自由意志。

在父亲被带走后,奥古斯托·影努力工作来帮助兄弟姐妹和母亲(奥古斯托的母亲不是日本人,而是秘鲁人)直到"我们像乞丐一样乞讨度日"。那些来到他们偏远的农场抓捕父亲的特工表示,因为他们住的地方离塔拉拉的石油设施太近了——骑骡子都只要走上三天,所以他引发了一定的风险。两年之后,母亲说:"与其我们在这里独自受苦,不如我们到那边受苦,这样我们就可以一同受苦。"没什么行李需要打包,他们带着身上仅有的衣物,奔赴得克萨斯州一片荒凉的沙漠,这片沙漠以早已干涸的自流井得名。

第七章　囚犯也是家中事

> 当我们穿过巴拿马运河的时候,我们无法看到外面,因为所有的窗户都被遮了起来。
>
> ——上里加美,二十四岁秘鲁居民

自拉美运送被捕者遵循着一套模式。当俘虏登上船后,官员们会要求他们交出护照,这样他们就被当成没有身份证件的外国人抵达美国,并因此被逮捕。男人们被关押在甲板下,妇女和孩子则挤在有双层床的公共舱室里。斯塔尔·古尔克(Starr Gurcke),一位嫁给了哥斯达黎加的德国居民的美国人,领着两个小女孩来到了她在美国陆军运输船"普埃布洛"号(Pueblo)上的船舱,她发现里面的铺位都已经被占满了。往后三周的行程中,他们都只能在闷热的空气里——舷窗被禁止打开——于地板上一块污渍斑斑、光秃秃的床垫上度过。处在密闭的空间中,乘客们会出现发烧、咳嗽,以及结痂后呈黄色的疱疹等症状。

有时候妇女会负责清理厕所和其他设施。在自秘鲁开始的第一次转运中——这趟只载运男性——美国的看守会命令囚犯为他们洗衣服;

129 上岸后，所有人都必须签署文件，证明他们在船上待遇良好。此类强迫劳动已违反了旨在保护战俘的国际公约，然而唯一有记载的反抗者——一名拒绝为看守洗衣服的男子——被送往了禁闭室。

船只穿过巴拿马运河，前往新奥尔良，在德国U型潜艇时常出没的危险水域里航行。长沼兄弟们记得针对可能的潜艇攻击进行的紧急疏散演习；尽管并没有袭击发生，但对于孩子们来说，任何能打破监禁和乏味生活的事都是值得欢迎的。不过，与演习时的放松相交织的，却是对"拿着冲锋枪的士兵"日夜站岗的可怕记忆。

母亲们为了让孩子在海上能维持外表的整齐和舒适，忙得不可开交。当斯塔尔·古尔克发现自己丢了钱包时，她开始徒劳地在甲板上找一把本来买给孩子梳头的梳子。一名水手拦住她并上前盘问，她泪流满面地解释，水手最后从口袋里给了她一把梳子。她为这个慷慨的举动感动不已，哭着回了自己的船舱。安杰丽卡·东出（Angelica Higashide）惊恐地看着美国看守把她婴儿的牛奶一罐一罐地丢进海里，丝毫不理会她用西班牙语提出的抗议；幸运的是，一个菲律宾炊事员很同情她，在余下的行程中每天都会给她送些牛奶。

无论船只是在新奥尔良或是加州的圣佩德罗（San Pedro）靠岸，联邦调查局都会展开审讯，正式通知船上乘客由于他们未携带适当的证件而被捕。学者杰尔·曼焦内（Jerre Mangione）写道，这种策略完全是"做作的"和"马基雅维利式的"。在战争期间，曼焦内在美国移民局（Immigration and Naturalization Service，INS）担任特别助理，并且是司法部派驻移民局的公共关系总监，他的任务包括探访二十余个移民局营地内来自拉美的囚犯。一处营地的长官告诉他："只有在战时，我们才能施展这种奇特的诡计，还能侥幸成功。"

俘虏及其家属会被要求脱光衣服，服务人员向他们喷洒杀虫剂，成人会按照性别分隔开，小孩则没有；在陌生人面前脱光衣服，并被喷洒上白色粉末的经历让老老少少，尤其是女性，都感到羞辱。从圣佩德罗或新奥尔良开出的火车会前往克里斯特尔市，美国囚犯交换计划的中心。

开往克里斯特尔的火车向前飞驰，仿佛要穿越这广阔的世界，但又不属于这世界的一部分似的。火车的窗户都被遮蔽起来。车厢内，来自拉美的父母和孩子们拥挤在一起，不知道接下来会发生些什么。他们中的大多数是日裔人士，但也有一些是德国人，还有两者都不是的，譬如奥古斯托·影的母亲是秘鲁人，以及斯塔尔·古尔克，她出生在加利福尼亚。有谣言说这些乘客注定要被送去做苦工。有些人担心情况还会更糟。

长沼矶华在车厢里被她的孩子们簇拥着，"觉得这是这个家庭最后的时光"。利比娅·直树的母亲环顾她身边的两个女儿、一个儿子、一个收养的大女儿及女婿，还有他们的婴儿，"确信我们的家庭已在走向死亡"。

在漆黑的火车上，乘客们已被由家中被带走之后的余波弄得心烦意乱。当韦尔纳·古尔克（Werner Gurcke）的商店出现在黑名单上时——他进口纽扣、雨伞和汉密尔顿手表——他的妻子斯塔尔便把店铺转移到自己名下，作为挽救家庭收入的最后一搏。根据"若干份拥有可靠来源的报告"，并依照联邦调查局特工对其案件的卷宗记录，古尔克被关入一所专门拘押被联邦调查局称为"危险分子"的监狱。韦尔纳·古尔克不属于任何党派，但像他这样的小商人经常因为商业活动而非政治行为成为被针对的目标。联邦调查局和国务院都小心谨慎，使抓捕看上去像是由地方当局发起的。

当韦尔纳·古尔克被关入监狱的时候，1942年12月的一个晚上，警察将斯塔尔逮捕，当时她正在哄女儿们睡觉。她只是"某类美国公民",其案件卷宗上写着,应当"和她的丈夫一道送往集中营"。警察将母女们都带至位于德国俱乐部的收容中心,那里挤满了茫然无措的妇女和孩子。斯塔尔和韦尔纳曾经在俱乐部度过了许多快乐的时光,他们一起吃晚餐、看电影或是打网球。而如今,过去晶莹剔透的游泳池散发着恶臭——这是唯一可以洗尿布的地方。到了第二年1月的一个夜晚——夜里能避免被较多的人看见——哥斯达黎加的警卫将俱乐部里的妇女和儿童以及监狱中的男子全部用汽车和火车运往太平洋沿岸港口蓬塔雷纳斯(Puntarenas)。经过数小时令人反胃的行程,服务员给孩子们提供罐装牛奶,但他们中的大多数都把牛奶吐光了。

不过,从"普埃布洛"号下船开始,直到在加州圣佩德罗被联邦调查局审问,火车上的古尔克一家至少还团聚在一起。其他的妇女和孩童希望见到丈夫或父亲,他们已经被带走数月甚至几年了。从新墨西哥州圣菲(Santa Fe)的营地,从肯尼迪或其他地方,她们的男人正在加入其行列的路上,乘坐各自被安排的火车前往克里斯特尔。

来自拉丁美洲的被拘留者请注意

问:我为何被当局拘留?

答:你是根据《敌侨法令》(《美利坚合众国修订法令》第4067、4070款)被拘捕的,该法令赋予美国总统在战时限制或驱逐敌对国家居民或公民的权力。

——贴于告示板未注明日期的打印备忘录,克里斯特尔羁押所

火车在一声鸣笛后停靠在了圣安东尼奥以南120英里的一处车站,这里距墨西哥边境30英里,乘客们会在此处登上窗户未被封闭的大巴车。当俘虏们第一次看见周遭的景象时,他们或许会以为这是幻觉——无穷无尽的黄沙和灌木。在小镇克里斯特尔(人口六千),这个

自封的"世界菠菜之都",立着一尊真人大小的大力水手波派(Popeye the Sailor Man)雕像,抽着烟斗,手臂上的肌肉隆起。之后便是更多的灌木和仙人掌。第一个关注到这片土地的人是16世纪西班牙商人和江湖郎中阿巴·努涅斯·卡贝莎迪·巴迦(Álvar Núñez Cabeza de Vaca),由于这里实在太过于荒凉冷清,以至于他把这儿称作"死亡沙漠"(Desert of the Dead)。在离小镇五公里的地方,美国移民局接管了一处农业安全局(Farm Security Administration)之前用来安置墨西哥外来工人的营地。大巴车穿过大门,进入了这个占地290英亩的营地,此时它的四周已经围起了10英尺高的铁丝网,并配有六座赫然耸立的警戒塔楼。

有时已经先期进入营地的秘鲁日本人会集体欢迎新来者,他们唱歌,以舒缓埃琳娜·直树这样的妇女的恐惧心理。家庭被按照族裔进行了划分——日本人、德国人、意大利人——每个都固定居住在营地内的一个区域,房屋有单户平房,也有复式和三联式住宅,需要共用淋浴间。访客和囚犯们都议论德国人的居住条件要更好一些,但日本人并不抱怨。埃琳娜·直树说:"他们提供给我们一个需要与邻居共用的卫生间,但我并不担心,因为这些人全都来自秘鲁。"

营地在1942年末开始运转,克里斯特尔的木结构小屋大多建在一片尘土之上,风一刮灰尘便随风旋转。咬人的红蚂蚁和刺人的蝎子到处都是,房屋也缺乏抵御酷暑和寒冬的隔离材料。尽管如此,盛开的鼠尾草以及橘子和柠檬树的香味有时会飘满街道。一项提供给被拘留者的有偿工作是修建营地,很快,使用新材料的房屋开始出现。俘虏们会在花园和菜地里种上从西尔斯罗巴克公司[1]的商品目录上订购

---

[1] Sears Roebuck,美国零售企业品牌,创立于1884年,曾是美国乃至世界上最大的私人零售企业,2018年10月向美国政府申请破产保护。

的种子。

随着时间的推移，要不是有在街道上巡逻的武装警卫和瞭望塔上的看守，这块地方或许会被误认为是城郊的一部分。但每个居民都明白试图逃离的惩罚便是死亡。严厉的管制规定意味着没有人会把克里斯特尔混淆成自由民的定居点。强制性的点名哨每天要吹三遍。审查者会阅读进出此地的信件；拘押者被限制每周只能写最多不超过两封信和一张明信片，不过当圣诞节来临的时候，来自战俘协会（War Prisoners Association）画有圣诞树图案的卡片会被分发下去用于邮寄。

一旦这些拉美人抵达克里斯特尔，他们就成了战俘。美国司法部的移民局负责管理这个唯一为拉美家庭设立的营地，该机构有义务遵守旨在保障体面条件的国际公约：1894年首个《日内瓦公约》确立的有关对战时非战斗人员实施适当治疗的原则，以及1907年《海牙公约》所规定的获得人道待遇、充足食物、医疗护理和保持个人财产的权利。该条约规定，囚犯不应被视为罪犯，禁止强迫其从事军事性质的工作，对其劳动必须实施补偿。

但除了国际条约外，国务院特别战争问题司也有十分实际的理由以确保像克里斯特尔这样的营地是体面和适合居住的。这个负责交换战俘的机构确信，日本帝国会遵循"对等"原则，如果对在美国的日本囚犯（包括来自拉美的"日本人"）实施虐待，那么会导致在日本的美国囚犯遭到报复。相反，良好的待遇能够确保被日本人关押的美国人也能获得同等的对待。研究战俘交换的学者斯科特·科比特写道："从战争爆发到日本最终投降，特别战争司的工作都基于这样一个理论，即日本政府持有记分卡片，对日本侨民所遭遇到的不公实施相应的报复。"

特别战争问题司所面临的局面颇为严重，急需更多的日本战俘来交换在日本人控制下的美国囚犯。但"安静通道"无法迅速进行。由于战争需要，船只被征用，交通工具短缺。工作人员费力地和日本人展开旷日持久的交涉，和华盛顿方面一样，日本人也希望特定的侨民被列入战俘交换名单。而政府各机构间职能重叠以及互相竞争也给该项目造成麻烦。即使在最顺利的时候，"安静通道"的操作也极其复杂，牵涉到从海关到外资管理办公室（Foreign Funds Control Office），有时甚至是航空运输司令部（Air Transport Command）等各个机构。至1943年，两次涉及数千人的交换行动成功完成；在余下的战争阶段，特别战争问题司努力安排更多的交换。与此同时，和一些被拘押的日裔美国人一起，来自拉美的男女老少不得不在克里斯特尔的围栏之内开始新的生活。

> 一年中几乎每天都出太阳。
> ——1945年美国司法部影片旁白，关于敌侨的拘留设施，得克萨斯州克里斯特尔

讽刺的是，尽管克里斯特尔城是座监狱，它却为年轻人提供了快乐且生气勃勃的机会，也减轻了被迫离开故乡的创伤。长沼和重很喜欢他运送冰砖的工作："如果我当时和父亲这样说，他一定会把我打倒的，但对我来说，那里是个天堂。"在1940年秘鲁的反日骚乱后，长沼一家小心地把孩子们关在家里，正如和重所言"同厨师和保姆关在一起"。但到了克里斯特尔，情况就不同了。

长沼家的男孩们就读于一所以日语授课的学校，起初语言转换对于主要讲西班牙语的孩子们还很困难，但他们很快适应了；许多因为是"日本人"而被带至营地的人在克里斯特尔才首度学习这门语言。那里也有为说德语的人开设的学校——斯塔尔和韦尔纳·古尔克的大女儿海蒂（Heidi）便在该校就读，以及英语语法课程和得克萨斯州认

可的为美籍日本青年开办的高中,该校的教师都是来自夏威夷的被拘留者。学校里有运动队、啦啦队、童子军和油印的校报。

"甘蔗和柚子都是野生的,所以我有时会从林子里的树上摘一个水果,或是折一根甘蔗。"长沼和治说。

到了夏天,气温可达到华氏115度,家长们不得不在铁床架周围缠上防护布以防孩子烫伤自己。不过每个人都可以在一个直径250英尺的圆形水池里凉快一下,这个水池是由犯人们在一个排干了水、清除了蛇的沼泽地上建起来的。一名德籍的被拘留者考察了这一地点,另一名意大利裔洪都拉斯犯人——土木工程师埃尔莫·盖塔诺·赞诺尼(Elmo Gaetano Zannoni)设计了这个水池;营地的管理人员向移民局申请建造经费时称水池将被作为果树的灌溉水库。在这片营地里,长沼兄弟这样的年轻人能够像他们所期望的那样到处游荡,只要他们不靠近可怕的围栏。埃琳娜·直树温馨地记起,营地"为孩子们提供了一切",甚至包括柔道课和相扑。

然而在表象底下,这些被拘押者,即便是年轻人,对于他们身为囚犯的认知一刻也未曾忘怀。"我并不关心围栏的存在,"利比娅·直树说,但警卫就是另一回事了,"指向我们的机关枪吓了我们一跳。"利比娅的姐姐布兰卡明白,他们的生活再也不属于他们自己了。"以前,我们或多或少是站在世界之巅的,而如今,我们却似乎要向所有人低头鞠躬。"在秘鲁时,他们父亲的生意兴旺发达,他们有佣人和司机。而现在为了能换回被日本拘押的美国战俘,他们一大家子却在等待着被交换到从未生活过的日本。

无论老少,在克里斯特尔的生活都充满着超现实的元素。拉美的年轻人和混血的秘鲁日本人夫妇彼此之间用西班牙语交流,但在日本学校里却开设和组织有关日本历史和风俗的课程和活动,这是为了能让被拘留者对于在日本的生活有所准备。"遣返归国"(repatriation)这个词被以一种近乎奥威尔式（Orwellian way）的用法来称呼他们即将到来的旅程——许多人被安排前往一个他们从来都不了解或是为了定居美洲已打定主意离开了好几十年的国家。一些人从拉美的家中带来了他们天主教信仰的纪念品（利比娅·直树带的是一个小小的十字架），然而大量佛教僧人的存在定下了"日本"被拘留者的宗教基调。由于佛教徒相比日裔基督教徒更能保持原有语言，举行传统的宗教仪式，并且与日本国内的事件维持联系，因而佛教徒被视为美国的威胁。珍珠港事件后，联邦调查局将需要重点监察的群体划分为A、B、C三个等级，而佛教徒被列为A级，即"最高风险的"。佛教僧人被评为"A1级"，这个级别意味着对国家安全构成了最紧迫的威胁。

1944年，克里斯特尔的营地关押了4000名俘虏。由于知道日本人正在关注这里——对等原则，以及存在国际性的规定，该地确保了日本俘虏享有体面的生存条件。国际红十字会的观察员在战时会负责监督各国的集中营，他们经常造访这里，被拘留者通常都能得到营地管理者和文职雇员的友好对待。

营地中的男女如果愿意，可以每天工作8小时，每小时有10美分的报酬，每个群体——德国人、日裔拉美人、日裔美国人以及少数的意大利人——会发行各自的报纸，并选举自己的"委员会"，以便在营地当局面前代表各自的权益。

在她位于加州圣克鲁斯[1]的家中，斯塔尔和韦尔纳·古尔克的女儿海蒂·古尔克·唐纳德（Heidi Gurcke Donald）向我展示了一种作为代币的压榨纸"硬币"——它们看起来像是赌场的筹码——它们被用来给像海蒂父亲这样的被拘留者付工资，海蒂父亲在一家床垫制造商店和

---

[1] Santa Cruz，美国加利福尼亚州下属县，位于旧金山湾区以南，是加州最早成立的县之一。

营地维护部门工作。在营地的商店里，用代币可以买到特别食品和其他产品。除了通过工作领薪水，成年人每月能获得5.25美金，6岁至12岁的儿童每月4美金，甚至年龄在2岁至5岁的儿童每月也能获得1.25美金的津贴。在一张来自克里斯特尔的照片里，斯塔尔和韦尔纳夫妇勉强地笑着，他们用围兜抱着女儿们，她们闪亮的金发都整齐地剪短了。

尽管没有足够的工作能让每个人都保持忙碌，但父母不会让孩子承受成年人的烦恼。"似乎每个人想要表达的就是'我慢'（gamen），"长沼和武说，他用了这个日本词，意思是在面对任何几乎难以承受的事时表现出有尊严的忍耐，"要有耐心，尽你所能。"

即便如此，许多男人还是因为德国人所谓的"栅栏病"（Gitterkrankheit）而变得意志消沉，一些人显露出了抑郁症的迹象。他们的财产全被没收了，其资产就算称不上荡然无存，也已遭到冻结，他们的刑期也没有固定的期限。变为囚禁于围栏之内的人削弱了一个男人作为一家之主的地位，孩子们想要知道大人究竟做错了什么以至于他们被关在沙漠监狱里，被视同罪犯。美国司法部的一部影片旨在将这里展示成一个模范营地，片中，一个身穿白衣的服务人员推着一个坐在轮椅上的男人，这时解说员说道："疾病往往是假想出来的，这源于拘禁、围栏和丧失自由。"

营地医院——医生也都是被拘留者——会治疗"身心不适"和多起"先兆流产"。一些防自杀观察报告也被记录下来，其中包括了两名秘鲁日本人母亲，她们的女儿，一个十三岁，一个十一岁，于一场不幸的意外中在水池里溺亡了。

1993年，九十八岁的林甲子郎告诉儿子托马斯，他依然记得那种持续遭到压迫的感觉，只有当他运送将要土葬的死者时，这种感觉才稍有减轻。囚犯们会将棺材抬到围栏外的墓地里。"虽说抛下一个去世的人还感觉到轻松不太好，"林对儿子说道，"但那种自由的感觉是我永远无法忘怀的。"

克里斯特尔还笼罩在更大冲突的阴影下。像古尔克夫妇这样的被拘留者都尽可能避开具有明显亲纳粹倾向的德国人，比如弗里茨·库恩[1]，他被称为"最臭名昭著的纳粹分子"，"德裔美国人同盟"[2]曾经趾高气扬的头目。又如在俄克拉荷马州斯特林顿（Stringtown）营地，首批抵达的人——绝大多数都是希特勒的铁杆支持者——选举了一个来自哥斯达黎加的纳粹分子作为他们的代言人，他名叫英戈·卡里诺夫斯基（Ingo Kalinowski），会为同伙囤积来自德国的红十字会包裹。在一些营地里，少数亲纳粹分子——占德国囚犯人数的3%至15%——会与其他人爆发冲突。

犹太人——来自拉美，总数在八十余人，分布在各个营地——遭受着"极度的精神痛苦"，正如在巴拿马被捕并被送至斯特林顿的德国犹太人威廉·海涅曼（William Heinemann）所言。战俘的交换常常并非出于自愿，犹太人担心他们会被用来交换美国战俘，然后被送往德国的死亡集中营。为了保护他们免遭纳粹支持者的迫害，当局最终决定将那些感觉受到威胁的犹太人转移至路易斯安那州阿尔及尔（Algiers）的一处特别营地。

战争结束后，一些俘虏在克里斯特尔滞留了两年多；负责释放他们的官僚机构工作起来比曾经实施囚禁他们的计划要慢得多。西布鲁克农场（Seabrook Farms），一家生产冷冻和罐装蔬菜的公司，在其新泽西州的工厂为这些被拘留者提供12小时轮班的工作，时薪50美分（女

---

[1] Fritz Kuhn（1896—1951），效忠纳粹的德裔美国人，德裔美国人同盟纽约区的头目。
[2] German American Bund，美国一个亲纳粹的准军事组织，成员多为德国移民后代，1939年成员总数曾达到两万人。美国加入二战后，该组织被取缔。

工35美分）。而在当时，签署私人合同的战俘能拿到时薪80美分，还外加配给口粮。来自克里斯特尔的被拘留者每两周有一天假期，没有病假，也没有带薪休假。"即便在那个时代，这样的工作条件也被认为是极端恶劣的。"东出诚一写道。东出同他的妻子，还有其他两百余名被拘留者都接受了西布鲁克的工作，经由假释在车间里做工。他们替代了战时德国犯人的位置。这份工作本身虽然并不构成奴役和束缚，但它描绘出的图景毕竟是一种无止无休的辛劳，它不太可能吸引任何人，除了那些走投无路、只是想要从那个作为囚犯生活于其中的地方逃出来的人。

另外一些人则有担保人，被允许获得假释后居住在美国的其他地方，只要他们定期向当地政府报告，对于一些人来说，这一要求一直持续到了20世纪40年代末。长沼一家得到了一位神道教祠官兼旧金山某社区领袖的担保。长沼兄弟们讲着有西班牙口音的英语，长得又像日本人，当他们向新朋友们讲述自己的故事时，朋友都表示怀疑。"他们会说'这不可能发生——否则他们怎么可能逃脱惩罚呢？'"长沼和武说："人们不相信这种事曾发生过，因为书里面没有写。"

早自克里斯特尔时期，或是在"假释"之后，一些人便开始为在美国获得合法身份展开艰辛的努力，尽管他们知道自己是不被需要的人。在一个可以与卡夫卡式的荒诞产生共鸣的场景里，美国当局正式判定这些被拘捕者都是非法敌侨，他们在没有签证或证件的情况下进入了美国。

有些被拘留者采取了不一样的策略。24名来自拉美的德国人通过法庭提起诉讼，以免被强行遣返至一片废墟的德国。这起1945年6月的诉讼宣称，由于美国已不处于交战状态，他们也就无须作为敌侨被实施遣返措施。他们最终输掉了官司。

1945年，大多数的秘鲁日本人都想要返回家园，但利马方面——

已经部分清除了本国一个不受欢迎的少数族群——却拒绝接受他们。过去的家和生计都早已不存在，他们无路可退。由于长期无法收听外界的广播、看到外界的报纸，他们通常仅仅知道战争已经结束。数百人自愿或是消极地接受了被驱逐回日本，他们希望能在那里找到大家庭。

12月11日，"马松尼亚"号（SS Matsonia）运输船载着2400名乘客前往日本，其中包括了600名来自克里斯特尔的秘鲁日本人，直到抵达东京湾横须贺港时，他们才真正意识到日本已经战败了。舢板上的船夫高声叫嚷着，讨要水果和香烟。在码头上，一排排身穿白袍的妇女一边鞠着躬，一边哭喊着"すみません"——"对不起"——向这些被视为同胞的乘客们道歉。当天晚上在一个临时营房里——尸体被堆放在营房的角落，因为没有汽油供汽车把他们运走——瑟瑟发抖的家庭们计划着前往那些他们预计会得到收容的小镇的行程。来自秘鲁的不会讲日语的少年卡门·比嘉·望月（Carmen Higa Mochizuki），看着他的母亲几乎变成冲绳岛上愤恨的亲戚们的奴隶。冲绳岛在当年早些时候的战争中成了一片废墟，岛上三十万人口中近一半丧生。

利比娅·直树一家侥幸逃过了前往日本的航程，因为她的父亲维克托患了严重的中风住院了。然而这一家的养女和她的丈夫，以及他们刚刚出生、蹒跚学步的婴儿——与其他250个出生在克里斯特尔的孩子一样，这个婴儿也是得克萨斯州人——却起航回日本了。几周后女儿写信说，他们不得不在田野里搜寻野菜，煮熟了当食物。由于饥饿，婴儿也死掉了。

绑架计划带来了有关民主国家战时行为的遗留问题。当局在何时以及多长时间内可以不经审讯，甚至没有指控便剥夺他人的自由？一个政府究竟凭什么权力可以跨越国门去抓捕那些它认定的敌人？种族和其他形式的偏见在决定谁被列为敌人方面到底起了什么作用？由于联邦调查局永远不会披露抓捕某名囚犯背后的证据，因而被拘留者也就无法见到控告自己的人或是为自己辩护。

绑架计划所留下的一些最深的后遗症被印刻在了经历过此事之人的脑海和心中。这种个人化的后遗症会随着绑架计划幸存者的死亡而一起消逝，但只要他们还活着，它就会继续在他们的思想中沸腾和燃烧；他或她余生中的每一天都会深受绑架计划后果的影响，而这种影响也因人而异。这里可以用一个故事以概其余。

1943年，下村仲平乘船离开卡亚俄的时候，妻子维多利亚流着眼泪，想找些安慰的话说给孩子们听："你们的爸爸要走了，他还会回到你们身边的。"她的这些话既像是事实，又根本不真实。

一个月后，仲平从巴拿马寄来了信。2016年，他的儿子卡洛斯在卡亚俄的家里给我展示了这封信。信封上盖有"被拘留外国人""已检查"等字样。信封里是一张薄薄的信纸，上面写着优雅的西班牙文字。"我女儿的生日过得怎么样？我拿着她的照片哭了一整晚。"

卡洛斯和他的妹妹福萝·德·玛利亚，都已经接近八十岁了，他们花了好几个钟头给我展示家庭照片或是类似刚才那封从巴拿马寄来的家书的信件。卡洛斯是一名研究渔业的工程师，在向我讲述的过程中，他站的时候总是比坐的时候多，有时他会走到架子边取下一个文件夹或是把手伸向电脑键盘调出一张图片。福萝·德·玛利亚刚刚从国立圣马科斯大学（National University of San Marcos）教授西班牙文学的岗位上退休，这是美洲大陆最古老的大学（创立于1551年）。福萝·德·玛利亚笑起来抑或是叹气都比哥哥要快，她在场让人感到温暖。我是在利马市中心秘鲁日本文化中心（Peruvian Japanese Cultural Center）的咖啡馆里见到他俩的，他们坚持要带我去卡洛斯的家。卡洛斯的越野车四周装有运动传感器，在利马的混乱交通中发出巨大的声响，当抵达目的地所在的安静社区时，我仿佛松了口气。我们穿过养着乌龟的池塘，然后爬上狭窄的楼梯进入了整洁的办公室。

一张他的母亲维多利亚少女时的可爱照片展现了她秘鲁与日本的混合血统。1937年仲平生日的时候，维多利亚送给他一枚表面刻有其名字首字母"CS"的戒指。夫妇俩在卡亚俄快乐地生活着，仲平在这儿的小型进口业务也在发展，直到它于1942年出现在了黑名单上。

他坐待自己被捕——他已经见到这样的事发生在其他的秘鲁日本商人（comerciantes）身上了，他们的企业都出现在名单上。在预料侦探前来的那一天，下村仲平准备了一个小手提箱，并坐下来等待。

"他没有打算躲藏？"福萝·德·玛利亚说，声音带着困惑。

"他是一名武士。"卡洛斯说。他指的是19世纪70年代以前日本的军事贵族，早在他父亲出生之前，这一阶层实际上已经消失了。卡洛斯给我看了他自己的名片，上面印着象征武士传统的花朵纹样。

兄妹俩相互配合着讲述他们的故事，各自不断补充着细节。"这些事情不应当被掩藏起来，它们必须要被理解。"福萝一边说着，一边把更多的信件摆在我面前。在肯尼迪营地，仲平在写给妻子的信中说："你和孩子们的未来会怎么样呢？"

仲平希望家属前来团聚，这通过西班牙外交使节团是可能实现的。但维多利亚的母亲接纳了这个家，并且说服了她，集中营并不适合小孩子。美国当局下令将仲平送往日本以交换一名美国俘虏，维多利亚寄给他一张在照相馆拍的黑白照片：在一面粉刷成像是精致会客厅的墙壁前，她端坐着凝视镜头，浓密的黑发衬托着她的脸，她戴着珍珠项链，穿着礼服大衣，手拿着手套和钱包摆在膝盖上，脚踝十分端庄地在露趾高跟鞋上方交叉着。卡洛斯意态踌躇地站在那儿，一只手紧紧地抓住母亲的手。福萝·德·玛利亚则戴着一顶布帽子，双眼自布帽下向外凝视，像大人似的把肩带上的小包拐在大衣上。

"这应该是我在航程中写的最后一封信。"仲平在1943年10月21日写道，此时他登上了美国特别战争问题司租来的瑞典远洋轮船"格里普斯霍尔姆"号（MS Gripsholm）。这艘船已驶入印度果阿港（Goa），战俘交换将在这里进行，之后他期望能登上一艘开往横滨的日本船。"你要保重身体。不要做太繁重的工作。战争不会持续太久的。"

随着时间一分一秒地流逝，却再也没有收到关于仲平的任何消息，母亲和孩子们就经常前往美国大使馆。"他们对我们漠不关心，好像在说'这些人可真是麻烦又讨人厌'，"福萝·德·玛利亚说，"终于，有个人说'夫人，很抱歉，您的丈夫已经在战争中去世了'。"

年少的卡洛斯和福萝·德·玛利亚会通过辅导其他学生的功课来帮助母亲。维多利亚再婚了，但原本希望能给予她帮助的这个男人却待她不好，他们最后分道扬镳。"我曾听到她在深夜里哭泣。"福萝说。

1976年，当卡洛斯和福萝都已三十多岁，维多利亚也已过中年的时候，出乎意料的消息闯入了他们的生活。当卡洛斯·下村在政府部门工作的时候，一个商人认出了他的姓氏，这位商人说自己战前在秘鲁就认识卡洛斯的父亲，而且知道他现在在日本。卡洛斯和商人在利马的餐馆一起吃了晚饭。"我有生以来头一回吃了日本菜。"很快，他收到了一个包裹，里面有一封信，是他父亲无可置疑的西班牙文笔迹。

父子俩在30多年后第一次实现了彼此间的交流。在信中父亲告诉儿子："这枚戒指承载了太多的回忆，所有这些回忆都是我永生不会忘怀的，这是我青春年少时的美好岁月……请务必永远戴着它，不要摘下来。"

"他把这枚戒指送给了我。"卡洛斯说。他戴着那枚母亲当年作为生日礼物送给父亲的戒指。"看看这上面刻的字母还是那样清晰。"福萝说。"CS"，父与子，下村仲平和卡洛斯·下村（Chuhei and Carlos Shimomura）。

1943年，当仲平抵达日本的时候，日军派他到被占领的菲律宾服役。当中间人使他和卡洛斯取得联系时,仲平已经是一个富有的码头仓储设施所有者,他与日本妻子以及两个儿子住在祖宅里。在信中的戒指寄达几个月后,卡洛斯前往利马机场迎接他的父亲。

"从他出现在飞机舱门的那一刻,我就说'这是我的父亲!'"在福萝·德·玛利亚的家中,母亲焦急地等待着,福萝则已准备好了一顿饭。"我们互相致以问候,"卡洛斯说,仿佛这一刻都被礼节化了,"然后我父亲就坐下大哭起来。我从来没有见过一个男人哭成那样。"

下村仲平会在秘鲁停留几天,但第一天晚上他很快就告别了。甚至都等不及吃饭,也没办法交谈。他让儿子带他到附近的街坊走走,曾经是一家人的他们就在这里生活。两个男人站在老屋外面,已经是深夜十一点钟了。

"看,一切都和先前一样,都一样!"仲平说。他们盯着房子看了好长一会儿。"儿子,你知道那首歌吧,'卡米尼托'(Caminito)?"卡洛斯当然记得。于是他们一同唱起了这首创作于阿根廷并传遍拉美的探戈曲。"时间抹平了那条小路……我陷入悲伤中……"

1984年,他们同父异母的弟弟写信通知他们仲平的死讯,又随信附上了一张仲平佛教葬礼的照片。卡洛斯和福萝在利马举行了一场弥撒。可是因战时的政治绑架给这个家庭造成的分裂永久地印刻在了他们身上,无法抹去。

"我母亲和姨妈们告诉我,我小时候一直在寻找我的父亲。"福萝·德·玛利亚说。她哥哥的家坐落在利马机场的航班线路上,当晚的最后几架飞机在下降准备着陆的时候,仿佛近在我们的头顶,使她讲的话也混杂在一片震耳欲聋的声响之中。令我印象很深的是,七十多年后的今天,这位受人尊敬的教授在提到那几年时依然显得十分悲伤。"他们说我一直在家中的房间里找他,'爸爸什么时候回来呀?'"

卡洛斯这时插话进来,仿佛是想平复一下谈话中强烈的情感。"有好处的，这也算是人生经验。"他说道。但福萝并未平静下来。

"三十六年啊，我生命里的每一天，都渴望见到我的父亲……"在我看来，虽然福萝不曾在摇晃的船舱里呼吸过污浊的空气，也不曾在围满了铁丝网、一抬眼便能看到有枪指着她的地方停留数年，可她同样也成了一个被绑架计划抓走的生命。我想，只要这些亲历者还活着，我们就依然有机会听到在一场光荣的战争中这些以国家安全为名义犯下的历史错误。可是当他们离世后又该如何呢？

卡洛斯和福萝载着我穿过卡亚俄的街道回利马，他们选了一条海边的路线。在路的一边是悬崖峭壁，而另一边，海水潮起潮落，一行行白色的泡沫拍打在车灯上。最后几个钟头的情绪已然平复了，兄妹俩唱起歌来，是来自母亲在秘鲁北部家乡的欢快歌曲，还有那首忧郁但抚慰人心的探戈曲"卡米尼托"，唱的是曾满载着喜悦和爱走过的一条熟悉"小路"：

"如果她再次经过，请不要告诉她……我的泪水浇灌了你的土地……"

第三部　魔术师

第八章　诱惑

　　纳粹在思想上的知识帝国主义是与其可能的军事侵略同样严重的威胁。

　　　　　　　　——纳尔逊·洛克菲勒，美洲事务协调局，1940年

　　年轻的纳尔逊·洛克菲勒望着自己在委内瑞拉农场周围大片的土地，在那里，家族的石油产业可谓根深蒂固。还不到三十岁，纳尔逊便领导着新泽西标准石油公司的一家子公司，控制了国内大量的油气储备。洛克菲勒已经是个拉美艺术的狂热爱好者，这可能是从他母亲艾比（Abby）那儿继承来的癖好。他还尽力地说西班牙语。

　　在1939年访问委内瑞拉时，洛克菲勒认为若想要维持像标准石油这样的公司在拉美蓬勃发展的现状，最好的方式便是与东道国建立良好的公共关系。但随着战争日益临近，美国在这里的形象、它的商业利益及其居民都在遭遇挑战，而洛克菲勒在这里不仅有生意，还对它深怀感情。

　　回到纽约后，这位雄心勃勃的年轻人便与家族企业的其他同事——来自美国大通银行（Chase Manhattan Bank）和洛克菲勒中心——

一同准备了一份简短的备忘录，并将它交给罗斯福总统。备忘录指出，纳粹的宣传及其对拉美媒体的渗透必须加以打击，以牙还牙。这份三页纸文件的成果便是"美洲事务协调局"办公室的成立，该机构因局长纳尔逊·洛克菲勒而得名"洛克菲勒办公室"（Rockefeller Office）。美洲事务协调局的使命是在拉丁美洲展开经济战和心理战。

洛克菲勒办公室和联邦调查局通力合作，将涉嫌通敌的公司以及德国人、日本人和意大利人拥有的企业列入黑名单，切断他们与美国的贸易。珍珠港事件爆发后，洛克菲勒的美洲事务协调局又成为一场全方位集中宣传攻势背后的引擎。

早在美国参战前，洛克菲勒便在纽约以及拉美的主要城市为美洲事务协调局招募雇员。一名协调局的前雇员表示，在一开始"我们几乎所有的努力都是为了把委内瑞拉和巴西国内的亲西方精英组织起来，组建一个私人的有影响力的网络"。然而很快他们就将目光投向了更广大的人群。

当时由意大利人，尤其是纳粹德国宣传和公众启蒙部部长戈培尔提供的故事，包括用西班牙语和葡萄牙语写成的评论文章——甚至署名为"阿道夫·希特勒"——纷纷刊登在拉美的地方出版物上。随着资金供给渐趋稳定，有时靠着洛克菲勒自掏腰包，美洲事务协调局决心要在与纳粹的对抗中抢占先机，传播自己版本的事实真相。

洛克菲勒联系了亨利·鲁斯[1]旗下的《时代》杂志、广播电台和电影制片厂，以及包括从力士香皂到可口可乐在内的美国商品生产商，并保证与他合作的这些公司能从美国财政部获得广告费用上的豁免。很快，经由美洲事务协调局，这些美国公司投放的广告占到了拉美广

---

[1] Henry Luce（1898—1967），美国出版商，创办了《时代周刊》《财富》和《生活》，是美国出版界最有权势的人物之一，对共和党和美国政府的对华决策都有着重要影响。

播与报纸广告总收入的40%。这些广告有力支持了接纳它们的拉美媒体，同时也向读者和听众们宣扬了与美国生活方式相随的舒心愉悦以及美国商品。洛克菲勒为此动员了1200名记者、广告从业人员和民意专家，譬如未来的民意测验专家乔治·盖洛普（George Gallup）。

通俗杂志《守卫》(On Guard) 是一本标准的美洲事务协调局产品，它以亨利·鲁斯的《生活》杂志为蓝本，用世界顶级摄影师的作品作插图。带着"保卫美洲"的封面标语，《守卫》杂志在销量上很快就超过了由纳粹资助的面向相同受众的杂志。在一期很有代表性的葡萄牙文《守卫》杂志里，有照片展示了做好战斗准备的墨西哥人在下加利福尼亚[1]进行训练，而美国的陆军卫兵则在波多黎各的一处海边堡垒站岗放哨。一篇文章谈到了法国占领区的"奴役"状况，并展示了教堂在德国人手中燃起熊熊烈火——这些照片势必让虔诚的拉美天主教徒恐惧不已。

但洛克菲勒最大胆的反宣传武器则是不加掩饰的浮华。他邀请丽塔·海华丝[2]、埃罗尔·弗林（Errol Flynn）、平·克劳斯贝[3]以及小道格拉斯·范朋克[4]等好莱坞明星担任"亲善大使"。他们在拉美各地与政府高层和上流人士亲切会面，上电台接受采访。乔治·巴兰钦[5]和美国"巡

---

1 Baja Peninsula，位于墨西哥西北部，加利福尼亚湾与太平洋之间，北邻美国，自西北向东南延伸1223公里，形似北美大陆的"瘦臂"。
2 Rita Hayworth（1918—1987），出生于美国纽约布鲁克林，美籍西班牙裔演员，好莱坞著名女星，因其性感形象被称为"爱之女神"，二战期间其海报在美国军队中供不应求。
3 Bing Crosby（1903—1977），美国著名歌星、影星和喜剧演员，曾连续十四年被评为全美十大明星之一。
4 Douglas Fairbanks Jr.（1909—2000），美国演员，二战期间投身战场，在美国海军中服役，战后重返影坛。
5 George Balanchine（1904—1983），美国舞蹈家、编导，出生于俄罗斯圣彼得堡，一生编排了包括《堂吉诃德》在内的200多部芭蕾舞剧，执导过多部歌剧、音乐剧、电影的芭蕾布景。

回芭蕾舞团"(Ballet Caravan)在拉美城市巡演了五个月,并首演了两部后来被视为杰作的作品:《巴洛克协奏曲》(Concerto Barocco)及《皇家芭蕾》(Ballet Imperial,柴可夫斯基第二钢琴协奏曲)。作曲家阿伦·科普兰[1]到访墨西哥、哥伦比亚、秘鲁、巴西和阿根廷,他会见同好并监督其芭蕾舞剧《比利小子》(Billy the Kid)的公演,在剧中这位强盗被视为反英雄,反复演奏着牛仔歌曲。瓦尔多·弗兰克[2],这位替《纽约客》(New Yorker)和《新共和国》(New Republic)周刊撰稿的社会主义小说家和文学评论家,在拉美举行公开演讲和访谈。弗兰克在拉美比在美国更加出名,大概是因他写于1919年的书《我们的美洲》(Our America),在书里他探索了一个跨越了种族和地理分界的南北美洲,它们为实现共同进步的使命联合在一起。作为一名亲善大使,弗兰克以他演讲的开场白博得了当地人的喜爱:"我来到这里是来学习的。"

尽管如此,只要看看拉美首都闹市区电影院外大排长龙的情景就知道,洛克菲勒或许能获得最高昂的投资回报,并且能通过将"亲善大使"和当时最神奇的媒介(电影)相结合来覆盖到更广的人群。多年来拉美国家总是抱怨好莱坞电影中对格兰德河以南人物的刻板描绘:"渣男"(bad hombres)、不熟练的轮船修理工、心仪女孩被美国猛男拐跑的华而不实的拉美情郎、丰满性感但没什么头脑的拉美女人、枪手,以及一些知晓巫术和魔药的巫师。与之相反,睦邻电影(Good Neighbor films)将实事求是地表现拉美人,在热爱电影的拉美大众和

---

[1] Aaron Copland(1900—1990),美国作曲家、指挥家,祖籍俄国,是第一位被认为有本土风味的美国作曲家。20世纪30年代曾多次访问墨西哥,1936年根据墨西哥流行曲调创作管弦乐幻想曲《墨西哥沙龙》,获得巨大成功。
[2] Waldo Frank(1889—1967),美国小说家、历史学家和文学评论家,20世纪20年代至30年代曾为《纽约客》和《新共和国》周刊撰稿,以其对拉美文学及文化的研究闻名,他的作品被视为连接南北美洲两块大陆的知识桥梁。

美国观众间架起一座桥梁。

美洲事务协调局开启了其"胶片诱惑"计划。洛克菲勒通过约翰·惠特尼[1]——一位出身于纽约豪门的优雅的百万富翁，同时也是美洲事务协调局电影部门的负责者——与好莱坞取得联系。惠特尼与洛克菲勒一起招募到了两位美国创造力的完美代表来担任前往拉美的亲善大使：沃尔特·迪士尼[2]和奥森·威尔斯[3]。

对于威尔斯来说，这场任命是灾难性的，而对于迪士尼而言，它却取得了惊人的成功。

> 当世界上有一半人被迫高呼"希特勒万岁"时，我们的回答是"为友谊干杯！"
>
> ——沃尔特·迪士尼，在一场好莱坞广播节目中，1942年12月12日

迪士尼还未踏足南美，巴西人对他就已经很熟悉了——因为他是"米老鼠之父"。米奇（Mickey）的吸引力超越了政治。据说，英王乔治五世不会去看电影展，除非广告上出现了米老鼠的卡通形象；墨索里尼也喜欢小老鼠（Topolino）；当罗斯福总统在白宫楼上的大厅为客人放映影片时，总是要求加进去一部米老鼠动画片。当听说希特勒并不是米老鼠的粉丝时，迪士尼摆出一副很迷惑的样子，满面委屈。

"想象一下吧！"他在一篇杂志文章里写道，"也许哪天米奇就会去拯救阿道夫·希特勒先生，让他免于被淹死或者遭遇其他不幸……到

---

[1] John Hay Whitney（1904—1982），美国商人、外交官，曾任美国驻英国大使，美国现代艺术博物馆馆长。
[2] Walt Disney（1901—1966），美国动画大师、导演和企业家，迪士尼公司的创始人。
[3] Orson Welles（1915—1985），美国著名演员、导演，曾执导影片《公民凯恩》《历劫佳人》等。

时候希特勒先生就不会感觉羞耻了。"

实际上，戈培尔认为《白雪公主和七个小矮人》是部"杰作"，而且有次他送给元首一个圣诞礼包，里面有18部米老鼠的卡通片；据戈培尔在日记里的说法，希特勒"高兴得简直没完没了"。戈培尔负责的德国宣传部审查人员确实禁掉了一些迪士尼电影，例如《马棚之战》（ *The Barnyard Battle* ），认为它"侵犯了国家尊严"。（这部片子讲的是一群戴着德国军帽的老鼠和猫打架的故事。）尽管希特勒对外国引进的文艺作品怒叱连连，但迪士尼的卡通片依然在德国电影院上映，德国大众仍旧喜爱着他们的"米老鼠"（Mickey Maus）。

米奇代表了纳尔逊·洛克菲勒想要推销的美国形象。这只老鼠住在一个小镇上，这座小镇同20世纪初堪萨斯州和密苏里州那些迪士尼成长的地方并没有什么不同。米老鼠创造出一种乐观进取的方式来解决令人棘手的难题，譬如在暴风雨中他会用布鲁托摇动的尾巴作雨刷。任何东西都可能让米奇陷入困境。在《野餐》（ *The Picnic* ）里，米奇和米妮（Minnie）被不断出场的蚂蚁、松鼠和飞舞的苍蝇搅得心烦意乱，野餐最后也被它们吞食了。在《米奇的花园》（ *Mickey's Garden* ）里，一群嗡嗡作响、到处乱爬的昆虫，一碰着杀虫剂只会越变越大。迪士尼的电影和连环漫画以37种语言传遍全球，它们的存在就是最好的宣传。

最重要的是，迪士尼本人就属于适合当"亲善大使"的那种人，他身上体现着可以追溯至想象之中那个平实简单的"典范美国"的过往价值观。迪士尼出生在芝加哥，在农场长大，他21岁时搬到了加利福尼亚，却保留了中西部的生活方式。他始终保持着家乡人那种友好朴素的习惯，他的世界观里没有掺杂太多文化相对性或政治参与的先入之见。年轻时的沃尔特家境贫寒，靠送报纸和在午餐时间打工谋生，他也没有上过大学。但他更愿意将自己少年时的贫穷归咎于其父亲缺乏摆脱困境的雄心，而非责难他的家庭所处的经济与政治体制。当他

40岁的时候，已经既富有又有影响力了。你不会从沃尔特·迪士尼口中听到一句对美国的抱怨。"这个世界已经有足够多的丑陋和愤世嫉俗，不需要我再来增加分毫了。"他说。

迪士尼同样是个完美的商人。他的"沃尔特·迪士尼工作室"是那个时代的谷歌和苹果，始终走在技术进步的前沿。虽然经常被发现手里夹着根香烟，但迪士尼还像少年般体格健壮，他答应会到拉美去，但他并不同意洛克菲勒的想法——仅仅把它作为一场标准的亲善之旅。他不打算会见市长和总统或是参加正式活动。他坚持要带一个团队去共同研讨电影创意。尽管已经走在了成为亿万富翁的道路上，但比什么都重要的是，沃尔特·迪士尼是个工作狂，他曾经说过："我们拍电影并不是为了赚钱，而赚钱是为了我们能够拍更多的电影。"

这对洛克菲勒和乔克·惠特尼来说都不成问题。他们同意承担旅行中迪士尼电影团队的所有开销，这个团队被迪士尼和他的人称之为"小组"（El Grupo）：包括了老板迪士尼、他的夫人莉莉安（Lillian）以及15名作家和艺术家。洛克菲勒还同意以每部5万美元资助旅行过后两部电影的拍摄。于是1941年8月，在经过从洛杉矶到迈阿密，再从巴哈马到贝伦两个白天的空中飞行（没有夜间航班），迪士尼的"小组"成员搭乘的快速帆船安然驶入里约瓜纳巴拉湾[1]的蓝色海面。

"小组"成员们会在巴西首都的人群中散步，在热带花园里漫游，也会在阿根廷的牧场骑马，在玻利维亚和秘鲁边境的提提喀喀湖[2]坐着用巴沙木（balsa）造的船漂流。当里约的夜幕降临时，他们前往奢华的乌卡赌场（Urca Casino）跳舞，这座赌场正对着美丽的海湾，他们在这里可以享用到用利摩日瓷器烹调的法国大餐，用捷克的水晶杯饮酒。在

---

[1] Guanabara Bay，又名里约热内卢湾，曾是世界上最著名的旅游胜地之一。
[2] Lake Titicaca，南美洲地势最高、面积最大的淡水湖，为南美洲的第三大湖。

白天，他们努力工作，手里拿着铅笔和便笺纸思考着电影；与此同时，他们也让碰到的当地人和他们熟悉起来。《生活》杂志的一张照片显示，迪士尼穿戴整齐地趴在科帕卡巴纳海滩上，用手持摄像机拍摄海滩上的游客。在另一个镜头里，玛丽·布莱尔[1]，这位来自俄克拉荷马州的29岁艺术家正在用湿砂为围观者雕刻米老鼠的造型。在一个晴朗的日子，在布宜诺斯艾利斯豪华的阿尔韦亚尔宫酒店（Palace Alvear Hotel）阳台上，迪士尼戴上帽子与前来表演传统赞巴舞（zamba）的舞者模仿起赞巴舞步。在小组其他成员拍摄的影像中，沃尔特步履轻盈、动作娴熟，手里拿着赞巴舞标志性的白头巾，一旁的手风琴家正在演奏，随行的艺术家们则围着迪士尼想碰碰运气，看能不能跟上他的舞步。

迪士尼关于不会走到当地聚光灯前的警告早已烟消云散，他以亲切和蔼的姿态在晚会、夜总会以及为其举办的各种活动中扮演着受欢迎的客人形象。无论迪士尼的"小组"走到哪里，他们都会绘制草图、做笔记、拍照并记录下所听到的音乐——里约街头的桑巴、阿根廷城市中的探戈和乡间的赞巴、智利与秘鲁的库埃卡舞[2]、排箫和木笛。虽然迪士尼无心也无力学习一些西班牙或葡萄牙语，以便同街上遇到的当地人交流，但他有别的沟通方式。他会在人群中倒立或是摆姿势照相，有时立刻就会被孩子们团团围住。

"无论作为企业家还是个人，沃尔特·迪士尼都比我们预想的要成功得多。"乔克·惠特尼在写给纽约的洛克菲勒的报告中称，"他在公开场合的举止可谓无可挑剔，在面对奉承和压力时都能保持平静——只是在每本签名簿上签字并保持微笑。"

---

[1] Mary Blair（1911—1978），美国画家、动画师，先后担任迪士尼动画《爱丽丝梦游仙境》《小飞侠》《灰姑娘》等的色彩设计师。

[2] cueca，1842年以后开始在智利各地区流行，也被称为"智利舞"，以男女对舞形式居多，表演时由吉他、竖琴、小提琴、沙槌、鼓等乐器组成的乐队伴奏。

后世政治学家所称的"软实力"时代就此真正起步。"软实力"指利用沟通交流等非暴力手段使国家达致其外交目的。而迪士尼的旅程同样也对他成长中的创意企业产生了影响。

在"亲善之旅"开始前,沃尔特·迪士尼几乎不曾涉足美国以外的地方,而他的团队中也极少有人是广于游历的。南美洲以其鲜艳的色彩、繁茂的植物、音乐和舞蹈中的全新律动,带给了他们感官上的巨大冲击。迪士尼不知疲倦地用一台16毫米小型照相机记录下所看到的一切——照片展示了他的艺术家们来到海滩和传统集市,在速写本上填满了异国植物和鸟类的图画,以及他们初次看到的关于拉美生活的详尽描绘。他们会记录下秘鲁农村妇女背负婴儿的方式,阿根廷山地高乔人[1]投掷传统武器"套牛绳"(bolas)——将重物挂在皮绳末端——的方法,并看着它们在空中飞舞。毛茸茸的安第斯羊驼对他们来说也是新奇的动物,他们会看着这些生物四处奔跑又被逮住,脚被套牛绳缠得死死的。

拉美革新了迪士尼工作室的视觉表现,而这种转变正体现在玛丽·布莱尔身上。在往后的二十年里,从故事片再到迪士尼乐园,玛丽·布莱尔塑造了独一无二的迪士尼卡通形象。20世纪30年代后期,玛丽·布莱尔创作的水彩画描绘的依然是昏暗的暴风雨的天空或是灰黑色的巨大树木。在一幅她早期的迪士尼作品里——其中关于一只狗的故事概念最终演变为《小姐与流浪汉》[2]——圣诞节采购的人群瑟缩在厚厚的大衣中,低

---

[1] gauchos,拉丁美洲民族之一,分布在阿根廷潘帕斯草原和乌拉圭草原,属混血人种,由印第安人和西班牙人长期结合而成。高乔人保留了较多印第安文化传统,讲西班牙语,信仰天主教,从事畜牧业,习惯于马上生活,英勇强悍,曾在19世纪初叶拉丁美洲独立战争中起过重要作用。
[2] Lady and the Tramp,1955年迪士尼动画影片,讲述了宠物狗"淑女"因误会离家,与一只流浪狗在一连串冒险和冲突中发展出恋情的故事。

着头在寒冷的天气里行走。但这将是她最后几幅同类风格的作品。

金发碧眼的布莱尔身材高挑,在拉美的旅途中,无论她走到哪里,都最引人注目。她头戴宽边帽遮挡阳光,穿着时髦的裙子和自己缝制的夹克。不过她也能在某种程度上融入人群,对周围的人表现出一种从容不迫的兴趣。证据就留存在她自己拍摄的那些充满亲切感的照片中——当地人头顶着一篮篮鸡仔和鲜花,或是在乡村集市上耐心地等待顾客前来挑选水果。

南美的新天地和不断涌现的新鲜印象彻底改变了玛丽·布莱尔的艺术,这标志着从《灰姑娘》(*Cinderella*)到《小飞侠》(*Peter Pan*)的未来迪士尼电影的出现。强烈又常常不和谐的色彩——就像在拉美当地服装中所看到的那样——现在都融汇在一起,生动地讲述迪士尼工作室的卡通故事。自拉美之旅后,影片《致候吾友》(*Saludos Amigos*)与《三骑士》(*The Three Caballeros*)相继问世。

一位评论家写道:"迪士尼亲眼见证了这一切,他对布莱尔自信的艺术表达有着出于本能的理解,认为它与转变中的时代和未来的计划都是步调一致的。"她的作品是"现代的"。在拉美之旅结束后,过去那种启发了《白雪公主与七个小矮人》(1937年)的柔和色调以及童话故事般的艺术形式被认为"过时"了,取而代之的是"大胆的图形、风格化和超现实主义"。这片大陆的色彩和活力将印刻在迪士尼的影像上并留在几代人的心中。

在洛克菲勒看来,亲善大使沃尔特·迪士尼留下了十分良好的个人形象,他在蒙得维的亚和里约热内卢为《幻想曲》[1]举行的开幕式吸引了

---

[1] *Fantasia*,1940年迪士尼动画影片,是第一部尝试将古典音乐与动画相结合的影片,描绘了米老鼠施展魔法的故事。

大批人潮；他还向几百名小学生发表演说。广播和纸媒对他都极尽溢美之词，除了布宜诺斯艾利斯的纳粹报纸《帕姆佩罗报》（*El Pampero*），该报抱怨迪士尼的"小组"花名册上有犹太人的名字，并发表社论反对外敌的"入侵"。现在洛克菲勒就等着电影了，不过它们没法在短时间内面世，因为就在"小组"回到他们位于伯班克（Burbank）的工作室后没几天，珍珠港遭袭了。

在伯班克，迪士尼的艺术家和作家们正创作他们的首部拉美作品《致候吾友》，同时他们也铆足了劲制作为战争服务的影片。1941年12月8日，迪士尼带着公益动画——之后总计数百部动画的第一部——的故事脚本前往华盛顿，公益动画的内容包括了从鼓励纳税到收集厨余脂肪——在某部短片里，爱国的布鲁托放弃了他喜爱的培根油脂，以便其能够用于生产由甘油驱动的鱼雷（glycerine-powered torpedo）和深水炸弹。1943年的奥斯卡获奖影片《元首的面孔》（*Der Fuerher's Face*）则是为了销售战争公债拍摄的，影片展现了洗脑如何起作用：疲惫不堪的唐老鸭是名不情愿的纳粹党员，他被第三帝国的工作指令和反反复复呼喊"希特勒万岁"给压垮了。他的颅骨镜像显示其大脑已经发生了变化。最终，唐老鸭从极权主义噩梦中苏醒，拥抱了自由女神像。

在沃尔特·迪士尼工作室在制作《致候吾友》和另一部名为《与迪士尼一起在国境之南》（*South of the Border with Disney*）的纪录片——也许是第一部现代意义上的"幕后花絮"类纪录片——的同时，摄制团队也会为美国民众和军方制作训练影片。这些片子的标题有干巴巴的像是《齐平铆接的四种方法》（*Four Methods of Flush Riveting*），也有令人兴奋的，比如《停下那辆坦克！》（*Stop That Tank!*），这是部关于如何使用"男孩牌"（Boys brand）反坦克步枪的片子。（影片中的士兵向纳粹坦克开火，坦克在一阵喧嚣和明亮的色彩中爆炸；希特勒的坦克坠入地狱，他向撒旦怒斥这种新武器不公平。）不过当美国钢铁公司以及福特汽车公司这些企业在战时业务中赚得盆满钵满的时候,迪士尼并不打算在政府的影片项目中获利,而在1942年至1945年间,政府部门的电影占了该电影公司制片总量的93%。

1943年2月,迪士尼终于见到洛克菲勒旅行的成果——电影《致候吾友》在美国公映,这部泛美主义的赞美诗很快票房大卖。这部42分钟的旅行纪录片不仅以其影像和情节吸引观众,它还使用了将实景录像和动画片相结合的新颖方式,这种技术在此后的《南方之歌》(Song of the South)和《欢乐满人间》(Mary Poppins)里再度被使用。迪士尼希望能为拉美之行中途经的每个国家制作一个故事,但洛克菲勒却坚持代之以一部笼而统之的电影。于是《致候吾友》根据"小组"的旅程展开其故事线索:艺术家和作家分赴南美的各个角落旅行,他们绘制在速写本上的图像被融入动画之中。在影片四个段落中的第一段,唐老鸭是个古板的旅客,他穿着土著人的衣服,试图用一支笛子来吸引美洲驼,就像他在市场上看到的一个男孩所做的那样,其结果当然令人捧腹;在第二段,一架热情洋溢的小飞机以《小火车头做到了》(The Little Engine That Could)里那种百折不回的进取心飞跃安第斯山,为了投递邮件,它勇敢地面对凶猛的风暴和巨大的山峰;进入第三段,高飞,一个美国的西部牛仔,在地图上被移动到了阿根廷的潘帕斯草原,在那里他变身成高乔人,足以证明在泛美精神下,南美洲和北美洲何其相似。

在《致候吾友》压轴的结尾,唐老鸭遇到了他的搭档,一只叼着雪茄、名叫何塞(乔)·卡里奥卡(José[Joe]Carioca)的鹦鹉——"卡里奥卡"的意思是里约本地人——以巴西的绚丽方式向唐老鸭展示了家乡的风景和声音。一首著名的桑巴歌曲,奥里·巴罗佐[1]演唱

---

[1] Ary Barroso(1903—1964),巴西作曲家、钢琴家,是20世纪巴西最成功的作曲家之一。

的《巴西》(Brazil)构成了这段动画的原声音乐。这首乐曲既生动又令人愉悦,它在葡萄牙文中被叫作《巴西水彩画》(Aquarela do Brasil),在音乐推动下,影片画面瑰丽魔幻:当画笔扫过银幕,蓝色的水彩华丽地滴落化成瀑布,花朵变成火烈鸟,棕榈树变成绿色羽毛的鹦鹉,画笔滴着黑色墨汁,一大串香蕉则变成一群飞翔的黄色巨嘴鸟。

为了向南美大陆表示敬意,《致候吾友》成为第一部在美国放映前便在拉美上映的好莱坞电影。尽管詹姆斯·阿吉[1]在一篇影评中称这部片子是一场"自私自利和迟来的融合"的可耻尝试,但南北美洲的观众都很喜欢它,以至于那些没有在电影中出现的国家,例如委内瑞拉和古巴,向美国国务院表达了强烈不满。

1945年2月,迪士尼发行了他拉美之行的第二部影片《三骑士》。这是一部音乐片。影片里,动画人物唐老鸭、来自巴西的何塞·卡里奥卡和来自墨西哥的潘乔·皮斯托尔(Pancho Pistoles)会与真实的舞者互动。这群令人生畏的大鸟——潘乔是只红颜色的公鸡——相处得十分融洽,这是"睦邻政策"的隐喻。"我们是三骑士,我们是三个同志般的骑士。"他们唱道,"他们说我们志同道合。"唐老鸭从"拉美的朋友"那儿收到了生日礼物——一台电影放映机、一本一旦打开就能置身巴西的书和一场生日聚会(piñata)——并由此开启了他们前往巴西巴伊亚[2]以及墨西哥帕兹卡诺[3]、韦拉克鲁斯和特万特佩克的旅程。在玛丽·布莱尔的笔下,巴伊亚之行呈现在洋红与金黄的强烈色泽中,而在墨西哥,三骑士能欣赏到传统的舞蹈。唐老鸭爱上了美丽的拉丁女

---

1 James Agee(1909—1955),美国记者、诗人和电影评论家,是20世纪40年代美国最具影响力的电影评论人士之一。
2 Bahia,巴西东部的州,是连接巴西东北与中南部的桥梁,首府为萨尔瓦多。
3 Patzcuaro,位于墨西哥中部的自治市,属米却肯州。

郎，可他每次意图接近都被娇媚地阻挡了，这令人回想起阿吉曾经用来指称迪士尼的标志性话语："无性的性感"（sexless sexiness）。美国观众——许多人或许是第一次——听到了国境之南的"音乐天后"墨西哥人朵拉·鲁兹（Dora Luz）演唱经典歌曲《仅此一次》（Solamente una vez）的英文翻唱《你属于我的心》（You Belong to My Heart），这首歌曲是由传奇作曲家奥古斯汀·劳拉[1]创作的。当电影谢幕时，卡门·米兰达之妹奥罗拉·米兰达（Aurora Miranda）会引吭高歌《你去过巴伊亚了吗？》（Você já foi à Bahia?）

不过刻板印象并没有从《三骑士》中消失——只是它们表现为闹着玩的和无害的。潘乔·皮斯托尔确实不是"睦邻政策"之前好莱坞电影中拉丁"机修工"的形象，但他确实带着两把左轮手枪，并为了制造效果开火射击。何塞·卡里奥卡也并非一个对黑魔法十分熟悉的巴西人，不过他确实向唐老鸭展示了如何使用"黑魔法"——用一些奇特的手势，让为了进入生日书而缩小了身体的唐老鸭恢复身高。《致候吾友》与《三骑士》中的拉美不再是充斥着危险和迷信的大陆，而是一片令人惊叹的美丽土地，这里的居民彼此之间，同时也与美国的民众之间有着诸多共同之处。影片中的纪实影像、动画角色和迷人音效令"睦邻政策"显得更加具有吸引力和诱惑力。

沃尔特·迪士尼的团队从不会把镜头对准他们正推崇其美丽和文化的那些人群的贫穷，这并非洛克菲勒想要展现的拉美的一面。但并不是说迪士尼、洛克菲勒或是像美国红十字会这样的团体忽视利用电影的力量来教育当地人如何改善自身境遇——尽管这类教育不会触动那些在根本上造成贫穷的政治、经济结构。

---

1 Agustin Lara（1897—1970），墨西哥作曲家，其作品在拉丁美洲广为传唱。

美洲事务协调局的卫生及医疗组（Health and Medical Unit）将迪士尼延揽进其计划——向老城区和农村的居民提供有关提升营养、改善卫生以及高效务农方面的信息。该组织从多家制片公司抽调人手，并代表拉美国家政府和服务机构发行影片。但迪士尼在其中的贡献尤为卓著，他制作的影片诸如《疾病如何传播》（*How Disease Travels*）、《清洁带来健康》（*Cleanliness Brings Health*）、《长着翅膀的祸害》（*The Winged Scourge*，讲解蚊子如何传播疟疾），在吸引观众的同时还兼具了娱乐性。在《长着翅膀的祸害》中，蚊子的翅膀会随着类似《幻想曲》风格的音乐打节拍。白雪公主的七个小矮人会一同搭建纱窗，这是一种集体行动的示范。美洲事务协调局的团队跋山涉水，顶着沙尘暴抵达偏僻的村庄，在这里他们会使用与拜耳公司在巴西播放德国宣传片一模一样的广播车在公共广场放映这些影片。他们也会在警察局和医院放映影片，有时一个月放映即多达8000场。有些观众过去从来没有看过电影，他们或许会在电影放映时大声谈论，并在影片结束后热烈鼓掌。

美国公众很高兴能看到迪士尼的故事长片在电影院上映，但国会议员们也提出了质疑，为什么美国纳税人要去给这些为了提升一块遥远大陆上贫困居民的福祉而额外拍摄的电影买单。含糊地提及"睦邻政策"并非一个充分和坦率的回答。美洲事务协调局卫生及医疗组的负责人莫里斯·费耶里希特（Maurice Feuerlicht）曾向重要的选民群体——美国教育界人士解释说，"出于战略因素，美洲其他国家对于我们自身的安全也是很重要的"。提升健康和农业的影片不仅是为了拉美观众，也是以"一种正当的自利方式在帮助我们自己"。盟国需要从拉美获取橡胶、石英、奎宁、铋、碘以及食品，用于供应军队并为他们提供治疗。1943年，费耶里希特在面向教师的杂志《教育银幕》（*Educational Screen*）撰文称："因此我们南方邻国的健康就是我们自己的有力武器。"他把这些影片视为"我们的现代医学秀"。在战争期间,他们一共向四百万拉美人放映了影片。

> 假如你希望有一个大团圆的结局,那自然取决于你在哪里结束你的故事。
> ——奥森·威尔斯,《黄铜戒指》(The Brass Ring)脚本

美洲事务协调局的宣传任务是要将盟国的民主政体与以纳粹德国为代表的极权主义进行比较。洛克菲勒招募奥森·威尔斯,其最初的打算是想利用这位广播明星低沉的男中音和出色的演说技巧来发表有关个人自由的演说。广播电台在拉美流布得很广,即便是那些无缘接触书面媒体的文盲也能听到广播。"空中水星剧场"[1]的主持人无疑是个上佳选择。

奥森·威尔斯十九岁时登上舞台,身高六英尺的他体态魁梧,有着乌黑的头发,具备模仿口音和方言的天赋。他才二十岁便开始扮演神秘的广播剧英雄"影子"(The Shadow),"影子"拥有"操控他人心灵以使别人看不见自己的能力"。

为了保证这部剧的神秘性,威尔斯匿名参演《影子》,但等到他制作电台系列栏目"空中水星剧场"时,他的名字变得家喻户晓。他会挑选在电台广播中效果出众的剧目——第一部是布拉姆·斯托克(Bram Stoker)的《德古拉》(Dracula)。1938年,他播出了史上最臭名昭著的万圣节广播剧,由他亲自按照H.G.威尔斯1897年创作的小说《世界大战》(War of the Worlds)改编而成。这些演出为他赢得诸多关注,还

---

[1] Mercury Theatre on the Air,1937年由奥森·威尔斯和约翰·豪斯曼一同组建的剧团,从事舞台剧和广播剧的演出。

吸引了金宝汤公司[1]为栏目提供商业赞助。威尔斯还请来众多明星,他们几乎是那个时代最知名的演员:凯瑟琳·赫本[2]、劳伦斯·奥利弗[3]、海伦·海耶斯[4]、玛格丽特·沙利文[5]、布吉斯·梅迪斯[6]、琼·贝内特[7]以及莱昂内·巴里摩尔[8]。

罗斯福总统和洛克菲勒希望美洲事务协调局的宣传能够纵贯南北美洲,强调整个美洲的共同理想。在奥森·威尔斯身上,洛克菲勒看到的是一位不仅能进行公开演讲还能向拉美和美国的听众发表广播演说的演说家。他讲的话能传到很远的地方,而且魅力难挡。

不过到了1942年初,威尔斯搭乘泛美航空前往南美洲的时候,他的公众形象已经有所变化,他的声音依然是电台广播里最有辨识度的,但现在他更是一位具有创造力的著名电影导演。他的第一部主要影片《公民凯恩》(*Citizen Kane*)被认为是有史以来最伟大的电影。《公民凯恩》的中心人物是黄色新闻(yellow-journalism)大亨威廉·兰多夫·赫斯特一个不加掩饰的翻版,这个角色由威尔斯本人饰演,令人难忘。威尔斯对这一赫斯特式人物进行了不懈的尖锐批判,以至于赫斯特试图销毁这部片子里的负面内容,他禁止旗下的报刊登载该片的评论或

---

1 Campbell's Soup Company,创立于1869年,是美国首屈一指的罐头汤生产商。
2 Katharine Hepburn(1907—2003),好莱坞著名影星,曾12次入围奥斯卡奖,4次折桂,1999年被美国电影学会评为"百年来最伟大的女演员"第1名。
3 Laurence Olivier(1907—1989),英国影星,代表作包括《蝴蝶梦》《呼啸山庄》《傲慢与偏见》《哈姆雷特》等。
4 Helen Hayes(1900—1993),美国演员,曾获奥斯卡最佳女主角奖,在百老汇舞台上也声望卓著,被誉为"美国戏剧界第一夫人"。
5 Margaret Sullanvan(1909—1960),美国女演员,好莱坞星光大道入选者。
6 Burgess Meredith(1907—1997),美国演员、导演,两度获得奥斯卡金像奖提名。
7 Joan Bennett(1910—1990),美国影星,一生参演了70余部电影。
8 Lionel Barrymore(1878—1954),美国演员、导演,一生参演了超过100部电影,1932年凭借影片《自由魂》获得奥斯卡最佳男主角奖。

广告，并威胁要勒索威尔斯。与此同时，《公民凯恩》的口碑一路传到了拉美。

《公民凯恩》在1941年5月于纽约上映后，乔克·惠特尼在暖风吹拂的里约热内卢与洛里瓦尔·方特斯（Lourival Fontes）会面了。方特斯时任巴西新闻宣传部（Department of Press and Propaganda）部长，是个很有权势且极具权谋的人物。狡猾的方特斯发现他可以在美洲事务协调局的行动中给自己做一点宣传。没错，奥森·威尔斯先生的演说和广播秀一定会受到欢迎，但为什么不让这位著名导演拍一部电影呢？它不是可以让全世界都看到里约盛大的狂欢节（Mardi Gras carnival）——这座城市一年一度的舞蹈、歌曲和野性时装的华丽表演——向美国人介绍巴西，而且不出意外的，为巴西带来游客吗？惠特尼表示没问题。洛克菲勒也同意了。

威尔斯却很踌躇，他不希望将其第二部电影《伟大的安巴逊家族》(The Magnificent Ambersons)的剪辑工作交给别人，而且因为他正在与路易斯·阿姆斯特朗[1]和艾灵顿公爵[2]合作，开展一个名为《爵士乐故事》(The Story of Jazz)的新计划。但是洛克菲勒和惠特尼都拥有威尔斯所属的制片公司——雷电华电影公司[3]（RKO）的股份。所以在某种层面上，他们两个都是他的老板。由于威尔斯和雷电华有约，洛克菲勒对该公司施以高压，要求其支持威尔斯导演一部南美电影，并开价30万美金——这是另一种压力。1941年12月20日，当美国民众还在为

---

[1] Louis Armstrong（1901—1971），出生于美国新奥尔良，20世纪最伟大的爵士乐演奏家和歌唱家，是爵士乐史上的灵魂人物。

[2] Duke Ellington（1899—1974），美国著名作曲家、钢琴家，爵士乐史上的里程碑人物，1966年获格莱美终身成就奖。

[3] Radio Keith Orpheum，好莱坞黄金时期八大电影公司之一，成立于1928年，在20世纪30年代及40年代出品了众多著名影片，包括奥森·威尔斯的《公民凯恩》。1951年，退出电影圈，转向无线和有线电视发展。

珍珠港事件震惊不已时，惠特尼给威尔斯发去了一封直截了当的电报："我个人相信你一定能在这个项目中为西半球的团结做出伟大的贡献。此致。"

多年以后，威尔斯曾语带幽默地对电影制片人彼得·博格丹诺维奇（Peter Bogdanovich）说："我被要求将其视为我的使命。"实际上，威尔斯的确是个爱国者，他把这项任务看作战时的贡献。威尔斯也是总统罗斯福的私人好友，罗斯福曾告诉他，他认为威尔斯是"美国第二伟大的演员"——仅次于罗斯福自己。在威尔斯主持的"空中水星剧场"告别演说中，他告诉听众他将前往"我们所知的地球的尽头"。

而这之后发生的事成了七十几年来影迷和专家学者们一直聚讼纷纭的话题，人们翘首以待的泛美题材电影，威尔斯取名为《一切都是真实的》（It's All True），没有拍摄完成。一种观点认为是由于奥森·威尔斯的自毁、酗酒和毫无条理的工作作风，还有观点认为是由于他对拍摄对象入戏太深，太过执着于自己的理想，以至于发现他被洛克菲勒和雷电华公司故意抵制了。

但可以肯定的是，即便是在奥森·威尔斯制作这部可能问世的作品时，他也接受了自己作为泛美主义巡回大使的使命。"我来到巴西，就是希望能把它展现给过去对它评价很差或对它还不够了解的人。"他抵达里约后对记者说。

在名为"美国人你好"（Hello Americans）的系列节目中，威尔斯与巴西的明星艺人，例如卡门·米兰达和塞巴斯蒂安·贝尔纳德·德·索萨·普拉塔（Sebastião Bernardes de Souza Prata）——一位备受喜爱的演员、喜剧明星、歌手和作曲家，其更为人所熟知的名字是格兰德·奥特洛（Grande Otelo）——共享麦克风。"美国人你好"通过短波在美国全国广播公司蓝色频道（NBC Blue Network）播出，该频道是美国广播

第八章　诱惑　191

公司（ABC）的前身以及洛厄尔·托马斯（Lowell Thomas）、沃尔特·温切尔[1]等知名播音员的大本营。1942年4月18日，威尔斯以庆典司仪的身份参加了美国大使卡弗里在光彩四射的乌卡赌场为巴西总统瓦加斯举办的生日庆祝会。

"我是奥森·威尔斯，我正从南美洲，从巴西合众国的里约热内卢发表讲话。"他向美国的广播听众和当地的贵宾缓慢而庄重地说道，他身穿白色无尾礼服，帅气又活力充沛地站在麦克风前。威尔斯在致辞中表示，边界是不固定的，他向"从缅因州到玛瑙斯、从圣保罗到芝加哥、从里约到旧金山的朋友发表讲话……覆盖了北美将近一百多个电台以及巴西的绝大多数电台"。当他抵达里约的时候，威尔斯曾自豪地告诉记者，他是父母在巴西度蜜月时的结晶。此时在广播中，随着管弦乐队结束了狐步舞曲《一切都是巴西》（*Tudo é Brasil*）的演奏，威尔斯翻译了乐曲的标题。"一切都是巴西。"他说道，随后又带着激动的语气补充了一句，"啊！我的巴西。"

威尔斯还传递出信息，他觉得美国人有很多东西需要向南边的邻居学习。在与卡门·米兰达搭档的一档节目里，他就当地乐器进行了讨论，并演奏了用贝壳和鼓打出刺耳又有冲击力的声音。在瓦加斯的生日晚会上，他时不时地用葡萄牙语向赤道以北的观众介绍那些他正在拍摄的电影中会用到的新音乐。他说："如果你把'音乐'和'巴西'两个词混合在一起，就形成了桑巴；如果你再加入一些巴西人，那就形成了桑巴舞。"

对于乔克·惠特尼与巴西新闻宣传部部长策划的拍摄里约狂欢节的点子，威尔斯曾经并不是很热衷，但音乐改变了他的想法。"我曾经

---

[1] Walter Winchell（1897—1974），美国专栏作家及新闻评论员，以其直言不讳的个人风格闻名。

一想到要拍摄一部有关狂欢节的电影就恐惧得叹息起来。"他告诉博格丹诺维奇,"可结果我迷上了桑巴。"

被动人的音乐所吸引,威尔斯经常前往乌卡赌场,他与格兰德·奥特洛和在这里表演的其他非裔巴西音乐家和艺术家成了朋友。他如饥似渴地想要了解这个国家的知识,雇佣研究人员为他提供从采矿到土著服装再到奴隶起义的各种信息。当他不得不离开里约前往布宜诺斯艾利斯接受《公民凯恩》的奖项,并且在新成立的阿根廷电影艺术与科学学院（Argentine Academy of Motion Picture Arts and Sciences）发表就职演说时,他缩短了行程。回到里约后,他就以从莎士比亚到戏剧创作中的诗歌运用等话题举行讲座。他与里约的政商精英聚会,迷倒了一众外交官的妻子以及瓦加斯的女儿埃拉（Ella）。"美国人的传奇热爱巴西,巴西人也热爱奥森·威尔斯先生。"一份具有代表性的报刊打出这样的标题。假如威尔斯和洛克菲勒都能在此止步,那这个故事定然会有一个圆满的结局。

然而,威尔斯预期中的拉美主题电影《一切都是真实的》却引爆了他与洛克菲勒间的关系,并直接质疑了亲善大使究竟应该做些什么。无论是迪士尼还是威尔斯都不曾从这份工作里拿到一分钱,尽管他们要为此放弃在国内可以赚到的收入,所以他们也并不欠洛克菲勒任何补偿。但他们的工作是否能与美洲事务协调局对良好宣传的定义产生密切的联系,始终是个悬而未决的问题。

威尔斯希望拍摄一部能够引起南北美洲人民共鸣的电影,利用真实的事件,以泛美史诗来展现共同的梦想和情感,促进双方的互相理解。那他要从哪儿开始呢？

在来巴西之前,威尔斯即着手拍摄一部名为《我的朋友伯尼托》（My Friend Bonito）的电影,讲述一个墨西哥男孩养了一头小牛,并费尽周折将它从斗牛场拯救出来的故事。影片取材自1908年的一个真实事件，当年一只公牛在观众的欢呼声中于墨西哥城的斗牛场（Plaza El Toreo）被放生了。该片已进入制作阶段，一些有关普韦布洛人[1]的场景也已拍摄完成，这些普韦布洛人看起来和世纪初时都没有什么变化。他觉得"我的朋友伯尼托"可以作为其泛美作品的一个段落，而非以一个故事片的形式呈现。

1941年12月21日，威尔斯又在这一期的《时代》杂志上找到了另一个段落的灵感。四个贫穷的渔民刚刚完成了从位于巴西驼峰的福塔雷萨到里约的史诗航行。仅仅凭借其对天空和海洋的经验，他们在称为"扬加达"（jangada）的敞篷木筏上漂流了61天。木筏船长名叫马诺埃尔·奥林皮奥·梅拉（Manoel Olimpio Meira），他也被唤作"亚卡雷"（Jacaré），以其出生的村庄命名。他是一个天生的领导者，在夜校里学会了阅读文字。亚卡雷率领的船员们代表着数以千计辛勤劳作却穷困潦倒的扬加达渔民，他们得不到医疗福利、学校教育或是死亡津贴，他们为中间商工作，并被后者夺走一半的渔获。渔民们向总统瓦加斯报告了其困境，面对报刊头条有关这场1600英里航行的报道，瓦加斯很快签署了一项法令，准许扬加达渔民加入海员工会（Seamen's Union），并享受各项福利。无论瓦加斯这样做是出于提升自己民粹主义者的形象，抑或是因为他想要纠正不公，对于威尔斯来说都无关紧要，在他看来木筏船长马诺埃尔·亚卡雷是个英雄人物，这一非同寻常的篇章将构成被威尔斯称为"撑筏者"（Jangadeiros）的段落。

威尔斯决定他的作品要用能勾起回忆的黑白影像，以"我的朋友伯尼托"和"撑筏者"开场，之后随着期待中盛大的"嘉年华"到来，画面迅速迸发出色彩，同时达到全片的高潮。在亲善大使的工作之外，

---

[1] pueblos，又称普韦布洛印第安人，现分为东西两支，分布于美国新墨西哥州及亚利桑那州等地。

威尔斯在他抵达不久便开始了对里约狂欢节部分的拍摄。然而自一开始，在巴西的摄制工作就很不顺利。

1942年2月8日，当泛美航空与一架美国军用轰炸机将威尔斯与他的40名摄制组成员运送至里约时，当地的狂欢节已经在进行中了。嘉年华有如潮汐，它不会为任何人停下来，此时已经没有时间再去踩点，甚至是熟悉新的环境了。由于照明设备尚未就位，摄制组便从巴西军方借来飞机着陆灯以照亮黑夜，因为大部分活动都是在夜晚进行的。"嘉年华"（Carnaval）——葡萄牙语的拼法——将会成为首部在美国以外拍摄的全彩影片，像《乱世佳人》（Gone with the Wind）和《绿野仙踪》（Wizard of Oz）里看到的那种鲜活色彩将会给里约的街道和闪闪发亮的舞厅赋予一种焕然一新的感觉。但彩色摄像机同时也是一个负担，好莱坞的团队并不习惯在国外动用任何设备进行工作，更不必说沉重且需要新技术的35毫米摄像机了。一名摄制组成员写信给雷电华总部，抱怨"天气太热、食物难吃以及没有办法用好莱坞的方式开展高效工作"。

当威尔斯和他的团队试图用新的方法适应这些混乱的时候，一场可怕的人间悲剧发生了。1942年5月，马诺埃尔·亚卡雷欣然接受威尔斯的邀请，和他的扬加达伙伴们一起飞往里约，重新表演他们在去年12月乘坐木筏抵达时的情景。在一个风平浪静的日子，就在一小部分摄制人员正在拍摄的时候，扬加达发生了令人难以置信的倾覆。三名船员获救，而船长亚卡雷，这位魅力非凡的活动家却溺水身亡了。威尔斯陷入了极度的悲痛，他再三确认抚恤金被送到了亚卡雷的遗孀和他的十个孩子那儿。但似乎没有什么可以平息他的负罪感，报刊上谴责他要为这位民族英雄的死负责。

而雷电华和一些巴西人还在持续地制造麻烦，他们对威尔斯经常去的地方和他结交的朋友备感恐慌。威尔斯的朋友，例如作曲家赫利维尔托·马丁斯[1]，其"黄金三人组"（Golden Trio）包括了著名黑人歌手尼洛·恰加斯（Nilo Chagas）和同样是黑人的格兰德·奥特洛。拉美之行的雷电华代表在一封信里向国内总部大吐苦水，称威尔斯"下令要夜以继日地在里约市内一些非常肮脏且破烂不堪的黑人社区里拍摄"。几天之后，这位代表又报告称："就拍摄而言，我们度过了充实的一周。但拍的东西无非就是狂欢节的黑鬼在唱歌跳舞，而这些玩意我们已经拍了一大堆了。"

在白天，威尔斯会前往里约的贫民窟，与马丁斯和格兰德一起拍摄电影，之后与他们一起喝酒直至深夜。在一次乌卡赌场的聚会上，威尔斯打算去找他的朋友，却被告知他们不被允许进入赌场参加社交活动。威尔斯便在附近的酒吧搜索，直至找到马丁斯和格兰德·奥特洛。"我们一直喝到凌晨三点。"格兰德对威尔斯的传记作者说。他说威尔斯告诉他们："今晚咱们喝黑啤。"

奥森·威尔斯在里约待的时间越久，他就越发相信，刺激、点燃和启发了狂欢节的音乐其实诞生于贫民窟的经历，而且与非洲的旋律有共鸣。这就如同美国的爵士乐是诞生在新奥尔良的黑人社区一样。洛里瓦尔·方特斯和他的巴西新闻宣传部以及美国大使馆都质疑威尔斯在棚户区里花费了太多的时间。

"对他来说，狂欢节本质上是一个黑人的故事——一个巴西音乐起源于贫民窟黑人社区的故事。"威尔斯的助理导演查德·威尔逊（Richard Wilson）在1993年一部关于《一切都是真实的》流产的纪录片里这样透露道。但巴西的黑面孔恰恰是巴西官方以及那些曾与威尔

---

[1] Herivelto Martins（1912—1992），巴西作曲家、歌手及演奏家，一生创作了大量巴西传统乐曲，尤其是桑巴舞曲。1936年马丁斯与尼洛·恰加斯夫妇组成"黄金三人组"乐团，取得巨大成功。

斯交往的光彩照人的男男女女们最不希望作为国家形象展示在世界面前的。他们向美国外交官表达了不快。

1942年4月，格兰德·奥特洛和其他人在里约新搭建的摄影棚里进行了拍摄，他们再现了狂欢节中音乐与生活的片段，这些片段会被拼接到摄制组刚抵达时捕捉的那些纪录片风格的镜头里去。每周，威尔斯会把一卷又一卷的原始素材送到摄影棚来，他热衷于"微序列"（micro-sequences），这为展示"嘉年华中多种多样的人际交流形式"开辟了窗口，并借此体现节庆的精神如何将不同肤色和不同阶级的人聚集在一起，而这正象征了泛美主义。

在电影制作之外，人们担心威尔斯已经危险地越轨了，他的影片讴歌拉美的工人阶级、扬加达渔民和贫民窟的非裔巴西人。威尔逊说："巴西当权者开始抵制这部电影，并且游说雷电华公司也这么做。"于是雷电华削减了资金，不再供应生胶片。

很难相信纳尔逊·洛克菲勒、乔克·惠特尼或雷电华公司在聘用奥森·威尔斯前往巴西拍摄电影时会不知晓他们将得到什么。从其事业的起步阶段起，黑人文化和劳工权利就在威尔斯的作品中占据着一席之地。二十岁时，威尔斯即执导了通称为"伏都教版麦克白"（Voodoo Macbeth）的莎士比亚戏剧，其中的角色全部由非裔美国演员扮演，而故事场景则从苏格兰搬到了加勒比，海地的伏都教徒[1]取代了苏格兰巫师。"伏都教版麦克白"使非裔美国人的戏剧得到了关注，并标志着导演成为一名不可预知的天才。他将理查德·赖特[2]的成长小说《土生

---

[1] vodou，又译"巫毒教"，源于非洲西部，是糅合祖先崇拜、万物有灵论、通灵术的原始宗教，有些类似萨满教。伏都教流行于西起加纳、东迄尼日利亚的西非诸国，也盛行于海地与加勒比海、美国南部路易斯安那州及南美洲等地。

[2] Richard Wright（1908—1960），非裔美国作家，20世纪20年代"哈莱姆文艺复兴"的发起人之一，其代表作《土生子》对此后非裔美国人文学产生了巨大影响。

子》(Native Son)搬上舞台,讲述一个贫穷的黑人青年在芝加哥的成长经历。他还曾执导马克·布利茨坦[1]的布莱希特风格(Brechtian)歌剧《大厦将倾》(The Cradle Will Rock),这是一部有关"美国钢铁之城"(Steeltown, USA)中的工会组织、宗教伪善和企业贪婪的歌剧。《纽约时报》称它是"劳工激进分子迄今给剧院带来的最好的东西"。

同时,要是奥森·威尔斯能够考虑到洛克菲勒对待另一位特立独行的艺术家——壁画家迭戈·里维拉的态度,那他或许就能对这位百万富翁提早有所警觉了。1932年,洛克菲勒说服里维拉——墨西哥最知名的画家之一,也是洛克菲勒母亲艾比最喜爱的艺术家——为洛克菲勒中心的大厅绘制一幅巨型壁画,主题是"十字路口的人"。这幅作品意图激发思考,展望20世纪科学、工业和社会的潜能,里维拉为此创作了数月。当洛克菲勒看到里维拉绘制了弗拉基米尔·列宁领导工人五一游行的画面后感觉很不舒服,他建议里维拉把这位共产主义革命领袖的脸更换成普通工人的。里维拉拒绝了,他表示可以把亚伯拉罕·林肯添加在作品的其他地方。但这对洛克菲勒来说远远不够,他让墨西哥艺术家从脚手架上离开。1934年,洛克菲勒命令将整幅壁画全部清除。

威尔斯被雷电华公司炒了鱿鱼。他见证了发生在巴西的灾难——懦弱的洛克菲勒允许巴西人和雷电华高管对正处于剪辑成片阶段的《一切都是真实的》蓄意破坏。洛克菲勒很清楚导演对他的感受,他后来形容威尔斯是"一个聪明、严肃,有些自大但非常受人尊敬的人,他绝对恨透我了"。威尔斯把他对洛克菲勒的看法反映在了1947年的黑色惊悚片《上海小姐》(The Lady from Shanghai)里。他创造了令人生厌、

---

[1] Marc Blitzstein(1905—1964),美国词曲作家,其歌剧《大厦将倾》于1937年上演后引发巨大轰动。

虚伪卑劣的美洲事务协调局局长乔治·格里斯比（George Grisby）这个角色，还加入了来自洛克菲勒的那种矫揉造作的言谈举止——称呼每个人"伙计"。

《一切都是真实的》那些引人好奇的少量镜头依然留了下来。在"我的朋友伯尼托"的片段里，墨西哥的村庄外环绕着荒凉的沙漠，男孩在那里养着他的牛，紧接着是仿佛在时间中停滞的教堂和村庄的镜头，以及一系列非凡的传统动物祈祷仪式的连续画面。"撑阀者"的部分，有一个时长40分钟名叫《四个男人与一只木筏》（Four Men and a Raft）的版本，展示了渔民利用手工工具，把树木加工成木材，打造他们的板船；他们驾驭着海浪，这一镜头表现出极强的层次感和深度，仿佛影像是画出来的，而非拍摄出来的。几乎"嘉年华"部分所有的片段在被送到雷电华公司后就消失不见了，好莱坞盛传公司把它丢到太平洋里了。但保存在印第安纳大学的威尔斯的剧情大纲和笔记，以及根据摄制组演职员例如理查德·威尔逊以及格兰德·奥特洛在纪录片中的描述，都将这部分视为一个惊世杰作，既捕捉到了最宏大华丽的场面，也可以见到舞者、歌手和盛装游行者最细微的姿势，从棚户区的小径到奢华的舞蹈宫殿，一切都经由桑巴乐曲整合、编织在一起，生动且永无止息。《一切都是真实的》或许会成为有史以来最丰富、最绚丽的电影之一。

在美国民权运动兴起的20年前，迪士尼的影片中那些光鲜整洁的形象便忽视黑人和拉美混血人的存在（虽然在其甚少被人看过的1944年纪录片《亚马孙觉醒》中，他确实表现了他们）。而对于威尔斯来说，黑人的经验是他所希望分享的巴西文化的关键。

在1993年的电视纪录片中，年迈的格兰德·奥特洛说他的老朋友威尔斯"展现了巴西最真实的一面，他不仅爱巴西，而且爱他在这里所看到的种族融合，及其展现出的所有人性"。迪士尼影片中的美丽镜头及其卡通人物，无法令观众深度了解拉美文化，但它们确实非常有趣，让拉美人民看起来格外友好。

数以百万的人看到了迪士尼版的南美大陆。对于洛克菲勒来说，这是个不错的宣传，也是一场成功。

第九章　间谍与间谍大师

　　拉丁美洲的间谍之战是两个"间谍大师"的决斗，再没有谁比他们更加与众不同了。一位是神秘的海军上将威廉·卡纳里斯（Wilhelm Canaris），来自纳粹德国的情报机构阿博韦尔，他是个见多识广的人，既有技巧又行事大胆。美国联邦调查局（FBI）中作风有条不紊的埃德加·胡佛，则是美国打击犯罪的一张铁面，他从未出过国，却最终铺下一张卓有成效的FBI特工国际网络。这两个人都掌控着数以百计的特工，而在战争的大部分时间里，德国人掌握的力量最为强大。

　　当希特勒在1939年吞并捷克斯洛伐克并入侵波兰后，总统富兰克林·罗斯福最大的担忧便是纳粹在拉美实施的颠覆和破坏活动会威胁到美国的安全。然而，此时并不存在任何正规的间谍网络来追踪纳粹在该地区的一举一动。"无畏者"威廉·史蒂芬逊领导的英国安全协调局——其任务是说服华盛顿参战，在南北美洲搜集情报并进行宣传——直到1940年5月才在洛克菲勒中心设立自己的机关。

　　部分是出于过时的礼貌客套，美国在开展对外间谍活动方面远远落后。1929年，国务卿史汀生（Henry L. Stimson）关闭了美国密码局[1]，该局又被称为"黑室"（Black Chamber）。作为美国国家安全局的前身，"黑室"负责破译其他国家的外交密码。"绅士们不会互相去看他人的信件。"史汀生表示。

希特勒的间谍却没有这样的愧疚。

1936年，卡纳里斯的"阿博韦尔"特工与他们的日本同行在墨西哥会合，三年之后，纳粹在拉美的谍报网络开始运转起来。

想象一下在珍珠港事件爆发前某个晚上墨西哥城里的沙龙聚会：打扮入时的男人和女人，交谈中混杂着西班牙语、德语和英语，开怀畅饮，放声大笑，间或喃喃细语。环顾室内，你大概不太可能看见美国或英国的特工向墨西哥的上流人士或外国外交官打探情报。

但你一定会看到为卡纳里斯的"阿博韦尔"工作的其他人，譬如活泼的金发女郎——电影演员希尔达·克吕格（Hilda Kruger）。在德国，克吕格曾是纳粹宣传部部长戈培尔的情妇，据传闻她前往美洲是由于被戈培尔可怕的妻子玛格达（Magda）赶出了局。

克吕格在旧金山停留了很久，时间长到她足以和一位啤酒大亨的继承人发展出感情，并且拒绝了他的求婚，之后她便继续向南前往好莱坞。克吕格希望能在美国电影里出名，可她糟糕的英文让她无法得到好的角色。不过她在好莱坞遇见了亿万富翁、石油大亨约翰·保罗·盖提，盖提很快成了她经常性的陪同，他们一起前往墨西哥城。在那儿，这位富于魅力的德国人成了整个城市备受赞誉的人物，也成为不止一位墨西哥内阁成员的情妇，包括即将于1944年被选为总统的米格尔·阿莱曼。枕边谈话成了值得传递的情报。

---

[1] U.S. Cipher Bureau，存在于1919—1929年，是美国在和平时期成立的第一个密码分析和破译机构，由密码专家赫伯特·亚德利领导。

克吕格的纳粹特工同伴们，其经历一样多姿多彩。"阿博韦尔"在墨西哥的负责人是身材高大、一头金发的格奥尔格·尼古拉斯（Georg Nicolaus），代号"麦克斯"。身为柏林德意志银行高管的儿子，"麦克斯"曾在哥伦比亚的银行工作，也在厄瓜多尔担任过工程师，能说一口流利的西班牙语。在德国，他接受过电报通讯以及调配制造炸药的化学配方的训练。然而在墨西哥城，格奥尔格·尼古拉斯不太可能接收到实施爆炸的任何指令，无论该指令是来自卡纳里斯上将，还是正对可能削弱拉美国家中立立场的秘密暴力活动心烦不已的德国外交部。不过他的电报技术倒是大派用场。

"麦克斯"从墨西哥城很熟练地与遍及中美洲和南美洲的德国间谍接上线。他同时还掌控着"阿博韦尔"在美国的两处机关，他们负责挑选有用的公开出版物，搜集并翻译其中的资讯，并交由麦克斯发往德国。在对"北部边境"又进行了四轮接触后，麦克斯向柏林报告称，他获取了大量用于制造美国轰炸机和战斗机的机密原料：达到量产级别的石油、铝以及钢铁。

尼古拉斯的副手是弗雷德里希·卡尔·冯·施泰布吕格（Friedrich Karl von Schlebrügge），代号"莫里斯"，作为普鲁士男爵的他曾于1938年在墨西哥生活了一年，伪装成销售缝纫机的商人。而实际上，这位男爵的专长是向墨西哥军方售卖瑞典产的装甲车、坦克以及通信设备。

"莫里斯"戴着单片眼镜，脸上还有一道像是因击剑造成的伤疤，周身显露着贵族气派，他与墨西哥官员很熟络。"莫里斯"此前率领纳粹空军一支俯冲轰炸机中队参与了1939年希特勒入侵波兰的行动，但鉴于在西半球有经验的间谍十分匮乏，他很快接受了电报和隐形墨水的训练，并被派回了墨西哥。在当地，他招募了两名特工人员，其在搜集和发送情报上都扮演着重要角色：瓦尔特·贝克（Walter Baker），一名船务公司雇员，负责为墨西哥湾港口内的商务船只、油轮和战舰提供航海日程表；卡洛斯·雷泰尔斯多夫（Carlos Retelsdorf），代号"格伦"，一名商人，在他位于韦拉克鲁斯的咖啡农场里有一台功率强劲的无线电发射机，当地的间谍网络正是用它与德国方面取得联络。

埃德加·维斯伯拉特（Edgard S. Weisblat），一位有着波兰血统的优雅绅士，也身处墨西哥。他不是为"阿博韦尔"而是为盖世太保——纳粹德国最令人恐惧的秘密警察机构——效力，并且是其能力最强的特工之一。他假扮成一名企业家，主动提出为墨西哥国防部建造快艇，以此为掩护，他得以从美国和英国的公司征集船舶的照片与设计图。

希尔达·克吕格、"麦克斯"、男爵、维斯伯拉特以及该网络中几十余名特工人员就这样秘密地从事着间谍活动，小心翼翼地避免侵犯到墨西哥的中立。甚至柏林的大使吕特·冯·科伦贝尔格（Rüdt von Collenberg），即便作为公众人物，在商人、银行雇员乃至政府公职人员间搭建线人网络时也都极度小心谨慎，虽然这些线人并非都是德国人，但他们都效忠希特勒政权。通常，那些为纳粹德国发动战争提供资金的公司会为他们各自在墨西哥分支机构里的特工打掩护，这些公司包括法本集团、拜耳、巴斯夫（BASF）、爱克发（Agfa）以及赫斯特（Hoechst）。

在珍珠港事件以前，当大多数——并非所有——拉美国家都感到要被迫加入同盟国阵营时，他们把中立视为一种神圣的地位。中立使他们能够维持与尽可能广泛的国家间的关系。华盛顿并非一个天然盟友，也不是一个能自动结合的伙伴——许多拉美人对这个巨大的北方邻居既恐惧又怨恨，这不仅是由于其施行"炮舰外交"的历史。拉美人往往不仅对西班牙、葡萄牙这两个作为其"母国"的国家，而且对欧洲都感觉更满意。拉美人与欧洲国家间的贸易也十分热络，他们钦羡于德国的工业成就和军事专业化，法国与意大利的文化和艺术，英国则是金融和基建投资的来源地。能够负担得起孩子出国的家庭一般都会将子女送往欧洲，而不是美国，去接受更高等的教育，期盼这份留学经历能让他们在未来成为家乡的领导者。

那么有何必要与其中任何一个强权结盟呢？为了维护与其他国家间的商业和外交关系，保持中立是更明智的做法。此外，对于一些拉美国家而言，欧洲的战争是强大的帝国间的战争，完全可以作壁上观、置身事外。

而与此同时，对轴心国的间谍来说，在"中立"国家维持存在感是很重要的。卡纳里斯上将选择阿兹特克的都城作为其特工机关在拉美的总部，是因为德国需要紧紧盯牢墨西哥能够提供的石油以及其他可用于战时工业的原始资源：用于爆炸物的汞，用于制造飞机机身的锰、硫黄、铝，以及铁和钨。而墨西哥与美国之间又共享着一条可供渗透的边界，当华盛顿方面还在权衡是否要加入战争的时候，德国与日本已经意识到其急需了解美国的战备状态、最新科技，以及舰队的动向。

在墨西哥的最初几年，纳粹特工在活动时根本无须担心被捕。尽管法西斯主义与总统拉扎罗·卡德纳斯的革命政府所宣扬的价值观格格不入，但无论是卡德纳斯还是其内阁成员都没有正式地反对过法西斯，当地也没有花费太多精力在抓捕间谍上。令人大感惊愕的是，墨西哥警察和官方人士都极容易被贿赂。另外，拜美国、英国以及荷兰石油公司的抵制行动所赐，墨西哥石油的最大买家是德国、意大利和日本，它们的钱支持了墨西哥政府的计划，墨西哥自然也没必要去招惹它们。

同时，纳粹间谍可以在街道上看到法西斯支持者的好戏，"金衫党"（Gold Shirts），一个民族主义、反犹反共的议会党团（Acción Revolucionaria Mexicana，墨西哥革命行动党）公开举行游行示威，有时甚至采取暴力形式，他们昂首阔步地行法西斯军礼。当地意大利社区不甘示弱,也组织了一群少年进行鹅步(goose-stepping)游行,向轴心国表示支持。极右翼的"统一主义者全国联盟"(National Union of Synarchists),一个人数众多的天主教农民团体,坚决反对卡德纳斯实施的教育世俗化改革,其成员与纳粹和日本一直保持着联系。他们在游行时也以同样强劲的手势敬礼。希特勒青年团在当地的德国学校和德国中心都有分支,这些地方也是纳粹党的总部。在墨西哥北部,当地居民都支持希特勒,卐字旗在那里成了一种装饰图案,出现在住宅的地板上,甚至是坦皮科大教堂中殿的地面上。

极少数纳粹间谍会开锃亮的汽车,而大多数情况下他们都在暗地里行动。备受瞩目的例外只有希尔达·克吕格。长相甜美的希尔达出现在墨西哥电影诸如《红杏出墙》(*Adultery*)和《他为爱而死》(*He Who Died for Love*)中,她会挽着政府高官或是上流社会成员的手在豪华宴会和晚餐会上亮相,这一时期的一张照片显示她正面带喜悦地和马里奥·莫雷诺(Mario Moreno)——这位以流浪汉题材知名的墨西哥偶像,更为人所熟知的名字是坎丁弗拉斯[1]——一起非正式地唱着歌。

在当时,外国人一旦离开首都都有义务将其行踪向墨西哥内政部报告,然而希尔达·克吕格却能省去繁文缛节,到任何她想要去的地方旅行,她的短途行程都得到了时任内政部部长的阿莱曼批准。在美国大使馆,海军情报局(ONI)的特工坚信希尔达这些得到了"寡廉鲜耻"的阿莱曼帮助的旅行,是和走私汞以及其他宝贵的战时物资有关的。由于希尔达对这位未来的墨西哥总统影响力实在太大,在1941年一份有关侵入墨西哥的外国间谍的报告中,海军情报局甚至考虑要将她绑架并带到美国关押。

---

[1] Cantinflas(1911—1993),本名马里奥·莫雷诺,墨西哥演员、制片人和剧作家,被认为是最有成就的拉美喜剧演员之一,在西语国家广受欢迎。

德国间谍之间联系顺畅，但要把他们手头的信息安全送抵柏林却是一大挑战。冯·科伦贝尔格大使有时会将寄往德国的公文放在外交邮袋中以确保安全，无线电通信则会先发往"阿博韦尔"在巴西的机关，再由后者转往欧洲。特工们会用隐形墨水把需要传递的消息草草地写在内容看似无害的信件的一角或是边缘，再将信寄往圣保罗、里斯本或其他十余个欧洲城市里某个虚假收件人的指定地址。

理想的隐形墨水能通过特工在住宅周围或是手提箱中的物品制作而成，它必须能够用寻常的显影剂来阅读，不留下任何气味或是类似石英一样的痕迹，一旦纸张被举起来对着灯光看，这类痕迹就会被侦测到。具有代表性地，身处拉美的德国"密使"（V-man）会使用匹拉米洞（Pyramidon）药片——氨基比林制剂，一种类似阿司匹林，缓解疼痛的非处方药——来制作隐形墨水。一旦溶解于酒精中，匹拉米洞药片便能成为书写液体，当纸张用带有氧化亚铁和普通食盐的溶液处理之后，上面的消息便会显露出来。其他的方法还包括在覆有薄薄一层蜡的纸上打字。但使用这种方法，特工就必须十分小心不要使用句号或是其他的标点符号，以免因留下比字母更深的印痕而被侦测到。

1941年，德国"阿博韦尔"开发出了一种革命性的新方式来传送书面信息。按照其自己的说法，一位名叫达斯科·波波夫（Duško Popov）的风度翩翩的年轻特工，成了首位接触以此种新方法制作而成的秘密讯息的人。这番说辞很容易被采信，因为波波夫，一位富有的南斯拉夫商业律师和享乐主义者，与任何其他的"阿博韦尔"间谍都迥然有别。

金发、体格健壮，常常带着一副胜利的笑容，波波夫对他奢侈阔绰的生活以及对美酒的非凡品位毫不后悔。如果要给詹姆斯·邦德找个特工原型的话，那必定是温文尔雅的达斯科·波波夫。

以一名做进出口贸易的商人的身份为掩护，波波夫在伦敦从事间谍活动，且经常前往里斯本，在这座中立城市，几乎每个情报机构都会至少安插一些特工或管理人员。1941年，在葡萄牙首都以西，里维埃拉（Riviera）的一处别墅内，波波夫的"阿博韦尔"主管告诉他，他即将被派往美国。主管把波波夫领进一间书房，在那里波波夫看见一张涂了黑漆、古色古香的桌子，桌上摆着一只显微镜，正在午后的光线中闪着微光。"来瞧一瞧，"主管说道，他在镜头下滑动了一块载玻片，"这叫微斑（micropunkt）。"

它看上去就像是一点点污渍，实际上却是一小片胶片，主管说道："只要用上一小滴火棉胶——一种糖浆状纤维素溶液——"你就能把它粘在任何你想粘的地方，所有的旧纸张、你的行李，如果你愿意，还可以贴在你的皮肤上。"之后，主管要来了香槟。

波波夫了解到一整页的文字都可以通过全新的显微摄影技术缩小到只有印刷字母"i"上一个点的大小，他能带上一本《圣经》或是技术手册篇幅的书而不被检测出来。那个小点可以用任何200倍的显微镜阅读。抿着香槟酒，波波夫再度仔细端详了一番，他检查了一长串他即将在美国要替"阿博韦尔"解答的问题，它们都被容纳在了那个小点中。带了一定量的隐形墨水和粘在一封私人信件上的"微斑"，波波夫离开了别墅，可他没能拿走那个能将数页信息缩小至小点的奇妙装置。

几个月之后，在圣保罗，波波夫与他经常会面的当地德国间谍首领——电力公司经理阿尔布莱希特·英格斯（Albrecht Engels），代号"阿尔弗雷多"——接了头，波波夫同意会携带七页的调查问卷返回英格斯在美国的副代理人处。这份文件条列了关于一直在南美找寻铀矿的美国公司的许多问题：矿石是怎样处理的？美国公司现在的存货有多少？当时的波波夫对研制核武器的竞赛一无所知，所以他也不了解为何这些问题值得关心。

但波波夫注意到"阿尔弗雷多"手里有显微摄影设备,凭借它,他能将成沓的问题缩减到几块雀斑大小。当波波夫表现出嫉妒之情的时候,英格斯自告奋勇替他从柏林总部搞来了一台机器。

这台承诺中的机器的移动路线让人们得以了解在该区域内物品可以怎样进行秘密转移。从欧洲到南美相对容易。在巴西,"阿尔弗雷多"会把机器藏进一包棉花中,将其运往北美。棉花的出口商、不定期货轮的葡萄牙船长,以及一家加拿大的船舶代理机构都得到了"阿尔弗雷多"给的钱。当波波夫收到密电后,他就前往魁北克,入住一家指定的旅馆并假装患病,一个秃顶的医生会前来拜访他,医生所开的药方里有前往何处提取机器的指示,而拎着手提箱从加拿大返回美国自然不成问题。

然而"阿尔弗雷多"不知道的是,波波夫把他所有发现的东西都报告给了在里约的联邦调查局探员。无赖的达斯科·波波夫是个双面间谍,他为英国的军情五处工作,是其"双十字系统"(Double-Cross System)的秘密成员。该系统掌管着一批受雇于德国秘密机关的男女,并让他们担负巨大风险向英国情报部门提供讯息。"双十字"特工同时也会将假情报返传给德国机关。波波夫的英国主管指示他一旦接到"阿博韦尔"在美国的任务就与联邦调查局局长埃德加·胡佛协作。

波波夫将微粒胶片的秘密告知了联邦调查局。战后,当胡佛在《读者文摘》上对微粒的"发现"进行讲述时,显得十分自私,仿佛这一发现完全是由他手下的特工获得的一样。他说他们在一个身为百万富翁之子的德国花花公子特工身上发现了这些隐匿的点状物。他没有将任何功劳归之于波波夫,而波波夫则陷入危险的博弈中,一旦德国人发现此事将引发致命后果。

敢于冒险但圆滑世故、满口谎言的达斯科·波波夫在把贵重的情报传送给美国人与英国人的同时,又令其"阿博韦尔"主子对他效忠盟国的事毫不知情。他还是个浪荡子，在英国的代号叫"三轮车"，据称这来源于波波夫的性癖好——他在床上同时要睡两个女人。拘谨保守的胡佛对他自然无法忍受，他密切监视着"三轮车"，仿佛他是个敌人似的。

"假使我弯下身闻一盆花，我就会被麦克风划伤鼻子。"波波夫曾向一名英国特工抱怨道。有一次波波夫带了名女友到佛罗里达，联邦调查局威胁他会因违反《曼恩法》（Mann Act）被投入监狱。该法案禁止以"非道德的目的"将女性带过州界。

无论是由于胡佛的决策被其对波波夫的偏见所遮蔽，还是由于其他的力量在起作用，这位联邦调查局局长忽视了波波夫提供的信息，这些信息本该引起对珍珠港事件即将发生的警觉。波波夫的德国主管曾指示其带着详细的调查问卷前往夏威夷，问卷就在他那份提供给联邦调查局的第一张微粒照片上。问卷中有三分之一的问题是属于应日方请求有关珍珠港的"最优先"事项：机场的示意图、水深、干船坞的情况、油库的位置、港口疏浚的状态、英美新式鱼雷拦截网的情况。它们被安装了吗？"潘趣酒碗"（Punchbowl）——檀香山的死火山口——是在被用作弹药储藏所吗？

波波夫还透露称，一名"阿博韦尔"同事曾代表日方前往意大利塔兰托——战争中最成功的空袭之一的发生地[1]。日本人想要了解英军在1940年11月究竟是怎样利用从航母上开出的鱼雷机摧毁了几乎整个意大利舰队的。日本人对夏威夷和塔兰托的兴趣至少暗示，珍珠港——美国太平洋舰队的基地——很可能遭到袭击。

---

1 1940年11月11日，英国皇家海军地中海舰队舰载航空兵奇袭意大利海军基地塔兰托，取得重大胜利，从此掌握了地中海的制海权。塔兰托战役是舰载航空兵问世以来的首次大规模袭击战。

然而，似乎全新的微粒照片技术比它所承载的问卷中显露出的东西更能引起联邦调查局局长的兴趣。波波夫暗示这些信息的"价值被低估了"。

英国人尽管很清楚微粒照片上的问题，但他们也没有试图去说服胡佛。直到战争结束后，约翰·马斯特曼爵士（Sir John Masterman），负责双十字计划的英国委员会主席，才证实"'三轮车'的调查问卷……含有一个对即将发生的珍珠港袭击严肃但不被重视的警告"。他说这本应取决于美国人，"由他们来甄别，并从问卷中得出推论，而不是交由我们来做"。

是否英国人有所保留，因为他们希望美国与其一道加入战争？抑或是胡佛方面的不信任导致了信号被错失？当时英国和美国的情报团队互相之间依然很谨慎，远没有像战后那样成为合作无间的伙伴。而胡佛无视英方的保证，对线报的提供者波波夫极度不信任，他称这个南斯拉夫塞尔维亚人是"巴尔干花花公子"。

由于无法与联邦调查局成功协作，波波夫恳请军情五处的负责人允许他回欧洲。他让"阿博韦尔"方面相信他们交给他的美国行动在计划上并不周密，于是德国人又把他派回了伦敦，直到战争结束才察觉他是为英国人工作的双面间谍。

在拉美为战争双方效力的欧洲特工们都担忧他们在战线附近亲朋好友的安全。波波夫在欧洲打探到他的双亲已在杜布罗夫尼克[1]登船，从克罗地亚的"乌斯塔沙运动"[2]（Ustashi movement）——新成立的纳粹傀儡政

---

[1] Dubrovnik，克罗地亚东南部港口城市，古称"拉古萨"，是亚得里亚海滨的历史文化名城，1979年被联合国教科文组织列入世界文化遗产名录。

[2] 乌斯塔沙，活跃于二战时期的克罗地亚法西斯组织，1929年4月20日于保加利亚首都索菲亚成立，其目标是实现克罗地亚从南斯拉夫的独立。1941年，乌斯塔沙组织在纳粹的扶植下成立傀儡政权"克罗地亚独立国"，期间残酷镇压国内的塞尔维亚人和犹太人。

权对民族主义者和塞尔维亚人展开的恐怖统治——中逃脱。可波波夫的叔父和两个侄子就没有那么幸运了，他们在自家宅院的树上被吊死。

罗斯福希望公开支援被围困的大不列颠，然而大众却不站在他这边。强大的"美国第一"运动和其他势力抵制美国宣战，他们中的一些是亲纳粹分子，其他人则是孤立主义者或是由于别的原因希望置身事外。他们包括了美国国内最富裕和最有影响力的一部分人，譬如飞行英雄查尔斯·林德伯格。一些民调显示有80%的美国人反对参战，加入同盟国对罗斯福而言无异于政治自杀。尽管如此，美国人就德国对拉美国家的图谋依然保持疑虑。

1941年11月27日的海军节，美国总统掏出了一张王牌，足以改变除最铁石心肠者之外其他所有人对宣战的态度。"我这里有一张秘密地图，是由希特勒政府的那些世界新秩序的策划者们在德国绘制的。"罗斯福对国家广播电台的听众说道。

这张地图显示，南美大陆和中美洲的部分地区被划分成四大附属国，将在未来某个不确定的日期交由德国管辖。"这张地图，我的朋友们，明确说明纳粹的计划不光针对南美，也针对着我们美国。"总统说。

这张秘密地图被认为是在阿根廷由英国情报人员从一名德国"信使"手中夺走的。在英国安全协调局（BSC）位于纽约的机关，"无畏者"史蒂芬逊将它交给了朋友比尔·多诺万[1]——白宫顾问并即将主持建立战略情报局（OSS）——多诺万又将它分享给了总统。罗斯福拒绝向新闻界展示这份文件，只是坚称它的消息来源"绝对可靠"。

不久之后，地图确实对外公布了。那些封地甚至都有自己的名称：

---

[1] Bill Donovan（1883—1959），绰号"野蛮比尔"，1942年建立美国战略情报局并任局长，负责对德国和欧洲被占领区派遣间谍、搜集军事情报、反宣传、策划破坏活动。

巴西、阿根廷、新西班牙和智利。在地图的空白处，有用德文手写的一些关于航线燃油供应的问题，以及关于飞往巴拿马和墨西哥的航空公司的问题。

多年以后，研究者们认为这份"秘密地图"是英国安全协调局为协助罗斯福取得参战授权而伪造的。但无论罗斯福、史蒂芬逊，还是多诺万都未曾承认过这场欺诈。无论如何，一个月之后，这份令人不寒而栗的文件便因珍珠港事件而被遗忘，美国加入同盟国的决定并非由于希特勒或是丘吉尔，而是拜日本所赐。

珍珠港上空的硝烟才刚刚散去，"阿博韦尔"在墨西哥的首席特工格奥尔格·尼古拉斯便向柏林发送了消息，其准确性简直令人惊讶。一名当地的日本特工在一位不愿透露姓名的美国线人的配合下，急需尼古拉斯的协助将情报送出，由于袭击发生后，这位日本特工自己也被密切监视了，他无法亲自传递情报。于是尼古拉斯向柏林寄出了两封信，信中携带的微粒照片报告了美国海军即将在南太平洋和日本北部发起的进攻规模，犹如"闪电般迅速"的航母打击。此外他报告了美国在12月7日当天的损失，以及美国志愿飞行队在缅甸及中国的飞机数量。他还汇报了一艘航空母舰及数艘战列舰的名称，它们即将驶过巴拿马运河，进入太平洋。

间谍大师

随着美国加入战争，胡佛与卡纳里斯之间的较量愈加激烈。在这场斗争中，他们各自怀揣着截然不同的生活经历。他们都是诞生于新年第一天的家中次子：胡佛生于1895年，卡纳里斯生于1887年。然而他们之间的相似之处也就到此为止。

埃德加·胡佛长得健壮，总是穿戴整洁，他与母亲一起住在他出生的房子里直到43岁时母亲过世。威廉·卡纳里斯身材短小、相貌平平，他有妻子和家庭，普遍认为他的众多情人中就有间谍和交际花玛塔·哈里[1]。卡纳里斯是个天主教徒，而胡佛则是长老会信徒，"每天都喜欢抽出几分钟……冥想和祈祷"。

上述对比还延伸到了他们的工作方式上。胡佛是个热衷于伏案工作的人，从来不外出旅行，而卡纳里斯却对世界很熟悉，在这个领域和他手下的每一个间谍一样经验丰富。胡佛的日常生活像钟表一样循规蹈矩，早晨走路上班，每天和联邦调查局的副局长、他的终身挚友克莱德·托尔森[2]一起吃午饭。而卡纳里斯在早年便因执行间谍任务和善于伪装出名。

除了他们的不同之处，胡佛与卡纳里斯还有着一个引人注目的共同点——他们都是十足的爱国者。

最了解南美大陆的显然还是神秘的威廉·卡纳里斯。身为一个富裕实业家的儿子，威廉本将被培养成鲁尔河谷新兴钢铁工业的制造精英——轮船、军火、蒸汽机和火车的建造者。但威廉却不顾父亲的反对，实现了他从小就怀有的梦想：出海。1907年，年仅20岁的卡纳里斯刚从德意志帝国海军位于波罗的海以训练严格著称的军官学院毕业，便作为轻巡洋舰"不莱梅号"的舰长副官开启了他前往中美洲的人生首航。

一向擅长语言的卡纳里斯把自己沉浸在了西班牙语中，在白色的

---

[1] Mata Hari（1876—1917），荷兰人玛格丽莎·泽莱的艺名，20世纪初著名的交际花，一战期间与欧洲多国政要和社会名流有联系，1917年10月15日在巴黎被以德国间谍的罪名处决。
[2] Clyde Tolson（1900—1975），美国政治人物，1930—1972年任联邦调查局副局长，主要负责行政和纪律事务。

木制建筑和郁郁葱葱、生长在墨西哥湾港口乃至其南边土地的棕榈树之间，他用西班牙语和遇见的当地人交流。在南美，舰长到内陆去时会带上卡纳里斯，在那里他遇见了美洲大陆上的德国人、亲德派、大农场主和商人。卡纳里斯在船上的职衔还包括了"情报官员"，不过这个职务在当时意义不大，不会超出留意在港口中其他船只的范畴。然而卡纳里斯所做的要远超这个最小范围。通过吸纳大量对军事情报有用的信息，实地考察当地情势，并与本地人打交道，他已着手构建未来的拉美间谍网了。

另外，他在供职"德累斯顿号"巡洋舰期间，对美国进行了一次重要的访问。

1909年9月，"德累斯顿"巡洋舰作为聚集在哈德逊河的数百艘船只之一，参与了纽约建城300周年以及罗伯特·富尔顿[1]发明第一艘蒸汽船100周年的纪念活动。卡纳里斯，身着德意志帝国海军的白色军官服，在甲板上仔细注视着。在他面前，美国海军的强大武力正在有目的地进行展示。

超过30个国家派出本国的战舰参与此次庆典，拉美小国例如古巴与危地马拉也派出了他们整个的小型舰队。在大多数房子还未曾通电的当时，河面上舰船的演习使夜晚显得魔力十足，舰船的桅杆在烟火表演中被照亮。威布尔·莱特（Wilbur Wright）在空中上下翻飞，又在自由女神像周围盘旋，成百上千的纽约市民目睹了他们的首度驾机飞行。赛艇会、游行和展览纷纷上演，意在宣传纽约已经成为一座世界级的城市，但卡纳里斯却见证了其他的一些事情。

德国拥有一支能抵达东太平洋的舰队，英国宣称自己是海洋的统治者，而美国海军正在宣布它对美洲的霸权，要有能力对地区海域实

---

[1] Robert Fulton（1765—1815），美国工程师、发明家。

施控制并支持华盛顿方面所做的决策,而且在需要的时候,为盟国提供支援。

5年之后,卡纳里斯在南美以其敏捷思考及忍耐力的绝佳表现,获得了近乎神话般的死中求生的名望。一战初期,德累斯顿号在传奇舰队司令格拉夫·马克西米利安·冯·斯佩[1]指挥下的德国东亚分舰队中航行,它是唯一逃脱了在福克兰群岛海战[2]中被歼灭命运的德国舰船。

英国的战列舰追击了德累斯顿号一百天,直至将其逼入一处名叫马斯帝拉岛[3]的小岛海湾内,并放火烧船。德国舰长为了能够拖延时间将船上的死者和伤者送上岸,并使船只沉没,便在炮火中派卡纳里斯坐上划艇,前去与英国舰长谈判。这位下级军官以流利的英语和英国指挥官讨论起了他已丧失战斗力的舰船可适用的海事法条款,直至德国船员全部撤离,德累斯顿号也被炸沉,没有落到敌人手里。英国的船员对待卡纳里斯十分客气。卡纳里斯后来回忆道,尽管他的军衔相对较低,但英国海军给他留下了持久的正面印象。

德累斯顿号的船员被留在了马斯帝拉岛上,这个岛有如海中一粟,太过于与世隔绝,以至于英国作家丹尼尔·笛福(Daniel Defoe)将它作为世界尽头的象征,鲁滨逊·克鲁索(Robinson Crusoe)便是被冲到了它的岸上。但卡纳里斯很快就逃至陆地。

靠着步行和骑马,伪装成农民的卡纳里斯在安第斯山的寒风中艰

---

1 Graf Maximilian von Spee(1861—1914),一战期间担任德国东亚分舰队司令,后在科罗内尔海战中全歼了英国南亚分舰队,旋即在福克兰群岛海战中阵亡。
2 1914年12月8日英、德两国海军在福克兰群岛爆发的一场海战,英国海军依托战舰的火力优势最终几乎全歼了德国东亚分舰队。
3 Más a Tierra,智利岛屿,属于胡安·费尔南德斯群岛的一部分,据传是笛福小说《鲁滨逊漂流记》的原型人物、苏格兰水手亚历山大·赛尔柯克被困的地方。20世纪60年代此地更名为鲁滨逊·克鲁索岛。

苦跋涉，来回发作的疟疾折磨得他越发憔悴，直至他抵达阿根廷的巴塔哥尼亚。改换伪装，扮成一位前往欧洲的年轻鳏夫，卡纳里斯搭乘火车向北行驶一千英里抵达布宜诺斯艾利斯，再订购了前往中立国荷兰的船票。英国人强迫他乘坐的荷兰船舶停靠普利茅斯，以便清除有嫌疑的德国人，然而"里德·罗贾斯先生"——卡纳里斯的化名——说着一口上佳的英语，始终待在船上，并在鹿特丹安全上陆。他前往位于波罗的海基尔港的帝国海军总部报到，获颁铁十字勋章，并荣升少校，还得到了选择往后职务的发言权。他选择了情报工作。

与卡纳里斯令人兴奋的生涯相比，盟国间谍大师埃德加·胡佛的人生轨迹就单调乏味极了。不过，胡佛也同样是在早年经历了战时的环境，这种环境影响了他的后半生。

1916年7月30日，当时胡佛22岁，一战中一场著名的破坏事件发生在纽约港。"黑汤姆爆炸事件"（The Black Tom explosion），以其发生的岛屿名称命名，被认为是针对美国本土的第一场恐怖袭击。德国破坏者把炸药和延迟引信的铅笔炸弹——一种独创性的装置，其大小不会超过一根雪茄烟——放置在岛上的一个弹药库内，里面存放的是将被运往协约国的武器。爆炸时火柱冲天，七人死亡，数百人受伤，曼哈顿市中心的数个街区被夷为平地，自由女神像也遭到损坏，美国人都陷入了震惊。在黑汤姆岛实施爆炸的德国破坏者是以墨西哥为基地的。埃德加·胡佛对这场可怕的破坏记忆犹新，几个月之后，他进入司法部工作，一干便是一辈子。

当胡佛踏出职业生涯的第一步时，另一桩一战事件"齐默曼电报事件"（Zimmerman Telegram）警告了美国人，对德国在西半球的行动必须密切监视。1917年1月，德皇的外交部部长亚瑟·齐默曼（Arthur Zimmerman）劝告其驻墨西哥城的大使，表示为了对抗英国，大西洋上的无限制潜艇战发动在即，如果美国最终加入战争，那么德国大使应向墨西哥总统提出一项协议：只要加入德国与日本一方对抗美国，墨西哥便能获得财政上的援助，而几十年前在亚利桑那州、得克萨斯州、新墨西哥州丢失给美国人的领土也能得到返还。齐默曼的电报被英国人拦截和破译，并被分享给了美国人，促使美国加入了欧洲战争。

作为第三代公务员，年轻的胡佛行事低调，他经常是最后一个离开办公室的人，有时他在美国司法部战争紧急事务部（War Emergency Division）的上司——胡佛总是急于讨好他们——也发现他时常在周末还会来上班。胡佛不屈不挠地工作着，写笔记，在盒子、文件柜乃至整个房间里塞满机密数据，以确保国家安全，有时这里面还包括了政治官员及其家人的丑闻，这个习惯他一直保持着。他升迁迅速，很快就当上外敌局（Alien Enemy Bureau）的主管，拥有不经审讯便将被判定为不忠的外国人投入监狱的权力。1924年，总统加尔文·柯立芝（Calvin Coolidge）任命胡佛担任司法部总情报处（General Intelligence Division）——联邦调查局的前身——处长，任务是追踪国内的激进分子。胡佛时年29岁。

特别情报处——SIS出师不利

联邦调查局负责的主要是国内事务，但随着下一场大战的临近，胡佛自己也参与了军事情报机构负责人之间的会议，讨论谁将领导国外的间谍活动。联邦调查局已经在美国国内着手追查可疑间谍。"控制纳粹在美国破坏活动的最好方式就是扫荡其位于拉美的间谍巢穴。"胡佛或许会这样说。他与军队主管们进行了争论，希望能由联邦调查局私下与罗斯福接触，游说负责拉美事务的助理国务卿阿道夫·伯利[1]。最终，对此类明争暗斗感到沮丧的罗斯福让联邦调查局成为西半球负责外国情报事务的唯一机构，胡佛将这个新的间谍部门命名为"特别情报处"（Special Intelligence Service, SIS）。

为了隐藏其真实目的，特别情报处在1940年夏开设了一家名为"进出口服务公司"的假公司，该公司与英国安全协调局一样设立在洛克菲勒中心大楼内，这使其工作变得更加顺畅。不到一个月，特别情报处的特工便把他们门上的公司假招牌取了下来，以避开一连串推销员和广告员上门招揽业务，同时他们也意识到自己还没有准备好开展这项新任务。"联邦调查局发现，对于拉美眼下或是潜在的间谍破坏活动，有关其真实程度及性质，都没有任何准确的数据和细节。"一份写于1962年的内部报告中这样说道。此外还存在一个语言问题：虽然特工们通过其掩护公司——包括通用汽车、费尔斯通[2]以及泛美航空——在贝利兹（Berlitz）接受了短期课程或是简单的语言学习，但他们中的大多数是在西班牙语和葡萄牙语水平严重不足的情况下前往派出地的。

伪装成商人或是记者，这些即将上岗的侦探们依靠手写的加密信息来传递情报。英国的安全审查人员在百慕大（Bermuda）设有一个机构，用于快速检查所有离开拉丁美洲的信件。他们对这些特工所写的信起了疑心，于是加急信被延迟，其诚信度遭到审查。而在联邦调查局总部，用于显示特工以隐形墨水所写内容的合适试剂却依然处于"实验阶段"。

在派出地，这些特别情报处"商人"的外貌也出卖了他们。他们

---

[1] Adolf A. Berle（1895—1971），美国律师、外交官，1938—1944年任负责拉美事务的助理国务卿，1945—1946年任美国驻巴西大使。

[2] Firestone，美国轮胎企业，由哈维·费尔斯通创立于1900年，是福特汽车的第一批轮胎提供商。

往往都很年轻、未婚、看上去很健康，但可疑的是，他们却在一个全国实施征兵的时期未进入美军服役。随着人手增加，胡佛打算让更多的特工进入美国使领馆担任"民事专员"或"法律专员"，这让国务院中的一些人感到十分厌恶，他们对脱离掌控的情报活动感到不快。在二战以前，美国大使馆中并不存在什么"法律专员"，但从此之后这些职位便始终存在，并且从拉美一直分布到全球各地，使联邦调查局在海外维持了长久的存在感。

与著名的卡纳里斯的天才相比，胡佛自己的特别情报处可谓满是缺点，他确实有相当多的事值得担忧。而他在拉美的地盘还受到他的老对头威廉·多诺万——战略情报局，即日后中央情报局（CIA）的创建者——的挑战。

战略情报局：作为例外的墨西哥

> 符合标准的行动程序在战略情报局基本就是个禁忌，高效的行动才是唯一的目标。
>
> ——哈里斯·史密斯（R. Harris Smith）
> 《战略情报局：美国首个中情局的隐秘历史》

20世纪30年代，美国陆海军联合的"魔术"（MAGIC）密码项目破译了日本的机密通讯，该通讯显示日本人在拉美已经有了广泛的监听网络。"魔术"表示，为了应对与美国的潜在战争，墨西哥即将成为该地区间谍活动的中心。美国海军——自1937年起即在驻墨西哥城大使馆内安置了一名随员——则很担心墨西哥的西海岸。尽管胡佛对于染指拉美的间谍活动十分妒忌，但他并不反对早期的海军情报局（ONI）自1941

年4月起在下加利福尼亚（Baja California）展开调查和信息搜集工作。

崎岖的下加利福尼亚半岛，和那些沉睡中的墨西哥港湾，例如今日我们所熟知的迷人度假胜地阿卡普尔科[1]与曼萨尼约[2]，由于其在太平洋上的战略位置，都存在被日本人实施渗透的可能。海军间谍在当地众多可疑的渔业公司中就发现了日本的存在。

1941年7月11日，罗斯福授命威廉·多诺万上校主管一个名为"资讯协调局"（Coordinator of Information, COI）的情报机关。当多诺万发现胡佛在拉美的领导权之后大为光火，因为这使得他手下的特工在墨西哥以及中、南美洲毫无行动空间。这种限制违反了多诺万的原则，即"在现代战争中，交战国所有阶段的军事行动都必须是在世界范围内进行的"。即使到了1942年，资讯协调局已变为战略情报局，并应参谋长联席会议的要求进行信息搜集分析及开展特别行动，但拉美国家对多诺万来说依然是个禁区。他曾指出，他新建立的全球情报机构就这样被荒谬地截掉了一段，无法覆盖一整块大陆，而且是与美国如此紧密联系着的大陆。但他的争辩只是在白费口舌。

胡佛与多诺万之间自墨西哥开始，围绕拉丁美洲的竞争已然为此后联邦调查局与中央情报局有关司法管辖权的争论埋下了种子，而这场争论一直延续到今天。

战略情报局局长在这场争论中引入了多彩的个人经历和坚强的性格。卡纳里斯曾评论道，在所有盟国领导人中，他最希望结识的就是威廉·多诺万。阿道夫·希特勒曾见过一次多诺万，并让所有人明白，比之其他任何一个美国人，他始终都更惧怕和厌恶多诺万。

---

1 Acapulco，墨西哥南部太平洋海岸港口城市，是墨西哥著名的海滨旅游城市之一。
2 Manzanillo，墨西哥中西部城市，也是墨西哥最大的港口城市。

作为一名来自布法罗、有冲劲的二十九岁律师，多诺万曾在纽约国民警卫队中组建了一支骑兵部队，并在约翰·潘兴将军的麾下于墨西哥边境同潘乔·比亚[1]对战。一战期间，他在法国作为步兵军官组织袭击和营救行动，这让他赢得了荣誉勋章（Medal of Honor），在家乡也成了名人，更让他得到了一个伴随终生的绰号——"野蛮比尔"。

胡佛与多诺万的不和开始于两次世界大战之间的岁月，当时"野蛮比尔"短暂担任过胡佛在司法部的上司。他俩的性格根本无法调和。富兰克林·罗斯福成为总统后，与多诺万交换信息，并倚仗他对欧洲紧张局势的评估。下颚宽厚、爱摆官腔的胡佛，经常在媒体上自吹自擂，故意抬高自己在联邦调查局成功的地位。当他看见多诺万在一战中的英雄事迹被搬上大银幕，改编成1940年华纳兄弟影业的热门影片《第六十九次战斗》（*The Fighting 69th*），并令一头银发、方下巴、英勇而又外表迷人的多诺万不费吹灰之力地成了公众人物，他一定会有些畏缩。

而多诺万与胡佛之间的根本不同还在于他们对情报机关究竟是怎样的，以及应当如何去运转有着不同认识。"比尔"多诺万坚信战略情报、分析、秘密行动、谍报技术以及破坏活动，这些都令战略情报局在海外比行事更加顽固、更类似警察作风的联邦调查局有优势。"野蛮比尔"反对官僚主义，也反对等级制度，一名战略情报局特工只要能把任务完成，采取任何手段都是可以接受的。相比之下，胡佛最相信的却是调查事实和曝光目标，譬如编列"外敌"的黑名单。不过，作为一个终极的官僚主义者，胡佛能够巩固自己在国内的政治基础，而让多诺万处于不利位置，恰恰在于他最清楚如何管理华盛顿的官僚机构。这两个人都开始互相保留对方的档案。

---

[1] Pancho Villa（1878—1923），墨西哥革命时期北方农民军领袖，曾于1914年占领首都墨西哥城，1923年遭暗杀身亡。

不愿再遵从胡佛的规则，多诺万在一位拥有丰富人生经历的平民华莱士·菲利普斯（Wallace Phillips）的帮助下，悄然将自己的组织渗透进墨西哥。华莱士·菲利普斯正替海军情报局管理着一个当地组织。菲利普斯毕业于西点军校，曾在巴黎大学学习并参加过一战，与许多当时的美国间谍不同，他颇有实施破坏行动的经验。他曾担任过一家橡胶公司的经理，但他还经营自己的产业情报机构，这个机构的客户会向他购买商业竞争对手的信息。菲利普斯的秘密线人——"包括七名前首相"，像他喜欢吹嘘的那样——从苏联到巴尔干再到墨西哥向他发送报告。在墨西哥，菲利普斯与总统阿维拉·卡马乔达成了一项利益可观的私人协议，为总统追踪颠覆活动的特别小组寻找雇员。到1941年下旬，在海军情报局的同意下，菲利普斯决定将他的私人机关"K机关"（K Organization）单独打包转移给多诺万的战略情报局。菲利普斯则成为多诺万负责间谍活动的主管，所有人——菲利普斯、多诺万和海军——都对此次转让守口如瓶。

在珍珠港事件发生不久后，胡佛派出七名特工前往墨西哥，目标覆盖"下加利福尼亚半岛和其他敌人可能登陆以及实施破坏活动的地点"。至1942年2月，在墨西哥有超过二十名特工在多诺万手下秘密工作。他的分析师传回了极有价值的信息：他们指出，那些富有且具备影响力的墨西哥人，都反美而且非常崇奉天主教，更倾向于极权主义而非民主。墨西哥唯一可能成为华盛顿盟友的，只有组织化的劳工运动和共产党了。

有些时候，多诺万和胡佛之间的拉锯战破坏了可能有利于盟军事业的行动。1943年，战略情报局打算在布宜诺斯艾利斯和圣地亚哥安插来自其高度机密的"保险情报小组"（Insurance Intelligence Unit）的特工。战略情报局小组的目标不仅是要发现纳粹的战时财政结构，还想在德国保险公司的记录中找到任何他们可以找到的战略数据，例如潮汐表或兵工厂图纸，这对盟军计划打击工厂和敌方城市颇为重要。德国的保险公司是战争的主要赞助者，从柏林到曼谷，它们管理着全球近一半的保险业务。纳粹的生意是在瑞士打理的，但其中大部分资金则在拉美进行洗钱，特别是在阿根廷。可是联邦调查局否决了多诺万的请求。

尽管特立独行的多诺万无法得到许可，但这并不意味着他会有所克制，不再往墨西哥以及拉美其他地区派遣特工。1954年，当中情局策划了一场针对危地马拉民选左翼总统的右翼政变[1]时，其中一名肇事者——名叫约瑟夫·兰登（Joseph Rendon）的特工——便自豪地告诉记者，早在十年前，他参加战略情报局在当地任务的时候，便已警告过要提防共产党渗透的危险了。

多诺万的间谍虽然被官方禁止在拉美开展行动，但其战略情报局的"研究与分析部"（Research and Analysis，R&A）却在其位于华盛顿的总部研究全世界，并维持着一个活跃的"拉丁美洲组"（Latin America desk）。为了R&A开展工作，战略情报局不惜从美国最好的大学、博物馆及研究实验室中恳请、借调甚至偷来专家学者，利用他们的专业知识来分析其他政府机构或海外间谍搜集到的信息。附有行动建议的R&A报告会直接呈递给总统。

历史学家莫里斯·哈尔珀林博士[2]领导的R&A"拉丁美洲组"是

---

[1] 1954年6月，危地马拉军队在美国中情局的策动下发动政变，推翻了阿本斯·古斯曼政府，卡斯蒂略·阿马斯成为新独裁者，危地马拉自此进入右翼军政府统治时期。

[2] Dr. Maurice Halperin（1906—1995），美国学者、外交官，曾加入美国共产党，二战期间服务于多诺万的战略情报局。因被指控为苏联间谍机关传递情报，1953年逃往墨西哥。1962年接受切·格瓦拉的邀请前往古巴，在菲德尔·卡斯特罗政府工作了五年。晚年定居加拿大温哥华，任西蒙弗雷泽大学教授。

整个机构中最富于成效的单位之一。哈尔珀林曾就美国在墨西哥的外交政策发表了一份谴责性的报告,捎带提到了战略情报局和联邦调查局之间的对立。这份报告使得哈尔珀林成了埃德加·胡佛永久的仇人,战后胡佛即指控他是个苏联间谍。

利用R&A小组,"野蛮比尔"开辟了一条进入墨西哥的新路径。多诺万常常将电影视为一种激发爱国主义、威吓敌人以及提升战略情报局能力的工具。假使多诺万的间谍无法获得行动上的自由,他至少可以在墨西哥拍摄一两部电影,作为R&A的调查研究,同时打探一下情报。当海军提出打算在墨西哥进行摄影调查并拍摄一部宣传片时,多诺万已经准备好了。

> 约翰·福特声称他根本不在乎自己的奥斯卡奖。可假如你提到他赢过四个奥斯卡奖,却忘记了他凭借为海军拍摄的纪录片赢得的那两个,他总会厉声说道:"是六个。"
> ——约瑟夫·麦克布赖德(Joseph Mcbride)、
> 米歇尔·威明顿(Michael Wilmington),《约翰·福特》

多诺万在拍摄电影上的搭档是约翰·福特[1],这位好莱坞导演赢得过六个奥斯卡奖,其标志性影片以发掘战争与历史在令人难以忘怀的个体命运中所扮演的角色而知名——《愤怒的葡萄》(The Grapes of Wrath)、《青山翠谷》(How Green Was My Valley)、《搜索者》(The Searchers)、《关山飞渡》(Stagecoach)、《菲律宾浴血战》(They Were

---

[1] John Ford(1894—1973),美国著名导演,所执导影片《愤怒的葡萄》《青山翠谷》《蓬门今始为君开》均摘得奥斯卡奖,1971年获威尼斯电影节终身成就奖,1973年获美国电影学会终身成就奖。

Expendable）。虽然多诺万滴酒不沾，约翰·福特却喜欢喝上两杯，但他们在战前就成了知心好友。他们共享着爱尔兰天主教神秘而特别的纽带，而且两人毫无疑问都很勇敢——为了替多诺万执行任务，福特拿着手持摄像机，在日军攻击中途岛时进行拍摄，也在盟军进攻西西里岛和登陆诺曼底时展开拍摄。

多诺万和福特都是特立独行的思考者，他们尊重指挥链的操作模式，但也力求保持简明。福特建立了一个战时战地摄影团（Field Photographic Unit），其中囊括了一批新近招募的一流专业人员，而福特也很乐意将该团队纳入多诺万战略情报局的管辖之下，因为这样一条指挥链实在是再简单不过了：福特至多诺万再到罗斯福。

自从20世纪30年代中期被任命为美国海军预备役中尉指挥官，福特便驾驶着他挚爱的那艘110英尺长的"亚兰那"（Araner）号——以他母亲的故乡爱尔兰阿伦群岛（Aran Islands）的名称命名——双桅纵帆船沿着墨西哥和中美洲的太平洋沿岸航行。福特向南最远一直探索至巴拿马。美国官员了解到，日本此时因西方国家的禁运，导致在亚洲的军事扩张备受资源竭蹶之苦，它或许在计划发动一场战争以确保其能得到所需的东西。一场针对北美的侵略战争是有可能的，福特在海军预备役的长官支持他的调查报告。

虽然在旁观者看来，这只不过是一个有钱的帆船爱好者的休闲，但这位好莱坞导演却偷偷地搜集情报并绘制水域地图。他表示某个泻湖"距离航道很近，可以作为储存物资的理想地点，或是用作潜艇与潜艇补给船的集结处"。他在拉巴斯[1]、马萨特兰[2]、特雷斯·玛利亚群岛[3]

---

1 La Paz，墨西哥南下加利福尼亚州首府。
2 Mazatlan，墨西哥太平洋沿岸最大港口和游览胜地。
3 Tres Marias Islands，简称玛利亚群岛，位于太平洋海域的墨西哥群岛，距墨西哥西海岸100公里，由9个岛屿组成。

及巴拿马记录下摄影条件和有关伪装的问题，并将得到的资讯交给多诺万的机构。

约翰·福特的间谍之旅完全是自费的，在巴哈（Baja）有时则是以好莱坞明星们那种迷人小伙间的玩乐作为掩护。当约翰·韦恩[1]、沃德·邦德[2]与亨利·方达[3]正待在奢华的"亚兰那"号上，从海滨酒吧的豪饮狂欢中舒缓过劲来的时候，福特则把他在岸上的所见所闻整理成丰富而详细的笔记。他写到有日本的所谓"游客"拿着配有长焦镜头的徕卡相机拍摄了大量桥梁和储油罐的照片；那些可能是从日本捕虾船上下来的人，衣着过于光鲜，都不像是渔民，"穿着剪裁考究的法兰绒、精纺和粗花呢衣物……脚上的黑皮鞋擦得锃亮"。

"这些人似乎知晓加利福尼亚湾里的每个海湾、小湾乃至水口，加利福尼亚湾密布着海岛，又离我们亚利桑那州的边界如此之近，这已构成了一种实际的威胁。"福特报告道。

作为激发地区自豪感、打动不情愿的潜在盟友的心理战术，福特制作了一部五卷的影片，展现战争中的墨西哥，以及多部面向拉美观众的短片。"一定要让墨西哥的国旗全速飘扬。"他在写给摄制组的指示中说，"小心地展示他们的机场，要把他们的飞机排列成行，使其显得好看、高效而且数量众多。"

美国加入战争后，德国在间谍活动中的优势开始丧失，这并非由于特别情报处的专业素养——尽管联邦调查局特工在工作上每天都有

---

1 John Wayne（1907—1979），美国演员，以出演西部片和战争片中的硬汉而闻名，是好莱坞有史以来最伟大的影星之一。
2 Ward Bond（1903—1960），美国演员，曾出演《赤胆屠龙》《飞虎娇娃》等影片。
3 Henry Fonda（1905—1982），美国演员，好莱坞著名影星，代表作包括《愤怒的葡萄》《十二怒汉》《西部往事》等。

所进步——而是由于德国人自身的错误以及有时碰到的坏运气。

从柏林为身在拉美的间谍提供经费向来不易，这个不利因素困扰着德国人的网络直至战争结束。部分是由于埃德加·胡佛与英国安全协调局威廉·史蒂芬逊的早期合作，一定程度上导致通过墨索里尼向格奥尔格·尼古拉斯及其"阿博韦尔"圈子供款的尝试以失败告终。由于无法直接运送资金至墨西哥和巴西，卡纳里斯要求他的盟友墨索里尼从意大利驻华盛顿大使馆的银行账户中提取385万美金的小面值钞票并通过信使将其送往南方。1940年10月，两名领事和一名意大利大使馆秘书把钱装入外交邮袋，前往布朗斯威尔[1]。在那里，其中的两名意大利人会再赴新奥尔良搭乘去巴西伯南布哥[2]的船，另一位则坐火车去墨西哥城。胡佛的手下已经得到此次资金转移的风声，立即与英国安全协调局联系，并密切监视意大利人的一举一动，直至他们抵达边界，此时史蒂芬逊的手下已在目的地做了周密的准备。

然而对盟国来说很不幸的是，意大利人的船并没有停靠在英国特工驻足等待的伯南布哥，而是一路向里约开去，巴西总统瓦加斯已向意大利大使保证，他会确保交付品的安全。而在墨西哥城的火车站，大感意外的意大利信使被搜查了其随身物品，这显然违反了外交特权的基本原则。面对意大利大使的义愤填膺，墨西哥政府礼貌地为"一个没有经验的新职员"愚蠢且令人尴尬的行为表示道歉。不过有140万美金的钱款也由此被存入一个被冻结的账户，德国人无法再动用这笔钱了。

墨西哥的"阿博韦尔"所遭遇的最沉重打击来自其内部，当地的间谍负责人格奥尔格·尼古拉斯搬起石头砸了自己的脚，破坏了其周

---

[1] Brownsville，美国得克萨斯州南部边境城市。
[2] Pernambuco，巴西东北部的州，首府为累西腓。

边的大部分网络。尼古拉斯有个情妇,她也帮他照看所住的豪华公寓。1942年初,传来了尼古拉斯的妻子即将从德国前来的消息,这对情妇来说,意味着她起码在一段时间里要退居次要位置了。情妇无法接受,而且十分生气,把她所知道的有关尼古拉斯的信息全都交给了墨西哥警方。尼古拉斯被逮捕,其下属的大多数特工也连带被发现。

1942年5月,当德国U型潜艇击沉了两艘墨西哥油轮后,墨西哥对德宣战,德国间谍也成了敌人。自此墨西哥停止向轴心国销售石油,联邦调查局则持续向墨西哥警方提供有关其正在追踪的间谍的建议。此时当地警探已开始抓捕冯·施泰布吕格男爵以及维斯伯拉特一批人——维斯伯拉特就是那位伪装成造船专家、拥有波兰血统的文雅间谍。格奥尔格·尼古拉斯被移交给美国当局,关押在北达科他州俾斯麦市的一处战俘营,其余列在特别情报处间谍名单上的特工则被墨西哥遣返回德国,只有一位例外。

希尔达·克吕格出乎意料地和墨西哥前总统波尔菲里奥·迪亚斯的一个孙子结了婚,据说这段结合是由阿莱曼促成的。她会在首都郊外新婚丈夫的大庄园里举办联欢晚会嘉年华,这座庄园保护着她不被遣返或引渡至美国。墨西哥的调查者不能也不愿指控她犯有间谍罪。克吕格还意想不到地加入了墨西哥国立大学知识分子们的圈子,她在大学里学习墨西哥文化并撰写了一部马琳·辛[1]的传记,这位聪慧而美丽的土著翻译家,同时也是西班牙征服者赫尔南·科尔特斯的情人。克吕格之后又两度再婚,第一次是与富有的委内瑞拉"糖业大王",之后是和一名俄国企业家。她晚年住在纽约城面朝中央公园的奢华公寓里。

---

[1] La Malinche,原为玛雅女奴,后被赠予西班牙殖民者科尔特斯,因其语言天赋和美貌,很快成了科尔特斯的翻译和情妇,后接受天主教洗礼,被西班牙人尊称为"堂·玛丽娜"。"玛琳·辛"是阿兹特克人对这名女奴的蔑称,意思是"船长的女人"。

胡佛或许在墨西哥的这一回合中胜出了，但卡纳里斯远没有遭到致命打击。随着战争的进展以及大西洋之战的开始，德国间谍的行动也从过去政治和工业领域的破坏活动，转移至更为致命地对加勒比海地区及南美的船只行踪进行情报搜集。在那里，卡纳里斯还有一个强大的网络，随时准备行动。

第十章　玻利瓦尔行动，德国在南美洲的间谍活动

在南美，任何想要寻求统治合法性与权力的政治人物都希望将自己在公众心目中的形象与西蒙·玻利瓦尔（Simón Bolívar）联系起来，这位19世纪早期的英雄人物被认为是统一者，他曾经治理的地域从阿根廷一直延伸到加勒比海地区。玻利瓦尔渴望西半球新近独立的国家能摆脱老牌殖民国西班牙的统治，也不受快速崛起的大陆强国美国的干预。而在二战期间，在墨西哥以南5000英里的巴西、阿根廷、智利、巴拉圭和乌拉圭，一个九头蛇一般的纳粹情报和通信组织在运转着，它的名字便是"玻利瓦尔行动"（Operation Bolívar）。

这个组织的核心是无线电，而该技术早就已经遍布这片大陆。

1935年，当阿根廷探戈明星卡洛斯·葛戴尔[1]在其声望最高的时候于哥伦比亚麦德林[2]附近的一场空难中身亡，从前令这位歌手名噪南美的媒介——无线电台——在坠机现场播报了他的死讯。作为拉美最早的

---

[1] Carlos Gardel（1890—1935），阿根廷歌手、作曲家及演员，以其标志性的男中音和戏剧性的歌词闻名。

[2] Medellín，位于安第斯山脉北部，哥伦比亚第二大城市。

一场现场直播之一,该消息的传送在南美各地引发了一致的强烈哀悼。

到20世纪30年代,电台广播将人的声音送往每一个可以组装或购买到收音机的家庭。在大萧条和战争期间,罗斯福总统的声音通过他的"炉边谈话"[1]给美国人带来了安慰和消息。拉美的领导人同样也看到了使用无线电的好处,它能使人产生一种错觉,仿佛说话者是直接在和每个听众交谈。1938年,当拉扎罗·卡德纳斯做出墨西哥石油国有化的反叛性决定时,他首先是对电台听众宣布了这个消息,两个小时后,他才通知了内阁。

作为从事间谍活动的基本要件,纳粹间谍在几十处地点使用着大大小小的无线电收发设备。与北部相比,南美大陆最南端的空气状态也更适宜于向欧洲发报,因此"玻利瓦尔行动"在收到特工自美国、墨西哥以及美洲其他地点发出的信息后,就会越过大西洋,将它们传往位于柏林、科隆以及汉堡的无线电接收器。一些"玻利瓦尔行动"小组还会发送数十封带有"微粒"的信件至柏林,或送往西班牙和葡萄牙的投放点。

迪特里希·尼布尔上校(Dietrich Niebuhr)展现了组织网络中最优秀的当地间谍首领的品质:对第三帝国的忠诚、领导力、一个囊括了从上流人士到暗地里的伪造者的人际关系网。在尼布尔1936年抵达布宜诺斯艾利斯后,他以海军武官的身份为掩护,借助其在德国拥有18家大型公司的堂兄的举荐,这位身材高大、金发、文雅的官员很快便搭建起了与整个南锥体[2]政商精英的宝贵联系。

尼布尔早期最明智的行动之一是成功地向其德国长官据理力争,

---

1 fireside chats,美国总统富兰克林·罗斯福在"大萧条"期间开创的广播发言形式,因其亲切与随和拉近了与美国民众的距离。此后"炉边谈话"被作为罗斯福发表广播演说的正式名称沿用下来。

2 Southern Cone,指南美洲位于南回归线以南的地区,一般指阿根廷、智利和乌拉圭三国,有时也包括巴拉圭和巴西的部分地区。

反对在南美设立一个全新的名为"南极行动"（Operation South Pole）的"阿博韦尔"破坏小组。若是针对英国的目标动用武力，譬如破坏港口内的船只，将侵犯东道国的中立，也会对尼布尔的初期行动构成损害。（之后，"玻利瓦尔行动"的成员会将信息发送给公海上的U型潜艇，由它们来击沉盟军船只。）

1939年，当德国的袖珍战列舰"格拉夫·斯佩海军上将"号（Admiral Graf Spee）在拉普拉塔河沉没后，尼布尔在阿根廷以相对舒适的条件为舰上1000余名船员进行了名义上是拘禁实为"安顿"的安排，许多人后来都在当地成了家。尼布尔还安排了其中200余名船员逃离，他们对于纳粹德国来说都是最有技术且最具价值的人员。在西班牙和葡萄牙船员的协助下，他将他们作为偷渡客藏在船上，或是在向导的陪同下穿越安第斯山脉前往智利。从那里，他们会行经一条德国间谍在战时最喜欢走的欧亚路线：借助日本货船横渡太平洋抵达海参崴，再搭乘火车从陆路回到西欧。在尼布尔安排下逃脱的人中，有些成了U型潜艇的王牌，继续在海上给盟国船只制造损失。

在布宜诺斯艾利斯的大使馆中，尼布尔拥有一台传说中的"艾尼格玛密码机"（Enigma Machine），这是纳粹一款绝密且极为复杂的密码装置——其可能的组合范围在1.5万亿亿以内。在战争期间，艾尼格玛机还被放置在拉美和加勒比地区，以及游弋在这些区域海岸的U型潜艇等其余至少6处场所。

1941年7月，在德国人不知情的状态下，艾尼格玛的密码得到破译。终于，在伦敦郊外高度机密的布莱奇利公园[1]，密码分析师们得以每

---

[1] Bletchley Park，位于英格兰凯恩斯布莱奇利镇，是二战期间英国政府进行密码破译和解读的重要机构，包括艾伦·图灵在内的众多数学家和解密专家都在其中工作，曾成功破译德国的艾尼格玛密码机。

日读懂3000条信息。虽然为了防止密码遭破译的事实被发现，这些信息通常无法一一落实，但由此依然获取了大量有助于盟军的情报，其中就包括来自拉丁美洲的情报。

一份来自布莱奇利公园的文件（Hut 18, ISOS［奥利弗·斯特雷奇情报部］）记录了柏林、布鲁塞尔、布拉格与里约热内卢，以及德国、巴西、阿根廷和"南美洲"境内诸多不明地点间的电报往来。所有这些电报的日期清晰可见，这份文件囊括了自1941年8月7日起至1944年8月止的讯息记录，其起始时间紧紧承接艾尼格玛机密码被破译之后。

尽管艾尼格玛机十分重要，"玻利瓦尔行动"的重头工作还是利用其无线电通信系统——其分布广泛，并被现场特工直接使用——传送加密信息。仅仅在阿根廷，从南部的巴塔哥尼亚到布宜诺斯艾利斯西北部的圣达菲省，特工人员沿海岸线建立了11个通讯站点。一个大型无线电发射机被埋在了一家农场的鸡舍里，它的天线被藏在小树林中。在巴西，那些没能从汉堡的"阿博韦尔"间谍学校带来便携式无线电收发设备的特工，花了1000美金制作了微型系统。该系统被装进一个手提箱内，当传输条件较好时，比如在居民区或是租用的办公室，它便在特定时间投入使用。

在为德国开展间谍活动并管理情报传输方面，"阿博韦尔"并非一家独大。党卫军上校约翰内斯·齐格弗里德·贝克（Johannes Siegfried Becker），代号"重牙鲷"（Sargo），掌管着当地50名特工人员，他们全都效劳于堪比"阿博韦尔"的间谍机构——"帝国保安部"[1]。由于其专业技术和组织特工汇报有关盟国护航船队以及铁矿石出货量等信息的能力，贝克被视为最危险的德国间谍之一。他原本来到布宜诺斯艾利

---

[1] Sicherheitsdienst，缩写为SD，党卫军下属的情报机构，也是纳粹党成立的第一个情报机构，与盖世太保关系密切。

斯执行破坏任务,但当德国大使馆拒绝实施可能侵犯阿根廷中立的行动后,他很快转向了间谍活动。贝克时常到访的地方还包括巴西,在一个颇不寻常的"帝国保安部"与"阿博韦尔"合作的事例中,他提升了圣保罗商人阿尔布莱希特·英格斯——代号"阿尔弗雷多",双面间谍达斯科·波波夫经常与之会面——运作的间谍网络的素质和能力。英格斯传送的情报中有一半是关于英、美的海上活动,包括对装船货物及其目的地的描述。这些信息不难获取,因为"阿尔弗雷多"的线人包括了一家大型航运公司的雇员。

阿尔布莱希特·英格斯是"玻利瓦尔行动"中一个具有代表性的间谍,因为他常常不会坐待命令,而是自行动手。1939年,德国在里约安排了两艘货轮,为即将向英国船只开火的水上飞机提供战术支援。当其中的一艘货轮快要出发时,英格斯与一名巴西空军飞行员一同升空,发现了两艘英国的战列舰,他立即将信息传回港口,使得货轮在一场有针对性的攻击中幸免于难。1942年,埃德加·胡佛向罗斯福报告称,英格斯的情报站"似乎是德国在南美的秘密电台中最为重要的一个"。

除了有像英格斯这样工作效率高且有时做事充满创造力的特工,一些德国"V人"却笨手笨脚,干着可笑的事。埃米尔·沃尔夫博士(Dr. Emil Wolff),这个在法本集团工作的人发现有联邦调查局特工跟踪他,变得十分紧张,于是将他的手提箱——连同里面的密码本——一起从巴拿马运河的一艘船上丢进了海里(联邦调查局很快把它捞了出来)。一名巴西的副代理人对他的第一次任务感到很困惑,于是让一名有显微镜的德国牙医帮他解读一下"微粒"照片(这名牙医很快就该起事件向当地的纳粹当局做了汇报)。而当英格斯与德国驻里约的海军武官对一名坚称其级别比"阿尔弗雷多"要高的新特工感到厌烦时,他们给这名特工发了份假电报,说他需要立刻回到德国。两周之后,当这个令人讨厌的特工乘船横渡大西洋抵达欧洲,并气喘吁吁地跑进上司的办公室时,他才发觉自己被耍了(他之后再也没有回去)。

联邦调查局估计,战争期间在拉美接受柏林号令(主要是"阿博韦尔")的特工多达800余人。卡纳里斯相信,通过动用包括当地人在内的数量众多的特工人员,可以达致某种"巨网理论"(big-net theory)的效果:网编织得越大,就越有可能捕捉到有用的信息。此外,希特勒对英国的对外秘密情报机构——军情六处——深感恐惧,他希望有一个庞大的情报人员网络能与之抗衡。

在拉美这样一个有着多种族群聚居的地区,纳粹对"种族纯洁性"的执念已不复存在,特别是当其清楚意识到战争不会在短时间内结束之后。种族混合的问题被无视。"V人"和线人都不一定是纳粹,但他们都忠于德国,有的还是无偿工作——卡纳里斯认为从事间谍活动是出于对祖国的忠诚。这个间谍圈的供款人,一般是外交官,常常无法在适当的时候筹措到足够的经费来维持组织运转。于是一些非法的手段会被使用以便获取现金,譬如药物交易以及祖母绿和工业钻石等宝石走私。黑市货物极容易隐藏,会在被称为"狼"的同伙协助下远贩欧洲,这些"狼"都在西班牙和葡萄牙船上当船员。

"阿博韦尔"与"帝国保安部"可怕的盖世太保特工之间在德国激烈且危险的竞赛,并没有像其在旧世界那样影响到新世界的间谍活动。在柏林,"帝国保安部"以及纳粹党和党卫军的情报机构保存着关于居民的卡片档案,他们使用敲诈、勒索和酷刑来获取资讯和维持忠诚。其工作人员还利用"阿博韦尔"的档案来展开地盘之争,这同时也是出于意识形态纯洁性的考虑。"阿博韦尔"的主管卡纳里斯从未加入过纳粹党。

卡纳里斯认为他能确保"阿博韦尔"免受"帝国保安部"首脑莱因哈特·海德里希的破坏。在帝国海军服役时期,海德里希曾作为下级军官与卡纳里斯共过事，之后在1931年因"行为与军官和绅士的身份不相称"而被解职。海德里希与卡纳里斯两人不仅是老相识，他们两家在柏林还是邻居。尽管他们在履职期间进行着无声的角力，两对夫妇有时还是会互相串门、共进晚餐——一般是卡纳里斯下厨——并一起演奏室内乐。某些报道推测卡纳里斯知晓海德里希的一个秘密：他的祖上是犹太人。

卡纳里斯决心要绕开"帝国保安部"，把"阿博韦尔"从那些最残暴的纳粹式手段中隔开，他希望自己掌管的机构能扩大，成为一个保持独立思想和行动的组织，并成为未来德国的重要组成部分。与其他地方一样，在拉美，卡纳里斯要求其手下规避那些涉及暴行的外部指令。

巡查酒精

巴西的"玻利瓦尔行动"最终因为一群草根无线电专家和爱好者的秘密活动而陷入瘫痪，这群人由一位谦逊的中年男子领导，他从少年时代起便开始接触无线电了。1908年，在缅因州的一个小岛上，年仅14岁的乔治·斯特林（George Sterling）就迷上了无线电。斯特林曾在墨西哥边境投身于潘兴将军，之后在一战中的法国，他又来到潘兴麾下，组建并掌管陆军通信兵（Signal Corps）的第一个无线电情报部门，他会找到敌方的无线电发射器并截获他们的信息。再度回归平民生活后，斯特林又在黑社会的边缘为政府效力，他会定位那些携带隐形发射器的赛马贩子，他们试图在赢家即将出现时下注来打败庄家。

斯特林后来写道，他在禁酒令期间为之后的搜捕纳粹间谍积累了其所说的"良好的目标训练"，他帮助抓捕那些利用秘密站点与私运违禁酒入境的船只联络的走私商贩。

到了战争将至的1940年，斯特林建立了"联邦通讯委员会无线电情报部"（FCC's Radio Intelligence Division，RID），该部门调集了专业的无线电报务员和业余无线电爱好者。斯特林同意与其英国同行"电信情报局"（Radio Security Service）保持联络并交换信息。对斯特林来说，无线电情报部"最活跃和最关键的谍报舞台"是拉丁美洲。

至1942年，无线电情报部已向10余个国家派出了小组，尽管其成员从当地政府那儿得到的帮助在程度上千差万别——从巴西的乐于施以援手到智利的袖手旁观。不过，早期的无线电情报部站点已配备收录设备和大型方向侦测仪，这种特殊的旋转天线对电离层反射的短波信号方向十分敏感。伪装成货运大篷车的移动设备，可以在居民区中穿梭或者驶入乡间，它装有一个简单的环形天线，可在几英里内接收到信号的地波部分。由于行动人员有时需要冒险在非常近的距离对无线电发射机进行追踪，于是他们发明了一种称之为"嗅探器"（snifter）的信号强度测量仪，只要一个人在检查一栋房屋时将其放置于手掌中，就可以确定信号来自哪个房间。通过夜以继日的监听，无线电情报部的成员开始辨别出不同间谍在发送信息时的独特"拳法"——专家会告诉你，没有两个特工在发送摩尔斯电码时的敲击和节奏是完全相同的。

1942年3月，无线电情报部成员侦测到敌人在里约的一个站点正根据一本书对其信息进行编码——一种惯常的技术，这本书的名字在一次偶然的未加掩饰的情报传输中被发现：阿克塞尔·蒙特[1]的《圣米歇尔的故事》（The Story of San Michele）。密码分析人员——在没有电脑的情况下——通过指定的页码、行数和字母的替换确认了一条令人不寒

---

1 Axel Munthe（1857—1949），瑞典医生、精神病专家，自传《圣米歇尔的故事》记录其生平和工作。

而栗的讯息：

> 玛丽女王将于欧洲中部时间11点18分乘坐"卡佩罗"号汽船离开累西腓。

这艘传奇客轮已被改装成运兵舰，载运着一万名美国人和加拿大人。其他"玻利瓦尔行动"的无线电发射机里也充斥着这条消息，无线电报务员立即锁定了这些电台的位置。这艘客轮最终改变了航向，而在这场拉美战时最大规模的间谍抓捕行动中，巴西警方共拘捕了两百名间谍和线人。

可即便在战后，当无线电情报部的活动已经公之于众，埃德加·胡佛也没有因此次抓捕或更多行动而给予这些无线电反间谍特工们任何奖赏，他只将功劳归之于联邦调查局。胡佛对联邦通讯委员会主席詹姆斯·劳伦斯·弗莱（James Lawrence Fly）怀恨在心，因为他一直以来都在阻止联邦调查局享有窃听权，另外，与他人分享功劳也不是联邦调查局局长的作风。

越来越多的英美秘密特工抵达了已加入盟国阵营的拉美国家，他们或许在不知情的情况下与纳粹特工和当地线人打着照面，这些线人往往觉得没有什么理由要背叛旧有的联系人和关系网，他们继续为德国搜集情报。在巴西，盟国和轴心国的间谍与反间谍或许会在首都（墨西哥城）历史中心的黑暗建筑里擦身而过，互为敌手却不自知，又或许会从伊帕内玛[1]到科帕卡巴纳[2]，漫步在同样微风习习的海滨。

---

1 Ipanema，位于里约热内卢南部的一个城市，以优美的海滩而闻名。
2 Copacabana，里约热内卢南部的一个地区，以延绵四公里的海滩而出名，是世界上最著名的海滩之一。

美洲的所谓"间谍之王"

讽刺的是,尽管那些帮助U型潜艇和其他轴心国舰船定位盟国船只的间谍造成了巨大的破坏,可唯一因间谍罪在拉美被处决的德国特工始终没有办法让他的无线电台正常工作。特工A-3779,亨茨·奥古斯特·吕宁(Heinz August Lüning)曾经在汉堡的"阿博韦尔"间谍学校接受过制作隐形墨水的训练,然而到了派出地,无论是用柠檬汁、尿液,还是头痛药片,他都没有办法把配方弄对。他本以为加入了间谍行列并前往古巴就躲过了最糟糕的事——被招入希特勒的军队。此时他伪装成一个犹太难民,持洪都拉斯护照。

吕宁身处哈瓦那的时候正巧遇到加勒比之战,对盟军的航运来说,这是一系列巨大的灾难。从1942年2月至11月,在短短10个月的时间里,从南大西洋到加勒比海,德国潜艇共击沉609艘盟军船只——大约是每天两艘,该损失占1939年至1945年盟军商船各类型损失总吨位的17.5%。(德国人的损失:22艘潜艇。)

在加勒比海和大西洋,从南至北,排水量1600吨的纳粹德国"奶牛"潜艇(Milchkühe)可谓无处不在。这种补给潜艇可以确保战斗潜艇在无须返回欧洲基地的情况下,持续猎杀盟军商船。而美国的护航力量——训练有素的人员、合适的飞机与船只以及有效的侦测设备——都还远远没有跟上。

到了1942年的秋天,形势对同盟国来说极为糟糕。纳粹的军队此时占领了北非的大部分地区,并开始对斯大林格勒发起猛攻,而日军则在澳大利亚北部、莫尔兹比港(Port Moresby)以及瓜达尔卡纳尔岛争夺南太平洋的控制权。U型潜艇已在事实上控制了加勒比海,它们击沉的船只中半数是油轮。如果航道安全无法保障,那么美国和英国就无力确保燃料以及其他资源的供应,例如铝土矿、肉类和士兵必不可少的口粮，例如糖和咖啡。

古巴的面积和地理位置使这片岛屿成为对抗U型潜艇的中心。英美两国在此都拥有大批间谍。即便是欧内斯特·海明威都曾经冒失地监视过一个由西班牙共和军流亡者组建的私人反间谍网络。但在近海的损失显然被认为是古巴的纳粹间谍得手的证据。对于无能的吕宁来说，不幸的是，他就是那个被捕的人。

吕宁，代号"鲁曼"（Lumann），因为一封泄露机密的信件被位于百慕大的大英帝国审查站盯上了。这个审查站里有1200名训练有素的工作人员仔细检查来往于欧洲和拉美之间的海空邮件。纳粹德国的一些最机敏的特工都是在百慕大审查站被眼尖的妇女发现的，间谍们通常对此都一无所知，或者直到之后他们的行动由于被英国人和美国人追踪，遭遇了彻底的失败才意识到。

然而所有人都认为吕宁是个极为不胜任的特工。作家格雷厄姆·格林（Graham Greene）当时在军情六处的葡萄牙部工作，负责密切关注西半球的"阿博韦尔"组织，他参与了对吕宁的监控。格林曾提到他用"鲁曼"作为小说《哈瓦那的男人》（*Our Man in Havana*）中詹姆斯·沃尔默德（James Wormald）一角的原型，这个吸尘器推销员实际上是个间谍。

然而吕宁的命运一点儿也不好笑。在对他的审讯中，发现其无线电台根本无法工作，也没有证据显示他曾发送过任何重要情报。他的故事登上了《真探》（*True Detective*）杂志，这本杂志刊登了胡佛在华盛顿的照片。照片中的胡佛看着一张地图，身旁站着古巴的警察局长曼纽尔·贝尼特斯（Manuel Benitez），这个贪图虚荣且自私自利的前移民局官员，卖出了数千份无效的入境许可证给犹太人。吕宁出现在另一些照片里，照片中的他站在一间敞开的监狱门口，两手叉在腰间，像个时装模特似的，仿佛努力想让自己看起来在最好状态。贝尼特斯凭空编造了遍布美洲由吕宁控制的所谓"副代理人",美国特工则称他为"间谍之王"。

所有这一切对"阿博韦尔"来说都再好不过,因为吕宁的被捕转移了对德国间谍网络中更有能力的特工的注意。这次抓捕也令古巴独裁者巴蒂斯塔和他的马屁精贝尼特斯获利颇丰,他们受邀一同前往华盛顿。在摄像师的聚光灯前,埃德加·胡佛分享了抓获美洲"间谍之王"的光荣。吕宁给他的妻儿、双亲以及姨父姨母写了封信,信里说古巴人在监狱中待他很好,"我从来就不喜欢干这份工作",他还抱怨"阿博韦尔"的事前准备"很糟糕,组织也很差劲"。在最后他送上吻别,并告诫称"要昂起你的头颅"。1942年11月25日清晨,亨茨·吕宁被古巴行刑队执行枪决,死前他拒绝蒙上双眼。吕宁的死没有为盟军船只遭受的袭击划上休止符,袭击持续至1944年初,直至能力提升后的反潜战将德国U型潜艇和意大利潜艇赶出了加勒比海。

尾声

在整个战争期间,总计七百名特别情报处特工,包括公开与秘密的联邦调查局探员,持续调查可疑商人和移民社区领袖的线索,并在当地警方的协助下,将他们遣返欧洲和日本,或是引渡至为关押"外敌"而设立的美国集中营。战时身在拉美的外交官往往对当地劳工、学生发起的和平抗议运动或是其他旨在争取民主的公民运动持开放态度,但胡佛对此却满腹狐疑,作为一个本能的反共分子,他下令监视这些组织,并派人渗透进他们的集会中,尤其是在1943年后,当纳粹间谍活动的"威胁"似乎已得到遏制时。联邦调查局探员会训练秘密警察,并与当地警方和调查机构建立联系。几十年后,美国外交官和秘密人员依然与这些机构维持着联系，借以铲除不受欢迎的拉美政府和左派势力。战略情报局——很快将成为中情局——则继续在该地区建立情报机关。

尽管有些风吹草动，"玻利瓦尔行动"还是延续到了1942年以后，这也验证了卡纳里斯从一开始就坚持的方法：通过大量以小组为单位的特工编织成一张大网，在行动中都相互独立，这样整个网络便不太可能因一条或两条线路的暴露而无法运转。留在巴西的德国特工谨小慎微、夹紧尾巴，他们不再会像往常一样前往里约的"同情咖啡馆"（Sympathy Café）喝奶咖（cortados）随意碰面，也无法再从德国大使馆领取经费。自1942年6月巴西对德宣战后，德国大使馆便宣告关闭。

但信息依然通过布宜诺斯艾利斯在持续流动，党卫军上校约翰内斯·齐格弗里德·贝克，这位天才的"帝国保安部"间谍曾将"阿尔弗雷多"的行动小组拓展成一流的间谍机关。当巴西取缔德国间谍时，他正在欧洲，此时他回到了阿根廷，当地的德国大使馆依然开放。反法西斯的阿根廷人向当局汇报了可疑行动，但他们的努力收效甚微。

"我们所有的家人和朋友都发自内心地同情盟军和苏联，渴望他们打败轴心国，我们会为红军的胜利而欢呼。"埃内斯托·格瓦拉·林奇（Ernesto Guevara Lynch）在回忆录中写道。在20世纪40年代初，格瓦拉·林奇拥有一个种植巴拉圭茶（yerba mate）的种植园——巴拉圭茶是一种极为流行的阿根廷热饮——他也与其他反法西斯的年轻人们联合起来，监视被安置在布宜诺斯艾利斯以北四百英里科尔多瓦（Cordoba）的"格拉夫·斯佩海军上将"号船员，他们看到船员们拿着仿真步枪进行军事演习。

他们向"阿根廷行动"（Acción Argentina）递交了一份有关德国人以及其他可疑目击事件的报告——包括满载武器的卡车，一家装有无线电发射器的旅馆，等等。"阿根廷行动"是一个全国性的组织，旨在促使阿根廷加入盟国一方参战。但该组织在1943年被取缔了，也使这些民间谍报失去了意义。埃内斯托·格瓦拉·林奇作为游击队领袖埃内斯托·切·格瓦拉（Ernesto "Che" Guevara）的父亲，成了历史的一部分。切·格瓦拉的父亲写道，当切还是个孩子的时候，这位未来的革命偶像"总是请求我让他也一道帮忙"参与谍报活动。

反纳粹的阿根廷议员也力图通过提交报告清除间谍，他们的努力换来了一些拘捕行动。但绝大部分旧有的间谍网络始终安然无恙。阿根廷政府，正如格瓦拉·林奇所说："毫不掩饰对希特勒和墨索里尼的支持。"

战后，埃德加·胡佛继续同"内部的敌人"作战：美国国内的共产主义者、民权倡导者以及反战示威者。1947年，多诺万的战略情报局改为中央情报局，这个情报机关的任务便是要覆盖世界上的所有其他地区，包括拉丁美洲。

面对胡佛，威廉·多诺万在这场国际间谍大战中获取了更大的胜利，然而在领导战后情报机关的个人竞争中，他却败下阵来。如何操控华盛顿和普罗大众，是"野蛮比尔"搞不明白，但胡佛却了如指掌的。"多诺万知道我们所知道的一切，却唯独不知道我们所知道的有关他的一切。"一位不愿具名的联邦调查局消息人士曾在1941年末这样告诉《科利尔杂志》[1]的专栏作者。多诺万对罗斯福的申诉并不起作用。"没有哪个总统敢招惹埃德加·胡佛，"多诺万对一名战略情报局的同事说，"更不用说国会议员了，他们一见他都吓得满

---

[1] Colliers magazine，美国杂志，由彼得·科利尔创立于1888年，内容涵盖小说、新闻调查、漫画等，20世纪50年代停刊。

脸通红。"

1944年末，多诺万有关设立新的全球情报机构的"绝密"计划被透露给了一位记者，而他是埃德加·胡佛的密友。之后报纸的头条便警告称会出现一个"超级盖世太保机关"，于是该计划被搁置。艾伦·杜勒斯（Allen Dulles），多诺万在伯尔尼（Berne）的前任战略情报局局长，成为中情局的局长。埃德加·胡佛则一直统领着联邦调查局，直到他在1972年去世，享年77岁。

传奇的德国"间谍大师"卡纳里斯没能在战争中幸存下来。自从他目睹一战末期其挚爱的帝国海军官兵在马克思主义者的鼓动下发动起义，并制造了巨大混乱，卡纳里斯便和胡佛一样，成了一个彻底的反共主义者。长久以来他都相信希特勒，譬如在1934年至1935年间，他们之间进行过17次私人会晤。卡纳里斯可以孤身一人有效完成秘密谍报任务——从1935年至1939年，甚至连英国海军部都无法知晓他的踪迹。在西班牙，他乔装改貌，死里逃生；在日本，他不顾《凡尔赛和约》的禁令，在大阪展开秘密项目，为德国制造潜艇。他对祖国的忠诚是无可置疑的。

但当卡纳里斯听闻在1939年德军入侵波兰期间，武装党卫队（Waffen-SS）——纳粹党的武装派别——在没有任何军事理由的情况下焚毁村庄，杀害知识分子、犹太人、牧师以及贵族成员和政治领袖时，他惊呆了。他去前线亲眼验证这些传言，并在归途中要求停止此类屠杀。然而总参谋长威廉·凯特尔（Wilhelm Keitel）将军直截了当地要他返回"阿博韦尔"。"总有一天世界会意识到德国国防军（Wehrmacht）要为这些行为负责。"卡纳里斯警告道。

威廉·卡纳里斯是一个见多识广、博览群书的人，他能冷静评估各个交战国的实力，即便是在德国国防军正势不可挡的时候。他始终认为与英国开战是个错误。也许是回忆起了他早年在"德累斯顿"号的甲板上目睹年轻的美国舰队于纽约港展示其色彩和活力的经历，他同样凭直觉感到与美国开战也是错误的。卡纳里斯希望他的祖国及其对手在战争结束后都能完好无损。他秘密而徒劳地，利用各种方式和英国人接触，希望能搭建一条外交途径来为双方服务，并避免他的国家走向毁灭。

当罗斯福和丘吉尔于1943年在卡萨布兰卡举行会晤，并宣布他们只接受轴心国"无条件投降"时，卡纳里斯对谈判彻底失去了希望。他对一个朋友说："我相信现在对方已经解除了我们最后一件可以用来终结战争的武器。"没有哪个德军将领会接受"无条件"的战败。戈培尔在卡萨布兰卡会议后利用媒体和广播不断煽动民众，他称无条件投降后的状况将十分可怕。

"学历史的学生大概不用像上次战争后那样为思考谁该为发动战争负责而绞尽脑汁了。"卡纳里斯说，"不过假使我们觉得延长战争是有罪的，那情况便有所不同。"

包括卡纳里斯在内的一批德国爱国军官都认为，希特勒施行的恐怖政策，对犹太人的大屠杀，以及对秘密警察国家的支持，已然超过了其领导众人作为抵抗布尔什维克主义堡垒的作用。卡纳里斯参与了合谋暗杀元首，这是一次试图从纳粹手中夺取武装力量的控制权并与盟国达成和平协议的绝望尝试。

1944年7月20日，希特勒在其"狼穴"中躲过了暗杀他的炸弹袭击。三天后，卡纳里斯在柏林被捕，并被押往巴伐利亚弗洛森堡（Flossenberg）的集中营。他在那里被连续审讯了数月，当他不给予答复，或被发现他的回答只是精心编织的计策，不涉及任何人，且导向一条死胡同，他就被残酷折磨。

1945年4月8日，卡纳里斯用密码向关押在隔壁牢房的前丹麦情报局长发送讯息："粗暴的虐待，我的鼻子在最后一次审讯中被打断了。

我的时间到了。我不是叛徒。我尽到了作为德国人的职责。如果你能生还，请一定将这些告诉我的妻子。"翌日，与其他四名参与暗杀的同谋一起，包括神学家迪特里希·朋霍费尔[1]，卡纳里斯被剥光衣服后吊死。两周后，美军将该集中营解放。

---

[1] Dietrich Bonhoeffer（1906—1945），德国著名神学家，因参与刺杀希特勒的密谋活动，于1945年德国投降前夕被纳粹处死，他的学说对二战后的基督教神学乃至整个西方世界都产生了广泛影响。

第四部　战士

第十一章　大西洋之战：南方海域

一艘狭长、低矮、布满了炮塔和天线的灰色装甲舰（Panzerschiff）于1939年9月驶离了巴西海岸，隐藏在浩瀚的大西洋中，等待着命令。作为德国海军三艘德意志级装甲巡洋舰（Kriegsmarine Deutschland–class cruiser）中的一艘，这艘装甲舰载有1000多名船员，排水量10600吨，远远超过了《凡尔赛条约》对德国军舰的吨位限制。当英国人研究这项"巡洋舰"计划的时候，他们断定它们根本不是什么巡洋舰，还为这些船起了一个令其广为人知的绰号"袖珍战列舰"（pocket battleship）。

这些新式的强大战舰会令其他国家的战争策划者们大吃一惊：它们的接缝均采用焊接，而非用铆钉封住；在建造过程中使用了更多的铝材，令其变得更轻；它们不使用传统的汽轮机，而是由54000马力的柴油发动机提供动力，使其可以在无须加油的情况下航行10000英里。

舰长汉斯·威廉·兰斯多夫（Hans Wilhelm Langsdorff）知道他指挥的是一艘特殊的船。为了弥补一战条约对德国海军的限制，每艘装甲舰都集合了多种船只的功能。它们在速度上足以和最强大的战舰匹敌，而在火力上则超过了绝大多数海上舰只。兰斯多夫曾一度考虑成为一名牧师，但他十分向往航海，以至于和卡纳里斯一样，违抗了自己父亲的期许，成为德意志帝国海军的学员。四十五岁时，他已成为德国海军最为宝贵的舰艇之一的舰长了。

兰斯多夫指定的行动区域是赤道以南。他的任务是追击敌方商船或为敌人运输货物的货船，尤其是向英国运送货物的船只，因为英国的存续严重依赖于海上进口。他需要夺占这些商船，将其作为战利品或摧毁它们，但不要与悬挂任何旗帜的战舰交战。9月1日，希特勒入侵波兰，在接下来的几周里，兰斯多夫接到了展开任务的指令。二战中袖珍战列舰在南美海域的第一个猎物是英国不定期货轮"克莱门特"号（Clement）。

"船头左舷发现船只！"9月30日清晨，"克莱门特"号的瞭望员呼叫道。对于"克莱门特"号的三副，在驶离巴西东北海岸，前往巴伊亚的航程中，脑海中最不会想到的东西便是碰上一艘战舰。但当他透过玻璃，看见一艘船正向他们高速直冲过来，海水在它的船头两侧跳跃。他用通话管通知了下方的船长："船长，是艘战舰！"

当船上的人员还无法确定来船的身份时，他们认为这一定是皇家海军的轻巡洋舰"阿贾克斯"号（Ajax），它被获知正在南方海域航行，于是船长回到下面，穿了一件夹克，以备迎接客人。可当他再度来到船顶时，一架从来船甲板上起飞的水上飞机迎面而来，对"克莱门特"号展开机枪扫射。一些人看见了机翼上的标记，"天啊，这是德国佬！"

"克莱门特"号的无线电报务员开始发送"RRR"信号，意思是"我们正在遭遇敌机攻击"，但正在发起攻击的舰只上传来一则英文信号："停船。停止发送无线电报。"在"克莱门特"号的船长刚刚把船上的机密文件塞进一个加重袋，将其丢入大海，又下令开出救生艇后不久，一艘接舷船（piquet boat）抵达了，并要求他立即离船。

除了向"克莱门特"号开火，德国人的表现很有风度。兰斯多夫把船长和大副安置在一艘经过的希腊船上，又用无线电广播发布一则消息,请求其他船只"救助"剩下的船员,并且提供了那些此前被"克莱门特"号船长下令放出的救生艇的位置。两天之后,所有人都安全了。"克莱门特"号的船员向英国海军部做了报告,对终结了他们航程的这艘船给出了五花八门的描述,但所有人都表示它没有标记,尽管有些人发现在接舷船上漆有"舍尔海军上将"号(Admiral Sheer)的名字。于是英国海军部放出话来:袖珍战列舰"舍尔海军上将"号,希特勒的秘密武器,正在南美的大西洋沿岸游弋。

可兰斯多夫的诡计不止一个。他不仅令"克莱门特"号措手不及,在一场典范式的行动中将其击沉且没有造成人员伤亡,还通过把他姊妹舰的名称印在接舷船上,散布了有关船名的假消息,借以迷惑英国人。很快,英国海军部及其盟友便相信,在该海域存在着两艘令人生畏的德国装甲舰,因为就在不到一周之后的10月5日,当兰斯多夫攻击下一个猎物时,他亮出了战舰的真正名字:"格拉夫·斯佩海军上将"号。

"格拉夫·斯佩海军上将"号碰见英国货船"牛顿海滩"号(Newton Beech)的时候,"牛顿海滩"号的船长刚刚丢弃了船上的文件,并把身上穿的睡衣换了,他觉得接下来无论发生什么事,都最好穿着制服。

兰斯多夫把"牛顿海滩"号的船员押解到战舰上,并颇为礼貌地接待了俘虏,之后安排他们到干净的住处去,在那里他们可以同德国船员一样享用同一个食堂做出的伙食。他在船长室与其进行了面谈。兰斯多夫深知战时规则要求给予俘虏体面的待遇,而且,据大家所说,他本人也是个和蔼可亲、天生有风度的绅士,他捕获的俘虏中没有一个会对他有所抱怨——舰上的俘虏之后有很多。两天之后,另一艘英国船——这次是一艘运糖船——在极短的时间内就被"格拉夫·斯佩海军上将"号击沉了,以至于该船船长因为担心文件会被再度捞起,没有把它们放入加重袋,而是跑到下面,将它们直接投入火炉中。兰斯多夫的船正变得愈来愈拥挤了。

在接下来的六周里,"格拉夫·斯佩海军上将"号又击沉了六艘船。有时它悬挂自己的旗帜航行,有时它会挂兰斯多夫带来的法国国旗,这样做是为了便于偷偷靠近那些对盟国友好的船只。有一次,兰斯多夫绕过非洲之角(Horn of Africa),在马达加斯加岛以南袭击了油轮"非洲贝"号(Africa Shell)。惊慌失措的白厅(Whitehall)认为英国海军在与德国装甲舰的斗争中正面临着另一条战线,不仅是大西洋,还延伸至印度洋。二十五艘英、法战舰组成的九支特遣编队已经展开了猎杀行动,这可能是截至当时规模最大的海面搜索。英国人还将他们部署在其他区域的力量抽调出来,以投入到找寻"格拉夫·斯佩海军上将"号,以及他们认为也在此地的"舍尔海军上将"号的行动中去。

"非洲贝"号的船长加入了其他俘虏的行列,而兰斯多夫则确保其余船员都坐上小船,向两英里之外的海岸划去。兰斯多夫将油轮中的油全部抽干,并将船只摧毁,之后他兼程回返大西洋,以便拦截更多的船只。他很好地利用了装甲舰的速度,以舰船大小来说,其速度可谓令人印象深刻——最高航速27节,即大约每小时航行32英里。他还利用了舰上的非凡发明:一种早期版本的雷达,它使舰长能够发现地平线以外,即便是用最好的玻璃双筒望远镜,在肉眼之下都无法观测到的船只。

兰斯多夫在十二周之内一共消灭了总吨位五万余吨,共九艘货船,并且没有对己方船员和对手造成任何伤亡。直到那个决定命运的清晨,一切都改变了,"格拉夫·斯佩海军上将"号遭遇了三艘英国战舰:重巡洋舰"埃克塞特"号(HMS Exeter)、轻巡洋舰"亚几里斯"号(HMNZS Achilles)——船员主要是新西兰人,也包括了一些毛利人——和"阿贾克斯"号。

指挥英国海军南美分舰队的海军准将亨利·哈伍德（Henry Harwood）是"阿贾克斯"号的舰长，并领导着这支由三艘舰船组成的舰队，他已经追踪那艘掠夺者两个月了。根据某一次"格拉夫·斯佩海军上将"号发起攻击的日期、时间和地点，以及哈伍德本人对南美海域航线的知识，这位准将出色地计算出了德国战舰下一次现身的大概时间和位置：1939年12月13日，拉普拉塔河巨大河口的外海，这条河流在乌拉圭和阿根廷之间流入南大西洋。

"不分昼夜，对进入视野的目标发起攻击！"他下令道。

在哈伍德所预测那一天的清晨六点零四，一轮雷鸣般的凌空爆炸宣告了二战中第一场海战——拉普拉塔河之战的开始。为何兰斯多夫不顾避免战斗的指令与英军交战，至今无法得到解释——他本可以在英军舰船发现他之前就用远视雷达探测到他们，以便有时间折返和逃离。此时"亚几里斯"号和旗舰"阿贾克斯"号在一侧尾随"格拉夫·斯佩海军上将"号，"埃克塞特"号则攻击另一侧。

兰斯多夫拥有更强大的火力，然而，当他转头去炮击较小的巡洋舰时，他丧失了时间和有利位置。他本可以集中全力将"埃克塞特"号彻底击溃，再去对付别的船。在他施放烟幕弹后，"亚几里斯"号和"阿贾克斯"号利用此时的模糊视野取得优势，不断接近"格拉夫·斯佩海军上将"号。

在第一轮炮击后，一名德国军官下到关押战俘的船舱查看情况。"先生们，我今天恐怕得让你们自便了。"他说。随后他关上舱门，并在外面把它闸上。炮塔在囚犯们头顶上发出无法忍受的轰鸣。在接下来的几个钟头里，他们陷入一种情感上的两难窘境，既希望德国人战败，又担心一次大火力的轰击就会把他们送入海底。

"埃克塞特"号上有61人丧生——比其他任何船都多。当一发爆炸了的炮弹给"格拉夫·斯佩海军上将"号上的囚犯们打出了一个窥视孔后，他们向外张望，看见人们正在向甲板上德国水兵的尸体泼洒消毒液。

兰斯多夫因飞来的木头碎片，脸上受了点轻伤，可他却看到周围到处是阵亡船员的尸体。舰船上的海水淡化设备已经被毁，保障其返回德国所需汽油的精炼原油设备也严重受损，受伤的船员则需要得到护理以保全其生命，于是他向上游方向的中立港口蒙得维的亚驶去。

哈伍德向其他英国舰船发出指令，要求他们将这艘袖珍战列舰困在河口，但能帮上忙的最近舰只离这里都有两天航程。大船"埃克塞特"号遭到重创，已驶往福克兰群岛进行修理，只剩下"亚几里斯"和"阿贾克斯"号保持就位，密切注视着"格拉夫·斯佩海军上将"号，以防其逃窜。但是，假如"格拉夫·斯佩海军上将"号的船长执意再次突入海洋，谁都不敢保证这两艘轻巡洋舰能够堵住它。

现在开始便进入了真正决定拉普拉塔河之战结局的三天。胜利将属于最擅长运用现代战争辅助工具的一方：宣传、政治操纵和故意散播假消息。英国人放出话来，说有大批的舰船正包围"格拉夫·斯佩海军上将"号，随时准备攻击这艘装甲舰。这个消息并不是真的，但那些飞到现场报道这一重大新闻的英国广播公司和美国的记者却在未经证实的情况下反复传播这一假"新闻"。兰斯多夫想亲自验证一番，但他船上的飞机已经出故障了，而且没有人愿意借他一架飞机——乌拉圭是个"中立国"，但立场偏向英国。由于蒙得维的亚的好市民们不愿提供帮助，德国驻布宜诺斯艾利斯的海军武官迪特里希·尼布尔飞往当地安排救援和舰船维修的事宜。

为了让"格拉夫·斯佩海军上将"号在码头内的逗留时间尽可能长，英国驻乌拉圭大使尤金·米林顿-德拉克（Eugen Millington-Drake）巧妙地利用了国际法中的一项规定，即任何军舰不得在商船出航后的二十四小时内驶离某一中立港口。米林顿-德拉克召集在蒙得维的亚的英国商船船长进行紧急会议，安排他们的船每天出航一次，有效阻止了兰斯多夫率舰离开。到了第三天，逾两万名围观者——戴帽子打领带的男人，穿着漂亮衣服的女人——聚集在蒙得维的亚的长码头，期盼能目睹首次射击。全世界有数百万人都读到了有关这场对峙的报道，还有数百万人通过收音机关注着这出戏码，这是第一次有战争事件被通过无线电向全世界广播。来自伦敦的消息称英国国王授予哈伍德爵位。

在蒙得维的亚的岸上，汉斯·兰斯多夫带领着当地要人、官员以及士兵组成的队伍，埋葬了37名战死的德国船员。"格拉夫·斯佩海军上将"号一靠岸，兰斯多夫所带的英国囚犯们就悉数被释放了，但为了向袖珍战列舰的舰长表示敬意，他们也加入到了送葬的队伍中。兰斯多夫在每个棺材上都撒了一抔土。

12月18日的下午晚些时候，兰斯多夫命令"格拉夫·斯佩海军上将"号前往远离河流主航道的一处枝杈水道，在官员和两艘阿根廷拖船的陪同下，他亲自监督摆放炸毁该舰的炸药，到了日落时分，它们就将被引爆。兰斯多夫打算和战舰同归于尽，但被部下军官劝阻了。"格拉夫·斯佩海军上将"号，这艘以德意志帝国海军的传奇人物，曾在一战中的科罗内尔角海战[1]（Battle of Coronel）击败英国人的英雄格拉夫·斯佩命名的战舰，化为一团巨大的火球，在燃烧了整整两天后沉没。

超过一千名德国船员越过拉普拉塔河进入阿根廷，他们在那里被拘留。12月20日，在确定手下的人都得到妥善安置后，兰斯多夫爬上位于布宜诺斯艾利斯市中心一角海军中心的阶梯，这座古老建筑的正面有白色的立柱，外观纯洁而优雅。在其住所内，兰斯多夫在地板上摊开"格拉夫·斯佩海军上将"号的战旗——这不是一面带有纳粹卍

---

[1] 1914年11月1日，英德两国海军在智利科罗内尔海角爆发一场海战，以德国斯佩分舰队击沉两艘英国巡洋舰告终。

字符的旗帜，而是一面能让人联想到德意志帝国海军的旗帜。他穿上全套制服，躺在旗上，用一把灰色的毛瑟手枪朝自己脑袋开了一枪。

汉斯·兰斯多夫被安葬于布宜诺斯艾利斯城市边缘的德国墓园。他的墓被放置在一排漂亮但朴素的墓碑的正中央，这些都是"格拉夫·斯佩海军上将"号官兵的墓，它们周围的地面保持着清洁和整齐。当我在2017年的一个下午到那里时，包括兰斯多夫之墓在内的一些墓上摆着刚刚剪下来的鲜花。在他们隔壁，英国墓园的榆树下，一面长长的黑色大理石墙上镌刻着861名在第一次和第二次世界大战中身亡的英籍阿根廷人的名字。雷科莱塔公墓（Recoleta Cemetery）附近的一名档案保管员告诉我，他确信长街上所有的墓园曾经都是连通的，一个连着另一个，然而在战争期间，隔墙在墓园之间竖立了起来。

2011年，我去过蒙得维的亚的公墓，在那里"格拉夫·斯佩海军上将"号阵亡官兵的墓地被埋在简易的金属十字架下。我曾感到很疑惑，是什么原因让兰斯多夫决定要炸毁他的船并了结自己的生命呢？原来乌拉圭当时在英国人的压力下，也为了要确保自己"中立国"的地位，最终命令"格拉夫·斯佩海军上将"号离开港口。按照国际法，德国舰长没有别的选择。

也许兰斯多夫真的相信，一旦他冲入大海，一支舰队正等着向"格拉夫·斯佩海军上将"号发起攻击，而那样的话，更多的人便将失去生命。他也不可能把船完好无损地留在原地，否则它必然会落到英国人手里。在船员葬礼的照片中，德国水兵、军官，甚至还有一位神父都伸直了手臂，行纳粹礼，向死者做最后的告别，唯独身穿白色制服的兰斯多夫没有这么做，他行了海军礼。难道说他没有想过再回到德国去吗？难道他的荣誉就此被玷污了吗？他会担心遭到元首的惩处吗？又或者他为如此惨重的人员伤亡感到震惊了吗？在墓地中，我注意到了那些逝者的年龄：十七岁、十八岁、十九岁。

拉普拉塔河之战揭开了大西洋海战的序幕，这场二战中进行时间最长的军事战役，从1939年一直持续到了1945年。"格拉夫·斯佩海军上将"号、"埃克塞特"号和"阿贾克斯"号将成为海军史上不断发出回响的名字，然而，以下两艘被人遗忘的船只——自由轮"理查德·卡斯威尔"号（Richard Caswell）和德国潜艇U-513，其遭遇则更像是那些年大多数来往于南美洲海域的人所经历到的碰撞。它们都是那类会定期沿着各处海岸游弋的船只——运载着对战争至关重要的部队和贸易物资的轮船，以及追击上述船只的攻击型潜艇。它们会从各自的母港驶出，航行数周，在此期间都按照它们典型的方式进行航程，直至在巴西海岸附近的致命遭遇。

1943年6月，"理查德·卡斯威尔"号驶离北卡罗来纳州的威尔明顿港（Wilmington），烈日当头，船员们把手背在身后，悠闲地站在船尾甲板上。这艘船将沿着开普菲尔河[1]一路驶向大海，海鸥的尖叫声已然盖过了"华盛顿邮报进行曲"[2]的勇敢旋律。童子军们站在码头边，在光滑的额前挥出手臂，向"理查德·卡斯威尔"号行礼，直至这艘船消失在视野中。站立于舰桥上的所罗门·萨格斯船长（Solomon Suggs）或许会感到讶异，尽管战争已经持续了一年半，小镇的很多居民还是会跑出来看奔赴战场的轮船。

类似"理查德·卡斯威尔"号——以一位独立战争时期的英雄命名——这样的自由轮得到快速生产，它们被设计成可进行高强度拖运且使用寿命较短的船只——仅仅五年。它们守卫着一条命运攸关的防线，以抗击希特勒意图扼杀英国生灵的战略企图。这些船将食物带至

---

[1] Cape Fear River，美国北卡罗来纳州中部和东南部河流，向南注入大西洋。
[2] The Washington Post March，由美国作曲家苏萨创作于1889年，同年6月由美国海军陆战队军乐队首演。

英伦三岛，同时也将补给品运回美国。自由轮上配备的是美国商船队（U.S. Merchant Marines）的人员（他们一般是平民或工会成员），这些船不仅运送食物，还运送木材、橡胶等原材料，以及战时所需的稀有金属，例如钨和镁。他们还运送军队，这是最重要的人力资源。商船与轰炸机一样，对于投入战事来说都是十分基本的，同时也是德国U型潜艇的目标清单上最重要的船只。纳粹的战争策划者估计，只要每个月能摧毁150艘商船便能将英国击败。1942年，轴心国共击沉船只1661艘，其中商船占绝大多数，有1151艘。

这正是美国造船厂以前所未见的速度生产自由轮的原因，有时每艘船完工仅用时41天，而最快的纪录则是每四天又十五个半小时便有一艘船自加州的里士满（Richmond）开出。德国船员对于他们潜艇建造的全过程，从铺设龙骨到安装最后的电灯开关都会全程在场把关。与德国人不同，美国商船队员接收到的新船都是由一批船舶建造的新手、黑人乃至妇女建成下水的。成千上万的"铆工罗茜"（Rosie the Riveter）和"焊工旺达"（Wanda the Welder）们在莫比尔[1]、波特兰、新奥尔良、萨凡纳[2]、索萨利托[3]和其他十几处地点昼夜不停地工作。钢铁巨头亨利·凯泽[4]借用亨利·福特的流水线生产方法监管着六家企业的自由轮建造工作。

威尔明顿港已离开"理查德·卡斯威尔"号的视野。"大副，命令你的人解散吧。"萨格斯说道。

船员之间都打破了层级关系，他们中有些人直到战争爆发时都

---

[1] Mobile，位于美国亚拉巴马州莫比尔湾西北沿岸的港口城市。
[2] Savannah，位于萨凡纳河口，美国佐治亚州大西洋沿岸港口城市。
[3] Sausalito，位于旧金山湾区，二战期间其西北角是重要的海军造船厂。
[4] Henry Kaiser（1882—1967），美国实业家、亿万富翁，凯泽铝业公司、凯泽钢铁公司、凯泽水泥和灰泥板等100多家公司的创始人。

未曾离开过自己的家乡。那些行动最迟缓的是所谓"黑人帮"（Black Gang），这群人都知晓下面那间又大又吵的轮机室比甲板上面还要热。在船只以燃煤为动力的时期，他们以"黑人帮"的名字始终经受着考验：需要整天在碳尘中度日，既当工程师，又当加油工、消防员和雨刷工，日夜看管着活塞、阀门、主发动机和辅机设备。"黑人帮"成员汤米·派克（Tommy Pike）和本杰明·格劳特曼（Benjamin Groutman）已向下前往自己的岗位。

船上有十四名美国海军人员在各自独立的指挥下保护船员和货物免遭攻击，此时他们也都散开了，一些人去船头的两具火炮前就位，另一些人则前往船尾火炮就位。

直到此时，当公海的第一波海浪打到船头的那一刻，萨格斯船长方才转身，爬上狭窄的金属楼梯，进入驾驶室。在"理查德·卡斯威尔"号起锚前，一名美国海军官员曾登船并交给萨格斯一封装有船只指令的信件。出于安全上的考虑，萨格斯把打开信封的时间推迟到了船只出航以后。不过对萨格斯来说等待也是出于礼节——他是从其母校，位于纽约大颈镇（Great Neck）的美国商船学院（U.S. Merchant Marine Academy）学到这些的。

萨格斯抽出一张奶油色、如纸巾一般轻的信纸，仔细地阅读着，之后闭上了他的眼睛。四十岁不到，长着一张微微晒黑的脸庞，萨格斯觉得自己的嘴角扬起了一丝微笑。他的船不会加入任何一支驶往英国的越洋商船队中，现在这样的商船队规模有时可以达到一百余艘，但它们依然会成为U型潜艇"狼群"的猎物，潜艇会很有技巧地截住落单的船只。他不觉皱起了眉头，至少北大西洋上的商船队还能获得周围护航船只的松散保护，而"理查德·卡斯威尔"号却只能独自驶向南大西洋。

从驾驶室的窗户向外望，所罗门·萨格斯看到蓝灰色的云从南面滚滚而来。现在是南半球的冬季，而非他的家乡佛罗里达州布拉福德（Bradford）那种潮湿的夏天。舵手的双眼专注地望着前方，但他或许也听到一声喘息，表明沉重的责任正落在他们船长的肩头。

"我们起航，"萨格斯命令道，"向南前往阿根廷。"

在距离"理查德·卡斯威尔"号2000英里的地方，U-513已经离开其舰队司令部（位于纳粹占领下的法国沿海）13天了，它一直在中大西洋巡航。这艘U型潜艇有三辆货车那么长，却只有一辆货车那么宽，使用柴油发动机，其水面航速最高可达18节，即每小时大约21英里。它低调的外形为其提供了面对敌船的保护，它已有惊无险地穿越了亚速尔群岛，在晴朗的天空下驶向巴西海岸。

U-513的出航近乎一个奇迹。在从上一次巡航中返回时，它在位于洛里昂[1]比斯开湾[2]的港口入口处遇到了另外一艘U型潜艇。U-513的艇长慷慨地允许另一位艇长先行靠岸，一支仪仗队和一支军乐队已经在码头上准备迎接U型潜艇返航了，而此时扫雷艇也刚好结束了其作业。然而他们还是漏掉了一颗，第一艘潜艇撞上了水雷，船尾的控制室被炸出一个大洞，并迅速下沉。吓坏了的U-513船员立即展开救援，但另一艘潜艇上的53名船员只有11人获救。

在港口时，U-513的轮机员罹患神经性休克，双腿瘫痪，不得不被替换。而艇长，一个已经指挥U-513完成过三次巡航任务的老兵也离开了潜艇，他的位置被一个更加年轻的人——弗雷德里希·古根贝格[3]上尉取代。六周之后，U-513再度来到海上。

---

1 Lorient，法国西北部港口城市，二战期间德国在此处建有潜艇基地。
2 Bay of Biscay，北大西洋东部海湾，介于法国西海岸与西班牙北海岸之间，略呈三角形。
3 Friedrich Guggenberger（1915—1988），德国U型潜艇王牌艇长，1941年获颁骑士铁十字勋章。

二十九岁的古根贝格站在上层甲板上,他身材修长,正举着他的蔡司双筒望远镜扫视着海面的动静。他看到的只有一片宽广的蓝绿色海域,在泛着泡沫的浪花下跃动。他上一次位于地中海的猎杀海域要比这里更加蓝,也更加危险和刺激。U-513已远远驶过了中大西洋的无人岛阿松森岛(Ascension),除了发现一艘有两条烟囱,但在加那利群岛(Canary Islands)以南跟丢了的汽船,U-513没有发现任何猎物。在地中海,不仅有更多的敌船在更小的水域里缓缓移动,而且在那里古根贝格还能攻击岸上的目标,正像他大胆地在雅法[1]所做的那样,摧毁燃油储藏罐。

古根贝格纵身跳进船舱,关上舱门,沿着金属梯往下爬。他从最后一级阶梯进入了控制室,在那里站了一会儿,以便让自己淡蓝色的眼睛适应舱里不自然的乳白色光线。在港口时,新鲜的水果和蔬菜会被打包并塞进潜艇的每个角落里,此时它们正在快速变熟。艇内的食物散发出一股令人作呕的甜味,这种气味又和柴油发动机的气味,提供给所有船员使用的唯一一间厕所的气味,以及众多不洗澡的男人身上的气味——水在这里是奢侈品——混合在一起。古根贝格脱掉了他湿漉漉的橡胶斗篷,把它交给一名助手,也许他正期待能在室外多待几分钟。

船员们都从其位置上站起来向他敬礼。他们的脸庞看起来都很粗犷,因为刮胡子同样也是件奢侈的事情。当然他们中的有些人几乎没有胡子,到这个时候,德国人已把十五六岁的青少年都拉入了战争。

在亲眼见到古根贝格之前,每位登上潜艇的船员就都知晓这个人了。自战争爆发以来,这位王牌艇长已经摧毁了超过六万吨的敌方船只。而最著名的莫过于他担任U-81艇长时,大胆穿越直布罗陀海峡,

---

[1] Jaffa,位于地中海东岸。

进入地中海，击沉了英军航母"皇家方舟"号（Ark Royal）。

这艘航母一直是德国人最渴望摧毁的舰船。"皇家方舟"号在1939年曾参与英军在拉普拉塔河的封锁行动，"格拉夫·斯佩海军上将"号最终在此沉没。两年之后的1941年5月，它又成为追杀强大的德国战列舰"俾斯麦"号的众多舰船之一。"俾斯麦"号的名字曾让英国水兵心惊胆战，当"俾斯麦"号击沉了强大的战列舰"胡德"号（HMS Hood，作为英国的传奇战舰，"胡德"号曾在世界各地的港口展示旗帜，象征大英帝国的实力），温斯顿·丘吉尔说："我不管你要怎么做，你必须击沉'俾斯麦'号！"

"皇家方舟"号在丹麦海峡发现了"俾斯麦"号，并用鱼雷将其击伤，之后它对"俾斯麦"号穷追不舍，直至其在遭到"皇家方舟"号及其姊妹舰的重击之下沉没。六个月后，古根贝格在直布罗陀用一枚鱼雷精准地击中了"皇家方舟"号的右舷，将其送入海底。此次行动为"俾斯麦"号上丧生的2000名船员报了仇，且正如一位英国编年史家所写的："摧毁了皇家海军在地中海的核心打击力量。"希特勒亲自向古根贝格颁授"铁十字骑士勋章"，这是第三帝国最高级别的军事奖章。

无论是否是民族英雄，这位新艇长强加的规章制度还是激起了U-513船员的牢骚。为了测试人员和设备，反反复复的入水、紧急演习和紧急下潜令船员们都感到疲惫不堪。当古根贝格觉得下潜速度过慢，船员们不得不在前端鱼雷发射管上部的空隙处凿洞，以便增加空气循环，缩短下潜时间。而这节省的额外一点时间很可能就意味着生与死的区别。

二等无线电通信员汉斯·佐弗尔（Hans Zophel）不止一次把身体探出他监控无线电通信和艇外声音的舱室，要求大家保持安静。命令就像掠过湖面的石子一样，在狭长的潜艇里来回穿梭，然而这些都是假警报，目的只是为了让船员们不安，让他们冒汗。

当古根贝格终于躺倒在他的床上——没有枕头，一件衣服被垫在他的靴子下面用来保持床罩清洁——他或许会发出沮丧的声音，如同一个人的活动被浮锚束缚住。也许他会掏出新婚才三个月的妻子的照片，或者是他父亲身着黑色制服、作为德意志帝国海军军官的照片。一战期间，他的父亲在赫尔戈兰海战[1]中丧命于英军之手，就在古根贝格出生的几个月前。

6月21日，就在南半球进入冬季的第一天，古根贝格终于在巴西外海遇到了他梦寐以求的敌人。

瑞典货轮"威尼斯"号（Venezia）刚刚在巴伊亚港口圣地亚哥装载了烟草、咖啡、可可、可可脂以及一桶桶的植物油。在驶往布宜诺斯艾利斯的途中，它会经过殖民时代葡萄牙人修筑的防御工事。斯德哥尔摩向纳粹德国出售铁矿石，允许德军士兵通过其领土，并在其他方面与柏林合作。与此同时，瑞典又和英国分享情报，庇护犹太人。它在战时扮演着双重角色，这是其维持"中立"的方式。

古根贝格下令发射鱼雷，任何不属于意大利或德国的货物，只要其漂浮在大西洋上就有最终落入盟军之手的可能，所以必须将其摧毁。一旦U型潜艇针对中立国船只的行动导致政治风波，这些行为总是可以归咎给意大利人。"威尼斯"号下沉速度非常快，以至于它的无线电报务员都来不及发送求救信号。直到一星期后，幸存的船员抵达陆地，该船的沉没才为人所知。

---

[1] Battle of Heligoland，1914年8月英、德两国海军在北海赫尔戈兰湾展开的首场大规模海战，最终德方三艘轻巡洋舰及一艘雷击舰被击沉，英方则损失轻微，无一舰沉没。该战的失利迫使德国海军放弃了与英国海军进行主力决战的计划。

4天之后，U-513的瞭望员侦察到一艘绝不可能中立的船只——美国油轮"老鹰"号（Eagle）。黑暗之中，U型潜艇低矮而不发光的外形几乎就是隐形的。"老鹰"号的船员都没弄清楚他们被什么东西击中了。不过，他们很快反应了过来，"老鹰"号开始反击，迫使古根贝格下潜。

"警报、警报！"的呼喊声不断重复着。在接下来的12个小时里，U-513不断追赶"老鹰"号。这艘美国油轮很旧，是1917年在旧金山建造的，但它一直设法躲避攻击。直至巴西里约热内卢以北一个叫寒冷角（Cabo Frio）的地方，古根贝格在这里终于让U型潜艇取得上佳位置并施放了两枚鱼雷，重创"老鹰"号。他下令发射了第三发，原本预计是致命一击，但"老鹰"号却突然左满舵，使得鱼雷在距船头15英尺的地方打偏了。

U-513撤离了，但这艘潜艇也找到了自己的节奏，它击沉了"威尼斯"号货轮并重创美国油轮。

6月30日的晚些时候，就在U-513于圣保罗南部海域追击一艘大型汽船时，狂风暴雨骤然降临，像帷幕一样遮盖在两船之间。午夜来了又去，当天空终于放晴的时候，先前的猎物已不见踪影，视线所及只能见到一艘较小的船——巴西商船"图托亚"号（Tutoya）。古根贝格向该船中部发射了一枚鱼雷。"图托亚"号船头首先下沉，船主和六名船员遇难。两天后，古根贝格击沉了满载咖啡、驶往纽约的美国自由轮"以利户·沃什伯恩"号（SS Elihu B. Washburne）——咖啡对于当时的军队来说是与弹药同等重要的物资。在72小时之内，这艘U型潜艇又击沉了两艘船，一艘是英国商船"因科马蒂"号（Incomati），一艘是载运兽皮和皮革前往纽约的美国货轮"非洲之星"号（African Star）。在U-513的航程中，它得到了绰号"奶牛"（Milchkühe）的纳粹补给潜艇提供的支援，这种潜艇的唯一目的就是为战斗中的U型潜艇补充燃油。而此时，古根贝格需要另外的补给：更多的鱼雷。

某天晚上，U-513打算侦察一下里约港口的防御工事，它离海岸如此之近，乃至船员们轮番来到甲板上凝望城市中的灯光。古根贝格发现一艘老式的驱逐舰正在港口的入口处巡逻。他下令进入攻击阵位，并进行了多次机动，然而潜艇始终不能达到正确位置。U-513滑至水下，原地待命。几个小时后，潜艇浮出水面，但令船员们吃惊的是，他们发现自己就在驱逐舰前方仅仅1500码的地方。

"下潜！迅速下潜！下潜！"古根贝格命令道。松散的物体这时都飞了起来，船员则重重地摔在潜艇的铁壁上。当发现没有深水炸弹或鱼雷来袭时，U-513飞速地驶向公海。除了技巧和英勇，弗雷德里希·古根贝格上尉的运气也不差。

他也得益于获取了敌军动向的可靠情报。"玻利瓦尔行动"的成员或许遭遇到了埃德加·胡佛属下人马的压力，但轴心国船只依然是"阿博韦尔"情报机关的接收单位。而U-513上很可能装有一台艾尼格玛机，这种机器也会部署在潜艇上。

为了抵御南半球的寒冬，所罗门·萨格斯裹了一件大衣站在"理查德·卡斯威尔"号的舰桥上。他的船需要载运钨，这种神奇的金属开采自阿根廷北部的高地，正在布宜诺斯艾利斯的港口急切地等待着自由轮的到来。钨的硬度是钛的四倍、钢的两倍，当它与普通的碳混合，便能成为制造穿甲武器的关键成分，而这种武器的威力足以阻止纳粹国防军的坦克。

在布宜诺斯艾利斯，萨格斯命令船员交替登岸，时间控制在四小时以内，他本人则不离船，视察着那些徒手或用起重机搬运来的货物，以及它们在舱内的位置。48小时内，"理查德·卡斯威尔"号掉头返航。

自由轮离开港口驶向纽约，船上装载了九百吨钨、罐装肉、用于生产军靴的兽皮、锰矿石以及化肥。拉普拉塔河水在它的周围流淌着，河水携带着巴拉圭、乌拉圭和阿根廷的泥沙，滋养了那些由这些沉淀物培育而成的咖啡。萨格斯在河中央快速且畅通地航行，河水十分宽阔，看不见两岸。蓝白色、咸咸的海水汇入了水流，包拢住"理查德·卡斯威尔"号，拖拽着它进入公海。

一个见习生出现了。"先生，这是大副发来的消息。"他说道，"已经抵达拉普拉塔河口。"战争迫使像这位男孩一样的年轻见习生中断了通常为期四年的航海教育和全面训练。

"向北航行，"萨格斯下令，"向北，前往弗洛里亚诺波利斯（Florianopolis）。"

弗洛里亚诺波利斯是很靠近巴西沿海的繁华都市，它拥有作为一个热带岛屿的独立意识，以至于它指向东北方向的路标只是简单地标明"大陆"。有谣言称，其沙质沿岸的若干地点有巴西通敌者经营的U型潜艇补给站。但萨格斯对小岛及其附近海域依然信心十足，其港口内有美国海军舰艇的一处基地，包括为追踪德国潜艇的水上飞机设置的标记。

未来的几个月将作为大西洋海战中最致命的几个月为人所铭记，在这一阶段，德国潜艇击沉的盟军船只数量比战时的其他任何时期都多。英国几乎陷入了饥馑。温斯顿·丘吉尔，尽管在其回忆录里始终很坚强，依然写道大西洋海战"是唯一令我真正感到害怕的事"。

在U-513上，弗里德里希·古根贝格上尉从无线电通信员那里获取了一条信息。一艘美国商船将在夜间通过弗洛里亚诺波利斯附近水域。"玻利瓦尔行动"的间谍们正在开展着他们的工作。船上还装载有钨！这种金属已经成为地球上最珍贵的金属之一了。它能被打捞出来吗？它的板条箱能在海水里漂浮，哪怕是一小会儿吗？美国人曾经在亚马孙河口附近的一艘沉船里打捞出好几块橡胶,并付给当地渔民打捞橡胶的费用,所以这类想法也并非无稽之谈。这则情报给予了潜艇一项优势:准备的时间。

"理查德·卡斯威尔"号和U-513一整天里都在相向而行。大海虽然辽阔无边,但它们两者的相遇却有如即将到来的黑夜一般无可避免。商船常常会败给U型潜艇,但若是商人们配备了美国海军的炮手,较量的结局也可能是另一番光景。

1943年7月16日的深夜,南半球正是严冬,月亮很圆,蓝色的月光洒在冰凉的海浪上。风似乎从距此仅几百英里以南的南极大陆刮了过来。在"理查德·卡斯威尔"号上,也许只有像派克和格劳特曼这样的"黑人帮"才会在他们嘶嘶作响的三层轮机室里那些沸腾的锅炉中间感觉到温暖。

大约晚上九点钟,古根贝格在甲板的一处位置看见了海平面处浮现的轮船塔楼,月光那微小但不会被看错的反射进入了他的视线。随即更为完整的轮廓出现了,这艘船是美国商船。古根贝格的潜艇即便在月光之下也是漆黑一团,于是他决定不潜入水中。他下令进入战斗位置。

"开火!"

9点15分,在弗洛里亚诺波利斯东南150英里处,一枚鱼雷击中了"理查德·卡斯威尔"号船尾右舷的轮机室,三名正在值班的人员身亡,轮船引擎被击毁。海军警卫用船上的全部十门枪炮向鱼雷前来的方向射击。军官和船员们紧急行动起来,萨格斯开始评估船只损失和存活的概率。他下达指令:"弃船!"

在不到十分钟的时间里,7名军官、34名船员、24名武装警卫以及两名乘客登上了三艘救生艇和一只救生筏,被推出了大船。而最后离船的萨格斯船长则和两名军官和三名船员,包括"黑人帮"派克和格劳特曼，登上了第二只救生筏。

古根贝格在U-513上用双筒望远镜看着最后一只救生筏离开了美国船。但不久，一件意想不到的事发生了。救生筏开始返回已经受损的"理查德·卡斯威尔"号。

在见到船只并没有立刻沉没后，萨格斯与救生筏上的其他人折返了回去，他们打算收回船上的文件，并尽可能地损毁每一件设备。

当古根贝格见到美国人的所作所为后，他下令发射第二枚鱼雷。鱼雷击中了轮机室的前部，爆炸将船长和船员们，包括派克和格劳特曼都炸出了舷外，撕开了船中甲板和上层建筑。几分钟内，"理查德·卡斯威尔"号便断成两截沉没了，而那些重新登船的人则无一生还。

三天之后，也就是1943年7月19日，从水上飞机母舰"巴奈加特"号（USS Barnegat）上驶出的一架美国海军飞机发现了U-513，并用深水炸弹将其击沉。英国海军部在战后对像U-513船员这样的德国U型潜艇部队官兵致以了敬意："他们的士气始终没有受损。"除了U-513，还有782艘德国潜艇在战争之中沉没，人员的伤亡是惊人的。在德国海军39000人的作战力量里，总计有28000名潜艇官兵身亡。

"巴奈加特"号的飞行员向在水中挣扎的人们丢下救生圈和救生筏，不到四个小时，"巴奈加特"号即前来救起了U-513的幸存者，包括艇长古根贝格。三天之后，"巴奈加特"号的其他飞机报告称他们看到了另一救生筏上的幸存者，该船立刻赶往指定位置。在那里，"巴奈加特"号发现了两只拴在一起的筏子，救起了"理查德·卡斯威尔"号的17名幸存者。在里约，"巴奈加特"号分别在不同的码头将德国俘虏移交给当局，又将"理查德·卡斯威尔"号的船员送上岸。

弗雷德里希·古根贝格被关押在美国的拘留营，他曾两次试图逃跑。第二次逃跑时，他在距墨西哥边境仅有十英里的地方被再度抓获。战争结束和遣返后，古根贝格入读位于罗德岛纽波特的美国海军军事学院[1]。他随后升任联邦德国海军上将，并担任北约驻北欧部队的副总参谋长。

而1943年10月，就在所罗门·萨格斯因古根贝格的U型潜艇发射的鱼雷命丧大海三个月之后，他的儿子小所罗门（Solomon Jr.）签约成为佐治亚州不伦瑞克（Brunswick）的自由轮"爱德华·怀特"号（Edward D. White）的一级水手。

---

[1] Naval War College，美国培训海军指挥与参谋军官的学校，由美国海军司令乔治·本克罗夫特创建于1845年，学校直属于海军部，是全美五大军校中历史第二悠久的大学。

第十二章　抽烟的眼镜蛇

在亚平宁山脉的高山上，一座中世纪的塔楼矗立在断壁残垣之间，它令人想起纳粹军队与盟军在一场被德国人称为"冬季风暴"（Winter Storm）的军事行动中，于此处爆发的激烈战斗。今天，长着栗子树的花园和整齐的房屋点缀在索莫科洛尼亚（Sommocolonia）的山坡上。这个小镇的名字呼应了它的罗马起源，静谧的小镇里几乎找不到任何战火肆虐的痕迹，而在1944年至1945年的冬天，这里连同其他在"哥特防线"（Gothic Line）沿线的城镇都经受了炮火的打击，那是欧洲历史上最糟糕的冬天之一。

在意大利纪念二战结束70周年之际，曾参加过阿尔卑斯山地作战部队的成员们，会穿上饰有黑乌鸦羽毛、别具一格的传统卡佩罗（capello）服装，来到索莫科洛尼亚的阵亡将士大理石纪念碑前献上月桂冠。之后，老老少少们会坐下来参加一场户外宴会，宴会的最后一道菜是由栗子做的，以此向食物短缺时幸存下来的小镇居民们致以敬意。他们述说着那些关于恐惧、失落和勇敢的故事。在一处能俯瞰整个塞尔吉奥河谷（Serchio River Valley）的山岬上有一座高塔，塔上飘着三面旗帜：意大利的三色旗（Tricolore），美国的星条旗，以及夜空中的蓝色圆球镶嵌在金色与绿色的区域中——巴西的国旗。"

在进攻意大利的战斗中，总计25000名巴西士兵参与了盟军一方的作战，成为二战中唯一在欧洲作战的拉美军队。这些老兵每年都在减少，而巴西远征军（Brazilian Expeditionary Force，BEF）在巴西本国几乎处在被遗忘的边缘。但他们的故事值得被铭记。

从1944年的7月至12月，载运士兵的运输船从里约热内卢驶往意大利。由于U型潜艇的威胁，美国的舰船一直在大洋上护卫着船队。92岁的内里·普拉多（Nery Prado）回忆起一艘美舰在中大西洋减速与他的船并行，并向巴西人敬礼的情景。

"应该是在赤道，就在那艘美国船转弯之前，"普拉多在他位于巴西库里蒂巴[1]的家中告诉我："他们所有人都来到甲板上，穿着白色的衣服，我们的人也都在甲板上。美国人同巴西人，我们一起合唱《上帝保佑美利坚》（God Bless America）。"坐在客厅的沙发上，普拉多再一次用葡萄牙语唱起了这首歌："神啊，拯救美利坚……"

"那是让你永生难忘的场景。"他说。

首批5000名巴西士兵于1944年7月抵达意大利，他们搭乘的船只躲过潜艇迂回地穿越大西洋，由于晕船和痢疾，他们的身体都很虚弱。他们上岸时都没有武器——可谓十分耻辱的登陆方式——因为盟军的计划者已经决定，巴西人不是在上岸前，而是只有在抵达之后才会发给武器。更糟的是，他们身着的绿色制服很像是敌军的，当地的那不勒斯人误把他们当成德军战俘，用嘲讽和脏话来迎接他们。巴西人本希望晚上能在体面的营房里安抚一下受伤的自尊，结果他们被卡车运到了一个所谓的"大本营"，发现那儿只不过是维苏威火山脚下的一片果树林子，他们是在露天过夜的。

---

[1] Curitiba，巴西南部城市，巴拉那州首府。

这些事导致了第一轮误解，巴西人与美国人在认知和行为上都存在着差异，而上述差异又将会给他们之后的关系造成困扰。在巴西远征军抵达的当天，一名美国陆军少校报告说："天气炎热而平和。"但巴西指挥官若昂·巴蒂斯塔·马斯卡雷尼亚斯·德·莫莱斯将军[1]却称那些日子"冷得可怕"。身材矮小的马斯卡雷尼亚斯戴一副金属镶边的圆眼镜，是个作风老派的巴西军官，他对于得到一定程度的欢迎的期待显然已经落空了。

因为吃不到熟悉的食物，一些巴西人在最初几周里几乎要挨饿，直到他们能咽得下美国大兵的口粮——装在暗金色罐头里的神秘兮兮的肉，而非他们吃惯的大米、豆子和木薯粉。当他们收到新制服时，发现美国靴子的尺码都很大，于是他们只能往靴子里垫纸或者布。三个月后，他们开入巴尔加[2]一处名为福纳奇蒂巴尔加（Fornaci di Barga）的地方时，一些胆大的士兵便趁着枪炮停歇的空档，用交换手里配给口粮的方式找鞋匠给他们改鞋样。

在回忆录里，巴西远征军所隶属的美国第5军指挥官马克·克拉克将军（Mark Clark）写道："但我们很快给他们弄到了战斗夹克和冬季内衣，让他们完全准备好开赴前线。"

说巴西人"得当地准备好了"服装，如克拉克所写的那样，并不能说明他们已做好了准备，虽然在这位将军看来，巴西人已准备好"开赴前线"与德国元帅阿尔贝特·凯塞林[3]的部队作战了。凯塞林是希特勒麾下最有成就的战略家之一，他在轴心国的意大利前线指挥着训练有素、经验丰富的士兵，而巴西最近一次——也是唯一的一次——海

---

1 João Baptista Mascarenhas de Moraes（1883—1968），二战期间担任巴西远征军司令。
2 Barga，意大利卢卡省的一个市镇。
3 Albert Kesselring（1885—1960），纳粹德国空军元帅，最具指挥能力的德军将领之一，二战后期担任南方战区总司令，在意大利阻击盟军攻势，取得骄人战果。

外军事部署尚在三个世纪之前的1648年。当时葡萄牙人控制的巴西派出一支远征军，其目的是把荷兰人从安哥拉赶走并控制当地的奴隶贸易，而奴隶贸易能为制糖业提供劳动力。

当他们在巴西准备着前往欧洲作战时，巴西军队使用的依然是20世纪20—30年代的武器，譬如单发毛瑟枪，一战时期的哈奇开斯机枪，以及需要架在骡子背上运输的那种施耐德火炮。而在比萨附近的一处古老皇家狩猎场，这些人第一次用手里崭新的美国武器开始了速成军事训练。

马斯卡雷尼亚斯和他的部队在意大利面对着险峻的军事形势。盟军已经占领了西西里岛、卡西诺山（Monte Cassino）、罗马以及意大利南方的大部分地区，但德军和成千上万意军——他们在意大利于1943年投降后同意为德军效力——控制着该国众多的中心城市，以及几乎所有富裕的北方地区。数以万计的盟军士兵刚刚自意大利转移，准备进攻法国，这导致盟军在意大利战场人手不足。而此时罗马以北的整个意大利仍处在争夺战中。

欧洲的其他地方正陷于水深火热之中。在第一批巴西人抵达那不勒斯的当天，刺杀希特勒的阴谋刚刚失败，元首下令动员所有的德国人投入战争。美国乔治·巴顿将军的坦克正向德军防线逼近，而俄国人也正在挺进华沙。

很不协调的是，在密集的指导和累人的训练之余，这些新来的部队却颇热衷于搞课外活动，仿佛他们没法丢下一种独特的巴西式庆祝情结。8月19日，温斯顿·丘吉尔穿着一身轻便西装，戴着遮阳帽，嘴里叼着他一直抽的雪茄，来到一处名为泰罗德波洛（Tiro de Bolo）的海边林沼进行战地访问。巴西士兵列队出迎，他们穿上新制服，显得十分华丽。几天之后，他们用歌声与盛装游行庆祝巴西的士兵节。这种欢乐的倾向有时险些让一些士兵丧了命。他们喜欢在晚上点燃营火，随意地聚在一块儿，丝毫不理会灯火管制的规定。不止一次，火焰的光芒引来意大利法西斯空军的攻击。

在比萨经历了三周的训练和一场免不了的毕业游行后，巴西人即将同希特勒国防军中经验最丰富的数千名士兵展开正面交锋。"德国在意大利的局面和先前任何一次在意大利的作战一样稳固。"第5军的历史学家切斯特·斯塔尔中校（Chester G. Starr）写道。马斯卡雷尼亚斯担心他的人将会变成炮灰。

巴西人在哥特防线与敌人遭遇了。这条防线由15000名意大利奴工在"托德"机构[1]的组织下修建而成，"托德"这家工程公司是为纳粹德国服务的。整道防线是由钢铁掩体和防护碉堡组成的蜿蜒小径，全长180英里，纵深10英里，自意大利西海岸的拉斯佩齐亚（La Spezia）南部穿过亚平宁山脉，抵达位于佩萨罗（Pesaro）和拉文那（Ravenna）之间东部亚得里亚海沿岸的地方。为了阻滞盟军自罗马向北推进，凯塞林将堡垒设计得坚不可摧，建有2000个混凝土炮位以装备88毫米高射炮和反坦克炮，还有地雷和防御阵地，都被嵌入山体中。凯塞林拥有27个德国师和6个意大利师的一部分——总计人数50万——其中18个师被部署在防线上。

最先牺牲的巴西人是被地雷夺去生命的。德军士兵作战技巧高超且毫不留情。此时德国国防军中的老兵即便没有参加几百场，也已在欧洲和非洲进行了数十场战斗、冲突和交火。

然而即使是在战场之外，远离敌人的地方，巴西士兵也会因缺乏准备而变得无法应付甚至更糟。一些从没进过汽车的人突然发现自己开着十吨重的卡车，行驶在被雨水弄得湿滑又泥泞的山路上；在第一个月，

---

[1] Todt Organization，二战期间纳粹德国成立的一个军民两用的工程组织，以其创立者工程师弗里茨·托德得名。托德机构因其在德占区强制征用劳工而臭名昭著。

便有36名司机和乘客因事故死亡。71年后，一位名叫埃尔尼德斯·若昂·达·克鲁兹（Eronides João da Cruz）的老兵依然坚称其战友都十分英勇，但同时也为他们的缺乏训练感到惋惜。"在所有的行动中，巴西人的表现证明我们并不弱，只是一开始，我们缺乏经验。"达·克鲁兹告诉我。

许多人都生了病。内里·普拉多记得他们一共六个少年离开咖啡种植园志愿加入巴西远征军，但只有他和另一个同伴通过了体检。"你得足够健康地去死。"他悲伤地说。然而，巴西的医学检查往往前后矛盾，让巴西和美国的医疗人员感到震惊的是，那些一开始就不该出现在意大利的人，不得不因为肺结核或肝炎并发症接受治疗，或者是直接被遣送回国。

语言也是个未能被巴西人和美国人预见到，或者说被忽视的问题。克拉克将军指派其副手，来自康涅狄格州的弗农·沃尔特斯上尉（Vernon Walters）担任马斯卡雷尼亚斯将军的联络官。沃尔特斯在欧洲长大，能说多种语言，包括葡萄牙语。但这位精力充沛的年轻军官——他之后成为从杜鲁门至里根历届总统的顾问——毕竟只是一个人，却常常同时被多名官员所需要。巴西士兵也没能在翻译上帮到他，尽管他们中的许多人不但会说本国的葡萄牙语，也会说意大利语、德语或是日语——这些语言都是巴西移民留下的遗产——许多人还会说法语。当德国或意大利士兵被俘时，掌握双语能力的巴西人便成了当场的审问者。只有极少数人会说英语，这些人的绝大多数很快被训练成无线电发报员。在美国人中几乎没有其他能讲葡萄牙语的人，巴西人觉得他们那些只会说一门语言的美军教官受教育程度都太低了。

巴西人在阿诺河[1]北部前线的首度遭遇战中迎来了真正的炮火考验。

---

1 Arno River，意大利中部托斯卡纳地区的重要河流，流经佛罗伦萨、比萨等城市。

没有人逃跑,但巴西人还是被击败了。9月18日,疲惫不堪的军队终于在哥特防线上的一处重要地点取得了一场胜利。该地位于托斯卡纳西部绿色平原地带,是靠近卡马约雷[1]的一个小镇。陆军中将欧西里德斯·济诺比奥·达·科斯塔(Euclides Zenóbio da Costa)领导了进攻。

51岁的济诺比奥看上去非常健朗,有着巴西顶级军事学院毕业生那种居高临下的姿态,他以勇敢和可靠的办事能力而声望卓著。他还命令曾在巴西与其一同服役的人对他保持绝对忠诚——这些人里有许多都跟随他到了意大利。9月17日,济诺比奥接到指令:占领卡马约雷。

"他没有浪费时间,"巴西总参谋长弗洛里亚诺·德·利马·布雷纳(Floriano de Lima Brayner)写道,"济诺比奥指挥有点鲁莽,从射击到指示车辆离开,他丝毫不担心周遭的危险。"

巴西人击败了德国人。以"济诺比奥简单而冲动的方式"解放卡马约雷,成为盟军已呈强弩之末的"橄榄行动"[2]攻势作战中一场小小的胜利。该计划原本预备在冬季来临前攻克哥特防线,并突入意大利北部的重要城镇。然而到9月末,盟军人员和装备皆损失惨重,每一次当德国人似乎就要消失的时候,他们便发起最后一搏。丘吉尔失算了:他不相信德国人会守住意大利。

巴西人在蜿蜒的塞尔基奥河(Serchio River)逐渐成长为一支战斗力量。塞尔基奥河流经托斯卡纳北部,在阿尔卑斯山和亚平宁山脉之间绵延78英里。在河谷的一边是耸立的沿海山脉,白雪皑皑的山顶

---

1 Camaiore,意大利中西部市镇,属卢卡省。
2 Operation Olive,1944年8月由美军将领亚历山大·帕奇策划的军事行动,计划集中第五集团军的主力部队强攻哥特防线的中段,但在德军715师、98步兵猫头鹰师和65师的顽强阻击下,行动至10月宣告失败,盟军付出了14000人的伤亡和250辆坦克的损失。

闪闪发亮，米开朗琪罗便是从这里取用大理石。在另一边，像索莫科洛尼亚这样的古老定居点分布在被誉为"意大利脊梁"（backbone of Italy）的亚平宁山脉沿线的高地上。北部亚平宁山脉，自热那亚南部的利古里亚海（Ligurian Sea）向东南穿过意大利半岛，几乎一直延伸到里米尼（Rimini）以南的亚得里亚海。第5军历史学家斯塔尔写道："这是第5军在意大利的作战行动中遭遇到的最强大的山地屏障。"

不幸的是，就在巴西人抵达塞尔基奥河谷时，下起了倾盆大雨，卡车被冲离了道路，行进中的部队也受到了洪水和足以把人吞没的泥浆的威胁。在济诺比奥的率领下，巴西士兵艰难地穿过一个又一个小镇，跨过一座又一座桥，向河流上游进发。

但是10月6日，他们迅速占领了福纳奇蒂巴尔加，并在德国人将其炸毁之前，控制了该地的军火和飞机零件制造厂。一支德军小队趁着夜幕的掩护打算回来破坏这个地方，一场持续的交火爆发，4名巴西人身亡。不过到了早晨，工厂依然在巴西人手中完好无损。

此时巴西人正与意大利唯一一支在战争中未尝败绩，由传奇人物"皮波"——曼里科·杜切斯奇（"Pippo"，Manrico Ducceschi）组织的游击队通力合作。皮波曾参加过"阿尔卑斯山地部队"军官精英课程，他已经成为德军希望抓捕的"头号"游击抵抗者。巴西人第一眼见到游击队都大吃一惊。"武装到了牙齿，"一名游击队员曾写道，"但没有任何制服。"游击队员（partigiani）会进行侦察巡逻，并将情报汇报给巴西人。至少有两次，他们搜索与指挥官失去联系的巴西士兵并护送他们返回基地。当时的报告称，所有的盟军士兵中，要属充满拉丁气质的巴西人和意大利游击队配合得最好，巴西人很尊重游击队对于当地的知识。

从福纳奇蒂巴尔加出发的一支巴西巡逻队开始对仅仅三英里开外、塞尔基奥南部最为珍贵的宝藏展开侦察：巴尔加，一座由城墙环绕的城市，有着一座别具一格、主导着全城景观的大教堂，这座教堂可谓山谷中罗马式建筑的典范。

巴尔加的居民经受了死亡和占领的苦难。教区牧师利诺·伦巴第（Lino Lombardi）在日记中记录了1944年最后那几个月里每一发在山上爆炸的火炮、每一枚击中房屋的炮弹和每一个他亲手埋葬的亡魂的日期和时间。年近六十、满头灰发、戴着黑框眼镜，把牧师圆圆的脸衬托得严肃而睿智。在巴尔加陡峭狭窄的街道间穿行时，他会戴一顶宽边帽，穿着飘逸的黑色长袍。他写道，他的"羊群"看上去已经颓丧得令人无法抚慰，"就像即将失去所爱之人的人那样"。

农民和镇上的居民一看见制服便会躲起来，他们担心被裹挟进"托德"机构奴工的行列。家人会哀悼他们死去的年轻人，这些年轻人与成千上万意大利人一起被墨索里尼派往苏联前线，和希特勒的军队并肩作战。

在不远的地方，德军会屠杀老幼妇孺，一次处决20到70人，作为警告或惩罚。在8月份的一次焦土行动中，党卫军在距离巴尔加不足25英里的一处名叫圣安娜迪斯塔泽玛（Sant'Anna di Stazzema）的山中小镇对一次游击队的作战展开报复，他们挨家挨户地集中了包括130名儿童在内的700余位居民，将他们全部杀害并焚烧了尸体。在玛扎博托（Marzabotto），武装党卫军在五天的行动中杀害了约770名手无寸铁的百姓，且禁止掩埋其尸首。一天，伦巴第和一些教区信众前往橄榄林和葡萄园中的一座旧庄园，向一群人分发食物，他们都是在德国的突袭中被作为奴工抓起来的。伦巴第写道，他们是"一群衣衫褴褛的可怜人，鞋子几乎都没了，看起来寒酸而痛苦……沦入半野蛮的状态"。

自7月起，从忠于墨索里尼的法西斯部队中抽调的"黑色旅"[1]占领

---

[1] Black Brigade，1943—1945年意大利社会共和国（二战后期墨索里尼在希特勒的扶植下于意大利北部建立的法西斯傀儡政权）组建的武装部队，名义上接受法西斯分子亚历山德罗·帕沃里尼指挥，成员多自法西斯党徒中抽调而成。

了巴尔加。到了秋天，他们将小镇移交给德国人，当盟军逼近该地时，德军将当地的引水渠全部炸毁，并占据了周围的高地。对于巴尔加这样的城镇来说，解放不会来得那么快。

1944年10月7日午后12点15分，伦巴第从一个偏远的教区做完弥撒回来，遇上了从福纳奇出发的巴西巡逻队。伦巴第颇惊讶地注意到这支部队，"由各种肤色的士兵组成，有白人，有黑人，由一位深色皮肤的士官指挥"。除非是参加过墨索里尼征服埃塞俄比亚的行动或是在非洲的其他地方服役过，一个意大利人在见到这些巴西人之前或许都没有见过黑人。

墨索里尼在1938年至1943年实施的种族法律不仅歧视犹太人，也中伤黑人，认为他们并不完全是人类。类似《捍卫种族》(*La Difesa della Razza*)这样的政府刊物，大肆宣扬意大利"种族"的法西斯神话，及其对犹太人和非洲人在文化上的统治地位。对于伦巴第神父来说，他第一眼看到的拯救者竟是"肤色多种多样"的巴西人，这象征了意大利自身的严重问题。

"我悲哀地想起了近几年来作为这个政权旗号之一的所有的种族自豪感，也意识到一个事实，即我们这个拥有古老文明的民族，在战争中间处于巴西人的控制之下，尽管他们是友好的。"他写道。

10月11日上午10点30分，伦巴第在日记里"郑重声明"，巴西军队坐着吉普车进入了巴尔加，他高兴地写道，许多吉普车"都标有圣母和圣徒的名字，还带有圣像的图案"。人群站在街道两旁，显然是为终结他们苦难的承诺表示感谢。一些游击队员在城里已待了两天，他们对盛大的迎接场面略感淡漠。

皮波的副官已经控制了市政厅并监督开展温和的报复行动，让法西斯的支持者负责清理街道上的碎石块，剪掉少数对敌人过于友好的女人的头发。如今，游击队员们对南美人放松、庆祝胜利的姿态目瞪口呆:"在光天化日之下袒胸露背,毫不拘谨,欢声笑语,仿佛他们正在游行中。"

一些人警告人们不要到街上去,德军的大炮会猛烈开火。当枪炮声在午夜再度响起时,伦巴第从床上"跳"了起来,和30多个在大教堂的厚墙内临时露营的巴西人跑至地下避难所。

也许正是在这个时候,巴西人注意到美国人、印度人、南非人以及其他在第5军中作战的部队都佩戴有专属的肩章徽标,他们希望自己也能有一个。图案的选择十分简单,希特勒的一句话曾在巴西广为流传:"当蛇会抽烟的时候,巴西人才会参战。"于是"抽烟的眼镜蛇"(Smoking Cobras)诞生了,他们在徽标上绘制了一条处在攻击状态的蛇,蛇的嘴里叼着烟斗,烟雾从烟嘴中升起。

据说巴尔加的居民十分欢迎巴西人"占领"城市。一位意大利史学家搜集了战后对当时的描述,得出结论说,南美人"以他们活跃的存在,为整个城市创造了一种数月来都没有过的愉快气氛"。妇女们会给士兵们做有番茄酱的通心粉,男人们则分发红酒;反过来,巴西人会把自己的口粮和个人物品送出去,由于送的数量实在是太多,以至于发生了一场供应危机。问题的一部分还出在他们与游击队员间挥霍式的分享物品,他们需要仰仗游击队进行侦察巡逻。"我们的伙食改善了。"一名游击队员写道,因为"巴西人与我们分享他们仅有的一点食物"。他们甚至还借给游击队员布伦式机枪、汤米冲锋枪、弹药和手榴弹。即使到了今天,那些太年轻以至于没有经历过战争的巴尔加居民,一提到巴西人,脸上还洋溢着喜悦,各种各样的故事便冒了出来。在一次谈话里,小镇镇长告诉我,在巴西人离开几个月后出生的孩子,长大后都有了非凡的足球能力,这表明巴西人曾经怎样地融入了当地的风土之中。

最长的冬天

1944年11月初的三个晚上，巴西士兵挤上卡车，沿着险峻的悬崖峭壁，在没有车头大灯的情况下，向塞尔基奥河谷的东北方行驶75英里。黎明时分，他们抵达了新的前线阵地。

四周的远山已被冬季的第一场雪覆盖。士兵们都惊奇地看着，粉末般的雪给高山增添了一丝迷人的气氛。这是大多数人平生第一次见到雪。最终，雨雪、冰冻的泥浆和阻滞步伐的结冰雪堆令士兵们寸步维艰，它们变成了与敌人一样可怕的威胁——冻烂了双脚，灼伤了皮肤。不过，尽管出奇的冷，第一场雪看起来依然十分可爱。

南美人被要求攻占3240英尺高的城堡山（Monte Castello），这可能是他们中许多人见过的最高的山。这座山必须从德国人手中夺过来，如此盟军才能继续向波河河谷[1]（Po Valley）进发，并直指意大利北方最大城市博洛尼亚（Bologna）。"到博洛尼亚过圣诞节！"成了盟军的口号。在回忆录中，凯塞林元帅称城堡山对于"占领博洛尼亚以及前往南部、北部、西北部的交通道路都是至关重要的"。城堡山是确保通往亚得里亚海东部地带的关键，德国人用坚固的堡垒和德军232师准备全力扼守它。

11月和12月，巴西人野蛮地（brutally）——实在找不到其他的方式来形容——扑向城堡山冰冷的斜坡。城堡山成了他们的执念、他们的"白鲸"。"坦率地说，你们巴西人不仅十分疯狂而且非常勇敢，"一名德军上尉对一名被俘的巴西中尉说道，"我从未看见过有任何人面对机枪和防守严密的阵地还能如此漠视生命地向前冲锋。"

---

[1] 波河是意大利最大河流，横贯意大利国境北部，冲积成波河平原，流经都灵、皮亚琴察等城市，注入亚得里亚海。

"抽烟的眼镜蛇"在身体极端虚弱的情况下发起了第一次进攻，这是他们连续行动、未尝休整的第68天。他们损失了12人，另有45人重伤，他们不得不撤退。第二天，他们再度向城堡山发起冲锋，这是一场没有援军的正面强攻，德国人就如同练习打靶一样干掉了巴西人。

　　经过与美军指挥官的激烈交锋——不论公正与否，巴西人指责美军指挥官造成了进攻失利——马斯卡雷尼亚斯将军要求掌控对试图夺取该山的所有盟军的统辖权，毕竟他的部队正在打头阵。克拉克将军同意了。虽然风险极大，但是精瘦结实、意志坚定的马斯卡雷尼亚斯决心要挽回"抽烟的眼镜蛇"的荣誉。他必须证明巴西在欧洲大陆上的存在不只是政治意义上的，它同时也是一支战斗力量。然而11月29日，由巴西人亲自指挥的首场进攻打得很糟糕。

　　由于准备混乱，一些部队没有得到食物，整天饿着肚子打仗。一个新到的营没有进行侦察便迅速开始部署，结果到了拂晓，他们全部暴露在高地上德军的视线底下，一颗敌军手榴弹在一瞬间便炸死了9名巴西士兵。在美国人或是巴西人自己眼里，"抽烟的眼镜蛇"的表现实在太过差劲，他们根本谈不上挽回自己的声望。盟军军官承认巴西远征军很有韧劲，但对他们的执行能力表示怀疑。

　　难以置信的是，巴西人迅速就给他们所谓对城堡山发起决定性总攻定下了日期。他们的攻击计划被送交美军最高指挥部，并且得到了批准。12月12日清晨6点，连绵不绝的雨水把山坡变成了一片冰封的沼泽。浓雾阻挡了空中支援，也影响了火炮打击的能见度。到了傍晚，济诺比奥将军下令撤退。49人战死，另有6人在此次行动中失踪。相互的指责再度喧腾起来，巴西人表示，是华盛顿方面批准此次攻击计划的。但一些美国人说，巴西指挥官根本不胜任。

　　对士兵们来说最糟糕的是，倒下的战友的尸体就散落在雪地里，却由于处在敌人控制下的区域而没办法靠近。德国人埋葬了一些死者，后来，一名"抽烟的眼镜蛇"的巡逻队员偶然遇见了一块牌子，上面用德文写着："这里埋葬了三个英勇的巴西士兵。"

已经不存在什么"到博洛尼亚过圣诞节"了，这是巴西远征军生涯中的最低谷。

"抽烟的眼镜蛇"逐渐适应了他们在故乡从未见识过的天气：在帆布帐篷里也暖和不起来的极寒之夜。战壕足病[1]四处蔓延——它会导致脱皮、流血以及散发着恶臭的初期坏疽。敌军滑翔机丢下传单："你们为什么要抛下阳光灿烂的祖国，来到这个雾气笼罩的地方，在泥泞和污秽之中打仗，等待着可怖的冬天，等待着暴风雪和没完没了的雪崩呢？这真值得你每个月拿95美金吗？在意大利，一具布满弹孔的尸体和一场葬礼都值得比这更高的价钱。"

这些用葡萄牙语写成的讯息称呼巴西人为"同志"，署名则是"德国士兵"。到了晚上，以巴西国旗的颜色命名的葡萄牙语德国广播节目"绿色与金色的时刻"（Green and Gold Hour）便开始放起音乐，试图唤起巴西人对回家的渴望。有时播音员会对听众说，美国人"在全世界得不到任何人的尊敬"，在盟军正准备入侵巴西并掠走其矿产和其他自然资源的时候，他们却哄骗巴西士兵横渡大洋。不过上述广播还是值得一听，因为它会播报家乡足球比赛的得分。

到了12月，巴西人收到了他们的冬季迷彩服——全是白色的。一天他们汇报了一件令人费解的事情——一批"长木杆和带环的尖木棍"被运来了。弗农·沃尔特斯检查了物资运送的情况，结果发现那是供巡逻使用的大量滑雪板和滑雪杆——很多地方因积雪过深已无法行走。最终，后来担任马萨诸塞州州长的弗朗西斯·萨金特（Francis Sargent）

---

[1] trench foot，指较长时间在潮湿低温的环境中穿着湿冷的袜子和鞋而引起的非冻结性冻伤，因一战期间在陆军战壕中发现而得名。

中尉作为指定的滑雪教练,开始定期来上课。不过与此同时,会说多种语言的沃尔特斯——同样是个滑雪好手——也被要求开始授课。他写道,他发明了"一套全新的葡萄牙语词汇来描述滑雪的各种动作"。但上过几次课后,士兵们都抗议说他们下不了山,也没法停下来。他们的抱怨得到了检验,当时一架带有美国标记的失灵的B-25飞机从北面飞来,在吐出一批伞兵后,便呼啸着俯冲而下,在火光中坠毁了。沃尔特斯告诉巴西人他正准备赶往师部汇报有关坠落伞兵的情况。"跟上我。"他命令道。所有人都成功地从山上滑了下来。

巴西人学会了在佛罗伦萨和博洛尼亚之间的地方滑雪,就在位于波雷塔泰尔梅[1]的巴西远征军总部的上方,这座里诺河(Reno River)边的小镇自伊特鲁里亚时代起便以当地的温泉知名。晚上炮声隆隆,到了白天,德国人会猛烈地轰击周围的道路,以至于马斯卡雷尼亚斯引入烟雾制造机,以使敌军无法发现盟军车辆。几乎每个人的眼睛和嘴巴都有灼烫感,肺部也有一种焦灼感。盟军大部分师部都设在远离战场的后方,只有巴西远征军的总部挺立前线。

尽管如此,当第5军第4兵团的指挥官威利斯·克里滕贝格(Willis Crittenberger)中将会晤马斯卡雷尼亚斯并建议他重新布防时,巴西将军却没有同意。

"克里滕贝格将军,您是个美国人,"马斯卡雷尼亚斯说道,"您在意大利有很多总部。您可以把它们向前进,向侧边挪,或者向后退,没人会在意。但这是我们巴西军队在意大利唯一的总部,假使我要移动它,就只能向前,不能退后!"

若昂·巴蒂斯塔·马斯卡雷尼亚斯将军是一位杰出的战略家,性

---

[1] Porretta Terme,意大利艾米利亚-罗马涅大区博洛尼亚省的一个镇,是冬季运动胜地。

格十分刚强，与其他盟军军官相比也更受欢迎。不过低阶军官在那场冬季战役中也表现出了毅力和勇气。

高个子、蓝眼睛的马克斯·沃尔夫（Max Wolf）中尉是个来自巴西南部的德裔，他加入巴西远征军是为了追随他在国家警察部队受人尊敬的上级济诺比奥中将的脚步，他于1944年末抵达意大利。沃尔夫是一名拥有咖啡烘焙厂的奥地利移民的儿子，他曾在巴西本国的交火中证明了自己。1932年，他与济诺比奥一起在圣保罗同潜在的政府篡位者作战，并且身负重伤。沃尔夫是巴西远征军中800名德裔巴西人（teuto-brasileiros）的一员，也是一个33岁的鳏夫，家里还有一个10岁的女儿。

在12月12日那场对城堡山注定失败的攻击中，马克斯·沃尔夫坚守阵地，而其他新到的士兵，在抵达战场的几小时里就非常惧怕面对敌人，疯狂开枪，反而因此暴露了自己的位置，引来敌方火力。战斗结束后，他自愿率领一支四人的补给小队，将弹药运送至前沿阵地，并在归途时收罗伤兵和死难者。第二天，沃尔夫陪同一位上级军官执行视察任务，他坚持要走在前面。

"上尉，您的生命对于国家比我更有用。"沃尔夫说。

在接下来的几周里，既有领袖魅力，又不知疲倦的马克斯·沃尔夫领导志愿小队侦察敌军防线，执行特殊任务并打击敌方巡逻队。一天，济诺比奥召集志愿者去夺回一具阵亡上尉的尸首，这具尸体正被德军用作诱饵——他们会向试图营救其遗体的士兵开火。在夜色的掩护下，沃尔夫率领一支小队夺回了上尉的遗体。他还搜集情报，抓捕德国俘虏。有一次他捕获了一个意大利平民，此人一直用屋内的灯光指引德国大炮轰击巴西人。

到了1月底，军队里开始称呼马克斯·沃尔夫"巡逻兵之王"，这是一个善意的绰号。3月7日，巴西的一个连在夜间穿越一片田野时，意外触发了连环的地雷爆炸，人们被炸得四散纷飞，一共导致13人死亡或受伤。同时，颇为紧急的是，部队用来与指挥部通讯的电话线路被切断了。沃尔夫带领另外三名志愿兵穿过雷区，修复了线路。在之前的行动中，他已经自济诺比奥处获得了勇气勋章，而在此次雷区行动后，声音嘶哑的美国将军卢西恩·特拉斯科特[1]，这位继马克·克拉克将军之后的新任第5军指挥官向沃尔夫颁发了银星勋章。

4月，马克斯·沃尔夫开始指挥一个名为"特种排"的新队伍，其他士兵暗自猜测成立这个小分队是为了进行"自杀式行动"。然而，照片上的他们个个都展现出轻松、活力和笑容。巴西的新闻记者们纷纷到前线想要采访马克斯·沃尔夫。而允诺采访的他在聚光灯前却令人意想不到地展现出了羞涩。

在一张摄于1945年4月12日，保存在里约热内卢一份报纸档案内的标志性照片上，沃尔夫两手叉腰，头戴钢盔，身穿作战服，站在离他的部下大概有一码开外的地方。他的部下看上去都很悠闲，有的咧嘴笑着，一个人扛着火箭炮，其他人则带着汤普逊冲锋枪。沃尔夫望向旁边，像是心不在焉，又像是正全神贯注。这支巡逻队当天正在为盟军计划中的大规模春季攻势搜集重要情报。敌人是挖好了工事，还是正在撤退？他们必须要搞清楚。

就在这张照片拍摄两个小时后，这支特种排小心翼翼地接近了蒙特塞镇起伏的郊区，此处一大片宽阔的田地上散布着农舍。这些房子由岩石和石膏砌成，外表很像堡垒，有时藏在其后面或是里面的德军会用它作为防御工事，靠近的士兵可能会遭遇机关枪和步枪的射击。

---

[1] Lucien Truscott（1895—1965），1943—1945年间在地中海和意大利战场连续指挥了美国第3步兵师、第6军团、第15军和第5军，是美军中少数在战争期间同时指挥过师、军团和集团军部队的高级将领。

而另一方面，这些房子也会成为受惊和手无寸铁的平民的庇护所，或者他们会扣留准备投降的德国人，这在战争的最后几个月里时有发生。

在一片可怕的午后寂静中，沃尔夫将他的部下分散为两翼，并走在他们前方大约150英尺的地方。他穿过一片没有掩护的空地时，一阵长时间的机关枪射击声从农舍里传了出来。马克斯·沃尔夫脸朝前栽倒在地上，那里的雪才刚刚融化。

巴西指挥部报道了他的死讯，但报告没有提及的是，沃尔夫本不该是那个冒着风险走在"前锋"（esclarecedor）位置的人，报告也没有暗示这一插曲实属自杀行为。相反，它赞扬了马克斯·沃尔夫"无与伦比的勇气"，面对何种境况，"他的精神都没有受到打击，既不退缩，也不气馁"。

对于许多在1944年至1945年的冬天活下来的人，需要拿出勇气去面对的阻碍或许并没有马克斯·沃尔夫所被人记住的那么惊人。"这场战争是关于寒冷的，"佩德罗·罗西（Pedro Rossi）说，他当时是个25岁的炮兵，"很多人因为寒冷失去了双腿。"

2015年，我偶然遇见了前上尉罗西，他正站在皮斯托亚[1]——他们过去位于波雷塔泰尔梅总部向南20英里的地方——一片占地10英亩的历史遗迹中，一座燃烧着永恒之火的纪念水池前。时年95岁的罗西，戴着一顶草帽，依然保持着军人的姿态。他说，这是他第三次重返战场了，儿子和儿媳陪着他来。我们一同穿过了一片布满了墓碑的旷野，在意大利阵亡的455位巴西士兵的名字——标注在每一方墓碑上，包括马克斯·沃尔夫。罗西谈到当年的天气变化无常，说起来似乎依然对他与他的朋友能够挺过难关感到不可思议。然而，当我们在墓碑之间

---

[1] Pistoia，意大利中北部城市，位于托斯卡纳大区，亚平宁山脉南麓。

行走时,他的声音几乎变成了耳语,"那些死去的人是真正的英雄。"

在墓园边,我们步入了一家小小的博物馆,并在展示弹壳和武器的地方驻足停留。罗西捡起一把战争时期的机关枪,小心而又亲切地用手摸了摸它。他回忆起了1944年12月31日午夜之前的几分钟,"我们那时都很年轻,那天晚上是新年前夜,"他说着,把手里的武器举得高高的,"于是我就朝天鸣枪,算是一种庆祝,你明白的。然后对面的某个人——一个德国兵——也开了枪。"他把枪收了回来:"我们那时都很年轻。"

根据弗农·沃尔特斯的回忆,那天晚上有几个年纪较长的军官在同一时刻也冒出了相同的想法。阿德马尔·德·奎罗斯(Ademar de Queirós)中校,巴西师属炮兵军官,下令让大炮和迫击炮开火来迎接1945年"胜利之年"。德国人不甘示弱也进行了炮火齐射,炮击过于猛烈,以至于巴西总部里的灰泥都震落下来,搞砸了一场庆祝的自助餐会。军官们急忙寻找掩体,沃尔特斯跳到了一张桌子下面,桌子上摆着他刚刚为聚会准备的礼物——一大块很难弄到的奶酪。炮声停了,电话响起,首席作战指挥官翁贝托·德·阿伦卡尔·卡斯特罗·布朗库[1]上校听到了电话那头德·奎罗斯愉快的声音,"您觉得咱们的烟火表演怎么样?"

"阿德马尔,别再这样干了!"卡斯特罗·布朗库怒吼道,"德国人全部的炮弹都倾泻到我们头上。我们很幸运还能在这里接电话。"

马斯卡雷尼亚斯的顽强、马克斯·沃尔夫的无畏,以及炮兵佩德罗·罗西不懈坚持展现了巴西人度过欧洲严冬的一百种方式,或许也

---

[1] Humberto de Alencar Castello Branco(1897—1967),巴西军事领袖及政治家,1964—1967年任巴西总统,是巴西历史上第二位以陆军元帅身份在政变中宣誓就任的总统。1967年7月18日遭遇空难去世。

象征着"抽烟的眼镜蛇"如何将他们自己从一支准备不足、饱尝战败滋味的部队转变成一支经历了战争淬炼、怀揣无可置疑荣誉的力量。战斗本身便是他们的训练,巴西人的转变在他们的"宿命之地"——城堡山得到了验证。

50 名意大利游击队员加入了"抽烟的眼镜蛇",增强了他们的战斗力。美军第 92 师,又称"水牛"师(Buffalo),这支由黑人士兵和白人军官组成的队伍——美军此时仍然实行种族隔离,这一事实让巴西人十分震惊——此次也随同作战。而自美国调来的另一支部队也抵达了,他们被训练在最为困难的山地条件下作战:科罗拉多的第 10 山地步兵师。

科罗拉多部队里那些变身成士兵的白衣滑雪运动员、森林护林员和户外运动健将早就吸引了美国公众的注意。他们登上了《星期六晚间邮报》[1]的封面,以及由洛维尔·托马斯[2]主持的热门广播节目,托马斯自己也是个滑雪爱好者。2 月 18 日,第 10 山地师在晚间悄无声息地沿着利瓦山脊(Riva Ridge)向上爬了 1500 英尺,打了德军一个措手不及,这条山脊被认为无论白天黑夜都是坚若磐石的。在占领利瓦山脊后,第 10 山地师得以攻下戒备森严的望景山(Mount Belvedere),这座海拔 4900 英尺的山峰是亚平宁山脉的最高峰。随着制高点被拿下,巴西人扫清了对近旁城堡山发起新一轮进攻的道路。

第 10 山地师的士兵,佩戴着他们红色交叉宝剑衬着蓝底,其上用粗体写着"MOUNTAIN"(山)的徽标,与巴西人分享生存技能的知识,譬如如何使用雪地靴、怎样建造一个雪洞。不过,在文化上,双

---

1 *Saturday Evening Post*,美国的一份双月刊杂志,创刊于 1897 年,其内容覆盖小说、非虚构作品、漫画和特写。自 1920 年代至 1960 年代,《晚邮报》是在美国中产阶级中流传最广、影响力最大的杂志之一,每周发行量可达数百万份。

2 Lowell Thomas(1892—1981),美国作家、电视节目主持人和旅行家。

方还是存有距离。一天晚上,一名科罗拉多士兵惊奇地听见山脊那头的动静。巴西人"一定是很高兴,因为他们制造出各种噪音,仿佛正从一场派对转移至另一场,"他写道,"德国人迟早会听到这些动静的。"

2月21日清晨,巴西人对城堡山发起了他们的第五次进攻。这次进攻不再像以往那样采取灾难性的正面强攻,而是进行侧翼进攻。到了下午晚些时候,当战斗正趋激烈时,愤怒的美国将军们到访马斯卡雷尼亚斯的指挥部,质问巴西远征军的预备队为何还没有投入行动以彻底征服该山。马斯卡雷尼亚斯表示,现在还不是时候。将军们有所退让,毕竟是这个巴西人在掌控全局,但他们一离开,马斯卡雷尼亚斯便立即给济诺比奥发送信息:必须在天还亮时攻上山顶,以便炮兵能提供支援。"我们不会让美军的指挥官们失望。"马斯卡雷尼亚斯表示。

济诺比奥手下的战地指挥官说,为了避免不必要的伤亡,他正在放慢速度。"可是,我亲爱的朋友,"济诺比奥回答道,"你到底是打算用人还是用鲜花来征服城堡山呢?"下午4点20分,巴西炮兵开始无情地向山峰倾泻炮弹。一个半小时后,济诺比奥抓起电话通报马斯卡雷尼亚斯:"这座山是我们的了。"

巴西国内的媒体展开了铺天盖地的报道。里约日报《晨报》(A Manhã)宣告,这个国家如今定然会与世界其他五强一起,被邀请加入盟国最高委员会了。这反映出整个国家的期待,巴西将会参与到战后世界的构建中。

"抽烟的眼镜蛇"变得势不可挡,他们于3月5日攻克了新堡(Castelnuovo),并在经过四日苦战,付出了426人伤亡的代价后,在4月协力拿下了能够俯瞰郁郁葱葱的潘塔罗山谷(Pantaro Valley)的蒙特塞镇。几天之后,马斯卡雷尼亚斯得到消息,一支装备精良的德国师——其官兵都是在非洲和意大利参过战的老兵,正试图从南部穿过波河流域,前往意大利最为繁华的城市之一的帕尔马(Parma)。巴西人封锁了道路,并在西南方8英里处的小镇克列奇奥(Collechio)堵住了德国人,他们在一座教堂前设立了迫击炮阵地。当一名战地指挥官因天色已晚,想要停止作战、扎营休整的时候,马斯卡雷尼亚斯表示反对。"这个老将军表现得就像个中尉一样动力十足。"士兵说道。济诺比奥也一样在全力奋战。

"济诺比奥一定是疯了。"一个在战斗中发射迫击炮的士兵回忆道。战争结束后,这名士兵曾回忆称:"机关枪在附近响起时,我和其他人一样都把身体卧倒,但济诺比奥却纹丝不动,并不卧倒,什么也没有做。"

在附近的佛尔诺沃(Fornovo),巴西军队进行了他们的最后一场战斗。面对人数占据优势的德国步兵和装甲兵,以及来自法西斯意大利社会共和国军队的狙击师(Bersaglieri)和阿尔卑斯山地师士兵,巴西人率领盟军与敌人形成僵持。马斯卡雷尼亚斯要求对方无条件投降,但德国人拒绝了。一名被招募来的当地牧师在战线间往返传递消息,巴西人保证了其安全。无法逃脱和反击的德军发现自己已经被包围了。

在二战期间的最后一次行动中,"抽烟的眼镜蛇"俘虏了14000名敌军士兵和3名将军——他们来自德国第90装甲掷弹兵师(Panzergrenadier)、标志性的意大利狙击师,以及德军的整个第148师。

只剩下回家了

> 现在——现在我只剩下点根香烟回家去了。亲爱的上帝,直到现在我才记起有人死去,会包括我吗?别忘了,就在这个时候,正是草莓的季节。是的。
>
> ——克拉蒂斯·里斯蓓克特,《谁在那不勒斯照顾巴西远征军》

1945年6月,几乎所有在意大利的巴西人都登船归国了——一些娶了意大利妻子的人会留下,或者之后带着他们的妻子一起回到巴西。7月,在里约热内卢,克拉克将军、弗农·沃尔特斯和其他美军军官坐在能看见甜面包山[1]的检阅台上,济诺比奥将军领着列队的士兵沿着大道行进在闪闪发光的海湾边。城中古老的大炮齐鸣,数百艘船聚集在港口,教堂的钟声响起,人群欢呼雀跃。

然而短短几个礼拜之内,巴西远征军的老兵们便被独裁政权故意忽视了,这个政权害怕这些曾为民主而战的士兵。"他们背弃了我们,"埃尔尼德斯·若昂·达·克鲁兹告诉我,"我们不但聪明,还受过训练,但在这里我们却被当成了狗。"达·克鲁兹回来后无法找到工作。这支军队被解散了,老兵们分散在全国各地。直到20世纪70年代,政府才同意他们以退伍军人的组织联合起来。

马斯卡雷尼亚斯将军,这位指挥巴西军队走过辉煌与低谷的老派军人,在回国之后撰写了一系列回忆录。

战争部部长尤里科·加斯帕尔·杜特拉将军(Eurico Gaspar Dutra)曾在塞尔吉奥河谷探访过军队,他于1945年参与推翻了总统瓦加斯。1946年,杜特拉当选总统,巴西在新宪法下恢复了民主。但杜特拉从瓦加斯平民主义的发展计划中倒退回去,他解散了工会,降低了工资,并积极配合美国战后的自由市场经济政策。

无论如何,瓦加斯依然受到拥护,到了下一轮选举时,他以自由和公正的投票再度赢得了总统之位,济诺比奥将军成为战争部部长。但最高将领中瓦加斯的政敌要求其辞职。1954年4月26日晚,济诺比

---

[1] Sugar Loaf Mountain,位于瓜纳巴拉湾入口处,是里约热内卢的象征之一,由两个山头组成,一个像立起的面包,另一个像平放的面包,加上山体表面光滑,好像抹上了糖浆,故得名"甜面包山"。

奥发布了总统辞职的消息，两个小时后，瓦加斯用一把柯尔特左轮手枪饮弹自尽。

坚决反共的巴西军方在1964年至1985年间建立了一个由美国支持的独裁政权，这些人中就包括了"抽烟的眼镜蛇"的军官。当杜特拉担任总统时，他在美国的帮助下建立了国家高级军事学院（Superior School of War），用于教授反共产主义和美国的冷战观点。1964年军事政变的数名策划者均毕业于这所学校。

卡斯特罗·布朗库，马斯卡雷尼亚斯在意大利时的作战指挥官，在政变中成为国家元首。弗农·沃尔特斯，此时成了卡斯特罗·布朗库的密友，在里约担任美国国防武官。卡斯特罗·布朗库取缔了政党，并让法学家起草了一部新的专制主义宪法。

1960年，那些曾埋在皮斯托亚纪念碑下的士兵遗骨被运回了巴西，他们在里约弗拉明戈社区的一座纪念碑前得到安葬。在米纳斯吉拉斯州（Minas Gerais）——在城堡山前线奋战的许多士兵的家乡——有一座陈列巴西远征军物品的小型展馆，吸引着游客前来。而在巴拉那州（Parana）的老兵有时会在库里蒂巴的远征军博物馆（Expeditionary Museum）碰面。在巴西驼峰的沿海城市福塔雷萨，有一个社区以蒙特塞（Montese）命名，以纪念这场发生在意大利城市的战斗。

除此之外，在今天的巴西几乎已经找不到有关"抽烟的眼镜蛇"的遗迹。当我在巴西最大城市圣保罗一处主要的旅客信息中心询问我在哪里可以找到巴西远征军的纪念碑时，年轻的工作人员说，巴西人参加过这场战争对他们来说简直是个新闻。

不过在意大利，依然有众多的遗存留了下来。在皮斯托亚，马里奥·佩雷拉（Mario Pereira），前巴西远征军老兵米格尔·佩雷拉（Miguel Pereira）的儿子，负责管理着纪念碑，越来越多的巴西外交官、老兵以及游客会前来参观。"他们是在网上看到的。"佩雷拉说。在伊欧拉德蒙特塞镇（Iola de Montese），有一座关于"抽烟的眼镜蛇"以及科罗拉多山地师历史的博物馆。在城堡山，有一座极为壮观的为巴西人修建的呈高耸银色弧形的纪念碑。而在比萨、摩德纳（Modena）和博洛尼亚等省，那些被"抽烟的眼镜蛇"解放的小镇到处都有纪念的牌匾。

还有就是在俯瞰塞尔吉奥河谷的索莫科洛尼亚一年一度的庆典，有户外午餐，并放置月桂冠。在当地教区教堂附属的一座房子里，两边挂着防毒面具、布满弹孔的旗子、染着黑色血迹的军装，还有德国人发给他们巴西"同志"的传单。

靠着石墙有一块牌匾，上面画了一条亮绿色的眼镜蛇，嘴里叼着一根冒着烟的烟斗。一段致敬的话用意葡双语的黑体字标注在下面：

> 以此纪念巴西远征军士兵，
> 他们为捍卫自由与民主，
> 在第二次世界大战中跨过大洋参加战斗。

因某些特殊原因，本书中文版未收录原作第五部分（第13章、第14章）。读者若想更深入地了解作者的思想，请参看英文原作。在此，向读者致歉。——编者

致　谢

我要向以下这些非凡的女性致以我深深的感谢，她们在我报道新闻和撰写本书的这些年里给予我支持和居所：朱恩·艾尔里克、拉莎·古斯塔蒂斯、南希·麦克吉尔、艾丽莎·米勒、简·莫里斯凯－波兹、露西娅·纽曼。感谢我的经纪人安迪·罗斯，他始终对我忠心耿耿，坚持不懈；感谢我出色的编辑伊丽莎白·戴斯加德和圣马丁出版社的优秀员工。除了我在书中采访过的人外，许多国家的个人也为本书做出了贡献，他们对于探索拉美历史中很大程度上被隐藏的一章的热情鼓舞了我。谢谢你，玛丽亚·多洛雷斯·阿尔比亚克、马里恩·阿奇博尔德、拉斯·阿奇博尔德、阿代尔弗·泽切利和玛格丽特·班卓·泽切利、伯林·华雷斯、苏珊娜·恺撒、克里斯汀·金、罗莎琳·克莱曼·德、马塔、罗妮·拉芙勒、安德里亚·甘多尔菲、贝尔纳多·门德斯·卢戈、马克辛·罗维、詹姆斯·麦卡维尔和海迪·麦卡维尔、豪尔赫·马里奥·马丁内斯、查尔斯·马内尔、马科·帕拉西奥斯、H.格伦·佩妮、马里奥·佩雷拉、克雷格·派耶斯、弗兰克·维维亚诺、里贾纳·瓦格纳、比尔·伊埃纳。

如果没有美国最伟大的机构——公共图书馆，尤其是旧金山的公共图书馆系统，我不可能写出《风暴前线》。我还要向其他团体和机构的员工致以特别感谢：布卢梅瑙市的何塞·费雷拉·达席尔瓦历史档案馆、以色列—阿根廷互助协会、布莱奇利公园、皮斯托亚巴西军事公墓、秘鲁日本移民博物馆、中美洲区域调查中心、库里蒂巴探险队博物馆、前"艾斯玛"人权纪念馆、富兰克林·罗斯福总统图书馆与博物馆、布卢梅瑙文化基金会、德裔美国人联盟、"车站绅士"研究小组、危地马拉国家经济共同体、茹安维尔历史档案馆、伦敦38纪念馆、胡佛战争革命与和平研究所、日本秘鲁口述历史项目、马克·夏加尔犹太文化研究所、旧金山机械学院图书馆、梅拉诺犹太博物馆、蒙特塞博物馆、巴西历史博物馆、波梅拉诺博物馆—波梅罗迪文化中心、圣地亚哥记忆博物馆、学院公园国家档案馆、旧金山全国日裔美国人历史学会、洛克菲勒档案中心、"耶利米·奥布莱恩"号自由轮纪念馆、索莫科罗尼亚圣弗莱迪亚诺历史收藏、墨西哥调查文献中心、伦敦皇家地理学会。

罗伯特·德盖塔诺和我们的女儿玛丽亚·安吉莉卡·德盖塔诺是我最感激的人，不仅因为他们对这本书的贡献，也因为这些年来他们对我大大小小的支持。我对他们感激不尽。

参考文献

第一章 南半球空域的战斗

书籍：

Conn, Stetson, and Byron Fairchild. *The Western Hemisphere*. Vol. 1, *The Framework of Hemisphere Defense*. United States Army in World War II. Washington, DC: Center of Military History, United States Army, 1960.

Corn, Joseph J. *The Winged Gospel*. London: Oxford University Press, 1984.

Daley, Robert. *An American Saga: Juan Trippe and His Pan Am Empire*. New York: Random House, 1980.

Dobson, Alan P. *FDR and Civil Aviation: Flying Strong, Flying Free*. Basingstoke: Palgrave Macmillan, 2011.

Espiniella, Fernando. *El tango y la aviación argentina*. Buenos Aires: Editorial Dunken, 2012.

Hilton, Stanley E. *Hitler's Secret War in South America, 1939–1945: German Military Espionage and Allied Counterespionage in Brazil*. New York: Ballantine Books, 1982.

Hoffman, Paul. *Wings of Madness: Alberto Santos-Dumont and the Invention of Flight*. New York: Hyperion, 2003.

Hyde, H. Montgomery. *Room 3603: The Story of the British Intelligence Center in New York during World War II*. New York: Farrar, Straus and Giroux, 1962.

Lear, John. *Forgotten Front*. New York: E. P. Dutton & Co., 1943.

Reiss, Curt. *Total Espionage*. New York: G. P. Putnam's Sons, 1941.

Stevenson, William. *A Man Called Intrepid: The Secret War*. New York: Harcourt Brace

Jovanovich, 1976.

Vidal, Gore. "On Flying." In *United States: Essays 1952–1992*. New York: Random House, 1993.

Winters, Nancy. *Man Flies: The Story of Alberto Santos-Dumont, Master of the Balloon, Conqueror of the Air*. Hopewell, NJ: Ecco Press, 1997.

期刊：

Hall, Melvin, and Walter Peck. "Wings for the Trojan Horse." *Foreign Affairs* 19, no. 2 (January 1941): 347–69.

Schwab, Stephen I. "The Role of the Mexican Expeditionary Air Force in World War II: Late, Limited, but Symbolically Significant." *Journal of Military History* 66, no. 4 (October 2002): 1115–40.

文件：

"Otto Lilienthal's letter to Moritz von Egidy in Berlin." January 1894. Berlin, Archives, Otto Lilienthal Museum, http://ikareon.de/olma/el1852.htm.

报纸：

"Aviation Pioneer Scored a First in Watch-Wearing." *New York Times*, October 25, 1975.

Calvo, Dana. "The Saga of the Aztec Eagles." *Los Angeles Times*, July 25, 2004.

Wyllie, John Philip. "Escuadron 201 Pilot Recalls Mexico's Role in WWII." *La Prensa San Diego*, May 9, 2003.

线上资料：

"Condecoran al xalapeño Héctor Porfirio Tello." YouTube video, 10:30. Posted by Al Calor Politico TV. November 20, 2015. https://www.youtube.com/watch?v=ipg99rlUhJo.

第二章　黑色黄金，助燃战争的石油

采访：

Galindo, Sergio Hernández; Kerber, Victor; Matsumoto, Ernesto

书籍：

Brown, Jonathan C. *Oil and Revolution in Mexico*. Berkeley: University of California Press, 1993.

Chew, Selfa A. *Uprooting Community: Japanese Mexicans, World War II, and the U.S.-Mexico Borderlands*. Tucson: University of Arizona Press, 2015.

Galindo, Sergio Hernández. *La Guerra contra los japoneses en México durante la segunda guerra mundial, Kiso Tsuru y Masao Imuro, migrantes vigilados*. Mexico City: Itaca, 2011.

Gardner, Lloyd C. *Economic Aspects of New Deal Diplomacy*. Madison: University of Wisconsin Press, 1964.

Gellman, Irwin F. *Good Neighbor Diplomacy: United States Policies in Latin America 1933–1945*. Baltimore: Johns Hopkins University Press, 1980.

Grayson, George W. *The Politics of Mexican Oil*. Pittsburgh, PA: University of Pittsburgh Press, 1980.

Harrington, Dale. *Mystery Man: William Rhodes Davis, Nazi Agent of Influence*. Dulles, VA: Brassey's, 1999.

Higham, Charles. *Trading with the Enemy: An Exposé of the Nazi-American Money Plot, 1933–1949*. Toronto: Delacorte Press, 1983.

Jones, Halbert. *The War Has Brought Peace to Mexico: World War II and the Consolidation of the Post-Revolutionary State*. Albuquerque: University of New Mexico Press, 2014.

Katz, Friedrich. "International Wars, Mexico, and U.S. Hegemony." In *Cycles of Conflict, Centuries of Change: Crisis, Reform, and Revolution in Mexico*, edited by Elisa Servín, Leticia Reina, and John Tutino. Durham, NC: Duke University Press, 2007.

Mancke, Richard B. *Mexican Oil and Natural Gas: Political, Strategic and Economic Implications*. New York: Praeger, 1979.

Mayer, Jane. *Dark Money: The Hidden History of the Billionaires behind the Rise of the Radical Right*. New York: Doubleday, 2016.

Meyer, Lorenzo. *Mexico and the United States in the Oil Controversy, 1917–1942*. Translated by Muriel Vasconcellos. Austin: University of Texas Press, 1977.

Niblo, Stephen R. *Mexico in the 1940s, Modernity, Politics, and Corruption*. Wilmington, DE: Scholarly Resources Inc., 1999.

Schuler, Friedrich E. *Mexico between Hitler and Roosevelt: Mexican Foreign Relations in the Age of Lázaro Cárdenas, 1934–1940*. Albuquerque: University of New Mexico Press, 1999.

Smith, Peter Seaborn. *Oil and Politics in Modern Brazil*. Toronto: Macmillan of Canada/ Maclean Hunter Press, 1976.

Stevenson, William. *A Man Called Intrepid: The Secret War*. New York: Harcourt Brace Jovanovich, 1976.

Townsend, William Cameron. *Lázaro Cárdenas: Mexican Democrat*. Ann Arbor, MI: George Wahr Publishing Company, 1952.

Ueno, Hisashi. *Los Samuráis de México: La verdadera historia de los primeros inmigrantes japoneses en latinoamérica*. Kyoto: Kyoto International Manga Museum, 2008.

第三章 白色黄金，橡胶士兵们的故事

书籍：

Bunker, Stephen G., and Paul S. Ciccantell. *Globalization and the Race for Resources*. Baltimore: Johns Hopkins University Press, 2005.

Dean, Warren. *Brazil and the Struggle for Rubber*. Cambridge: Cambridge University Press, 2002.

Garfield, Seth. *In Search of the Amazon: Brazil, the United Nature of a Region*. Durham, NC: Duke University Press, 2013.

Goodman, Jordan. *The Devil and Mr. Casement: One Man's Battle for Human Rights in South America's Heart of Darkness*. New York: Farrar, Straus and Giroux, 2010.

Grandin, Greg. *Fordlandia: The Rise and Fall of Henry Ford's Forgotten Jungle City*. New York: Henry Holt, 2009.

Hall, Anthony. "Did Chico Mendes Die in Vain?" In *Green Guerrillas, Environmental Conflicts and Initiatives*, edited by Helen Collinson. London: Latin America Bureau, 1996.

Lacey, Robert. *Ford: The Men and the Machine*. New York: Ballantine Books, 1987.

Loadman, John. *Tears of the Tree: The Story of Rubber, a Modern Marvel*. Oxford: Oxford University Press, 2005.

McCann Jr., Frank D. *The Brazilian-American Alliance, 1937–1945*. Princeton, NJ: Princeton University Press, 1973.

Revkin, Andrew. *The Burning Season: The Murder of Chico Mendes and the Fight for the Amazon Rain Forest.* Boston: Houghton Mifflin Company, 1990.

Sguiglia, Eduardo. *Fordlandia: A Novel.* Translated by Patricia J. Duncan. New York: Thomas Dunne Books, 2000.

Shoumatoff, Alex. *The World Is Burning.* New York: Little, Brown and Company, 1990.

Vargas Llosa, Mario. *The Dream of the Celt.* Translated by Edith Grossman. New York: Farrar, Straus and Giroux, 2010.

Wolfe, Joel. *Autos and Progress: The Brazilian Search for Modernity.* Oxford: Oxford University Press, 2010.

期刊：

De Guzman, Doris. "History of the Synthetic Rubber Industry." *Independent Chemical Information Service (ICIS)* (May 12, 2008). http://www.icis.com/resources/news/2008/05/12/9122056/history-of-the-synthetic-rubber-industry/.

Logsdon, Jonathan R. "Power, Ignorance, and Anti-Semitism: Henry Ford and His War on Jews." *Hanover Historical Review* (1999).

Wendt, Paul. "The Control of Rubber in World War II." *Southern Economic Journal* (January 1947).

文件：

"Picture story of the visit of President Getulio Vargas of Brazil to Belterra site of the Ford Rubber Plantation, October 8, 1940." 1940. The Henry Ford-Benson Ford Research Center. https://beta.worldcat.org/archivegrid/collection/data/69930928.

Wagner, Regina. "Guatemala Rubber Industry." Unpublished manuscript, 2016.

Wilkinson, Xenia Vunovic. "Tapping the Amazon for Victory: Brazil's 'Battle for Rubber.'" Doctoral dissertation, Georgetown University, 2009.

"World War II on the Home Front," wartime posters. U.S. War Production Board. http://www.learnnc.org/lp/editions/ww2-rationing/5911U.S.

报纸、杂志：

"Detour on Rubber." *Pittsburgh Post-Gazette*, February 4, 1943.

McConahay, Mary Jo. "Amazonian Futures." *Choices: The Human Development Magazine* 6, no. 2 (April 1997): 19–25.

Rohter, Larry. "Brazil 'Rubber Soldiers' Fight for Recognition." *International Herald Tribune*, October 13, 2006.

线上资料：

Branford, Sue. "The Life and Legacy of Chico Mendes." *BBC News*, December 22, 1988. http://news.bbc.co.uk/2/hi/7795175.stm.

"Brazil at War 1943 US Office of the Coordinator of Inter-American Affairs World War II." YouTube video, 9:41. Posted by Jeff Quitney. November 7, 2012. https://www.youtube.com/watch?v=3VcsM8RRS9o.

Darby, Kenyatta, and Matthew. "World War II and Rubber." The History of Rubber. http://historyofrubber.weebly.com.

"Fordlandia: The Rise and Fall of Henry Ford's Forgotten Jungle City." Transcript of Democracy Now! video, 46:00. July 2, 2009. https://www.democracynow.org/2009/7/2/fordlandia_the_rise_and_fall_of.

Oliveira, Wolney. "Borracha Para A Vitoria." YouTube video, 54:38. Posted by Jozafá Batista. November 26, 2012. https://www.youtube.com/watch?v=Lw4uK5bienI.

"The Charles Goodyear Story." Goodyear Tire and Rubber Company. Reprinted from the January 1958 issue of *Reader's Digest*. https://corporate.goodyear.com/en-US/about/history/charles-goodyear-story.html.

第四章 "他们不能进入的地方"：犹太人的生活

采访：

Guggenheim, Hans; Lowy, Maxine; Scliar, Judith; Skolnick, Paul; Unger, David; Unger, Manuel

书籍：

Agosin, Marjorie. *Among the Angels of Memory*. San Antonio, TX: Wings Press, 2006.

———. *Dear Ann Frank*. Lebanon, NH: Brandeis University Press/University Press of

New England, 1998.

Columbus, Christopher. *The Journal of Christopher Columbus (during His First Voyage, 1492–93) and Documents Relating to the Voyages of John Cabot and Gaspar Corte Real*. Translated by Clements R. Markham. Boston: Adamant Media Corporation, 2001.

Correa, Armando Lucas. *The German Girl*. New York: Atria Books, 2016.

Elkin, Judith Laikin. *Jews of Latin America*. New York: Holmes and Meier, 1998.

Gertz, René. *O Fascismo no Sul do Brasil*. Porto Alegre: Mercado Aberto, 1987.

Gleizer, Daniela. *El exilio incómodo, México y los refugiados judíos*. Mexico City: Colegio de Mexico, 2011.

Gutfreind, Ieda. *A imigração judaica no Rio Grande do Sul, Da memoria para a história*. São Leopoldo: Editora Unisinos, 2004.

Lesser, Jeffrey. *Welcoming the Undesirables: Brazil and the Jewish Question*. Berkeley: University of California Press, 1995.

Levine, Robert M. *Tropical Diaspora: The Jewish Experience in Cuba*. Princeton, NJ: Markus Weiner Publishers, 2010.

de Magalhães, Marionilde Dias Brepohl. *Pangermanismo e nazismo, A trajetória alemã rumo ao Brasil*. Campinas São Paulo: Editoria da UNICAMP/FAPESP, 1998.

Morais, Fernando. *Olga*. São Paulo: Editora Schwarcz, 2008.

Morimoto, Amelia. *Los japoneses y sus descendientes en el Perú*. Lima: Congreso de la República del Perú, 1999.

Perera, Victor. *The Cross and the Pear Tree, a Sephardic Journey*. New York: Alfred A. Knopf, 1995.

Scliar, Moacyr. *The War in Bom Fim*. Lubbock: Texas Tech University Press, 2010.

Sepan, Nancy Leys. *The Hour of Eugenics, Race, Gender and Nation in Latin America*. Ithaca, NY: Cornell University Press, 1996.

Wiazovski, Taciana. *Bolchevismo & judaísmo, A comunidade judaica sob o olhar do DEOPS (Inventário DEOPS)*. São Paulo: Arquivo do Estado/Imprensa Oficial, 2001.

期刊：

Birnbaum, Ervin. "Evian: The Most Fateful Conference of All Times in Jewish History: Part II." *NATIV* (February 2009). http://www.acpr.org.il/nativ/0902-birnbaum-E2.pdf.

文件：

Histórias de Vida: Imigração Judaica No Rio Grande Do Sul. Porto Alegre: Instituto Cultural Judaico Marc Chagall, nd.

报纸：

Bloomekatz, Ari B. "Mexican Schindler Honored." *Los Angeles Times*, December 1, 2008.

档案：

Photos and oral histories, Marc Chagall Jewish Cultural Institute, Porto Alegre, Brazil.

线上资料：

Peralta, Pablo. "The History of the Bolivian Schindler." Translated by *Bolivian Thoughts in an Emerging World*, September 4, 2015. https://bolivianthoughts.com/2015/09/04/the-history-of-the-bolivian-schindler/.

Tauber, José Kaminer. "La primera presencia." *Enlace judío*, August 21, 2012. http://www.enlacejudio.com/2012/08/21/la-primera-presencia/.

"The Evian Conference." United States Holocaust Memorial Museum. https://www.ushmm.org/outreach/en/article.php?ModuleId=10007698.

"The Righteous among the Nations." The World Holocaust Remembrance Center. http://db.yadvashem.org/righteous/family.html?language=en&itemId=5604975.

第五章　白蝴蝶之地上的纳粹与非纳粹

采访：

Reiche, Olga; Sapper, Arne; Sapper, Maya; Wagner, Regina

书籍：

Friedman, Max Paul. *Nazis and Good Neighbors: The United States Campaign against the Germans of Latin America in World War II*. Cambridge: Cambridge University Press, 2005.

de Magalhães, Marionilde Brepohl. *Pangermanismo e Nazismo: A trajetória alemã rumo ao Brasil*. Campinas São Paulo: Editora da UNICAMP/FAPESP, 1998.

Newton, Ronald C. *The "Nazi Menace" in Argentina, 1931–1947*. Palo Alto: Stanford University Press, 1992.

Terga Cintrón, Ricardo. *Almas Gemelas: un estudio de la inserción alemana en las verapaces y la consecuente relación entre los alemanes y los k'ekchies*. Coban: Imprenta y Tipografía "El Norte," 1991.

Wagner, Regina. *Los alemanes en Guatemala 1828–1944*. Guatemala City: Universidad Francisco Marroquin, 1991.

期刊：

"O Dirigivel 'Graf Zeppelin' Sobrevoando Blumenau." *Blumenau em Cadernos* (October 1998).

Seyferth, Giralda. "A liga pangermânica e o perigo alemão no Brasil: Análise sobre dois discursos étnicos irredutíveis." *História: Questões & Debates* 10 (June-December 1989).

档案：

Photos and ephemera, Arquivo Histórico de Joinville, Joinville, Brazil.

Photos and oral histories, Arquivo Histórico José Ferreira da Silva, Blumenau, Brazil.

Newspapers collection, Hemeroteca Nacional de Guatemala, Guatemala City.

Photos and family histories, Center for Meso-American Research, Antigua, Guatemala.

线上资料：

Personal accounts, Latin American Germans, The German American Internee Coalition, http://gaic.info.

第六章　在印加国度抓捕"日本人"

采访：

Diogo, Adriano; Galindo, Sergio Hernández; Panfichi Huamán, Aldo; Igei, Ginyu; Kerber, Victor; Maoki, Libia; Naganuma, Kazuharu; Naganuma, Kazumu; Naganuma,

Kazushige; Okujara, Mario Jun; Shimizu, Grace; Shimomura, Carlos; Shimomura, Flor de Maria; Tsuneshige, Cesar; Yaga, Rolando Tamashiro

书籍:

Corbett, P. Scott. *Quiet Passages: The Exchange of Civilians between the United States and Japan during the Second World War*. Kent, OH: Kent State University Press, 1987.

Gardiner, C. Harvey. *Pawns in a Triangle of Hate: The Peruvian Japanese and the United States*. Seattle: University of Washington Press, 1981.

Higashide, Seiichi. *Adios to Tears: The Memoirs of a Japanese-Peruvian Internee in U.S. Concentration Camps*. Seattle: University of Washington Press, 2000.

Hirabayashi, Lane Ryo, Akemi Kikumura-Yano, and James A. Hirabayashi, eds. *New Worlds, New Lives: Globalization and People of Japanese Descent in the Americas and from Latin America in Japan*. Stanford: Stanford University Press, 2002.

Masterson, Daniel M., with Sayaka Funada-Classen. *The Japanese in Latin America*. Chicago: University of Illinois Press, 2004.

Robinson, Greg. *A Tragedy of Democracy: Japanese Confinement in North America*. New York: Columbia University Press, 2010.

Rocca Torres, Luis. *Los japoneses bajo el sol de Lambayeque*. Lambayeque: Universidad Nacional "Pedro Ruiz Gallo," 1997.

Russell, Jan Jarboe. *The Train to Crystal City: FDR's Secret Prisoner Exchange Program*. New York: Simon and Schuster, 2016.

Shinto, Victor Aritomi. *Encuentro y Relaciones Diplomáticas entre Perú y Japón: A cien años de la Inmigración Japonesa al Perú*. Lima: Editorial Perú Shimpo, 1999.

Taneshiro, Takeo, ed. *Internees: War Relocation Center Memoirs and Diaries*. New York: Vantage Press, 1976.

Yamashita, Karen Tai. *Brazil-Maru*. Minneapolis: Coffee House Press, 1993.

期刊:

Watanabe, José. "Wall," translated by Michelle Har Kim. *Asian American Literary Review* 2, no. 1 (Winter/Spring 2011).

文件：

Galindo, Sergio Hernández. "Orígenes del autoritarismo: la concentración de japoneses en México durante la segunda guerra mundial." *El XX mexicano. Lecturas de un siglo*, coordinated by Carlos San Juan Victoria. México: Itaca, 2012.

Letters, photos, and ephemera, Shimomura family.

档案：

National Japanese American Historical Society, San Francisco.

Oral histories, Japanese Peruvian Oral History Project.

第七章　囚犯也是家中事

包括前一章引用的采访、书籍和档案，外加如下的：

采访：

Donald, Heidi Gurcke

书籍：

Donald, Heidi Gurcke. *We Were Not the Enemy: Remembering the United States Latin-American Civilian Internment Program of World War II*. Lincoln, NE: iUniverse, 2006.

文件：

Letters, photos, and ephemera of Starr Gurcke, Werner Gurcke.

线上资料：

Kaplan-Levenson, Laine. "'Camp Algiers,' New Orleans' Forgotten WWII Internment Camp." *New Orleans Public Radio*, January 19, 2017. http://wwno.org/post/camp-algiers-new-orleans-forgotten-wwii-internment-camp-part-ii.

———. "The WWII Internment Camp, 'Camp Algiers,' Part I." *New Orleans Public Radio*, January 12, 2017. http://wwno.org/post/wwii-internment-camp-camp-algiers-part-i?nopop=1.

第八章　诱惑

书籍：

Baxter, John. *Disney during World War II: How the Walt Disney Studio Contributed to Victory in the War*. New York: Disney Editions, 2014.

Benamou, Catherine. *It's All True: Orson Welles's Pan-American Odyssey*. Berkeley: University of California Press, 2007.

Canemaker, John. *The Art and Flair of Mary Blair: An Appreciation*. Glendale, CA: Disney Editions, 2014.

Evans, Richard J. *The Third Reich in Power: 1933–1939*. New York: Penguin Press, 2005.

Gehring, Wes D. *Robert Wise: Shadowlands*. Indianapolis: Indiana Historical Society Press, 2012.

Giesen, Rolf, and J. P. Storm. *Animation under the Swastika: A History of Trickfilm in Nazi Germany, 1933–1945*. Jefferson, NC: MacFarland & Company, 2012.

Kramer, Michael S., and Sam Roberts. *"I Never Wanted to be Vice-President of Anything!" : An Investigative Biography of Nelson Rockefeller*. New York: Basic Books, 1976.

Leaming, Barbara. *Orson Welles: A Biography*. New York: Viking, 1985.

Reich, Cary. *The Life of Nelson A. Rockefeller: Worlds to Conquer, 1908–1958*. New York: Doubleday, 1996.

Schickel, Richard. *The Disney Version: The Life, Times, Art and Commerce of Walt Disney*. New York: Simon and Schuster, 1968.

Shale, Richard. *Donald Duck Joins Up: The Walt Disney Studio During World War II*. Ann Arbor, MI: AMI Research Press, 1982.

Smith, Richard Norton. *On His Own Terms: A Life of Nelson Rockefeller*. New York: Random House, 2014.

Tota, Antonio Pedro. *The Seduction of Brazil: The Americanization of Brazil during World War II*. Austin: University of Texas Press, 2000.

Welles, Orson, and Peter Bogdanovich. *This Is Orson Welles*. New York: Harper-Collins, 1992.

期刊：

Feuerlicht, Maurice. "To Your Health, Jose!" *Educational Screen* 22 (October 1943): 285–88.

Fox, Stephen. "The Deportation of Latin American Germans, 1943–47: Fresh Legs for Mr. Monroe's Doctrine." *Yearbook of German-American Studies* 32 (1997).

Stam, Robert. "Orson Welles, Brazil and the Power of Blackness." *Persistence of Vision* 7 (1989).

文件：

Marchesi, Greta. "Nelson A. Rockefeller's Office of International Affairs and the Roots of United States Hemispheric Development Policy." Research Reports, Rockefeller Archive Center, Sleepy Hollow, New York, 2010.

报纸、杂志：

Ross, Alex. "The Shadow: A Hundred Years of Orson Welles." *New Yorker*, December 7, 2015.

档案：

Letters and materials produced by the Office of the Coordinator of Inter-American Affairs, The Rockefeller Archive Center, Sleepy Hollow, New York.

线上资料：

"Disney History." The Walt Disney Company. https://d23.com/disney-history/.

"Orson Welles—FourMen in the Raft (1942) [Alta qualidade e tamanho].avi." YouTube video, 46:26. Posted by João Arjona. March 26, 2012. https://www.youtube.com/watch?v=7Hy-4cI3EVc.

"Orson Welles—It's All True (1942)—The Story of Samba." YouTube video, 5:31. Posted by MrByronOrlok. December 23, 2010. https://www.youtube.com/watch?v=IevOgR1ftSc&list=PLtGZekGgqXq68IOmOtp8zM-QFLAW9A-em.

"Orson Welles—It's All True—My Friend Bonito—The Blessing of the Young Animals." YouTube video, 3:14. Posted by upcycle. November 27, 2011. https://www.youtube.

com/watch?v=BZnYhyAzH8.

"*The Story of Jazz*, Duke Ellington and Louis Armstrong." Columbia University, The Center for Jazz Studies. http://jazz.columbia.edu/event/orson-welles-presents-louis-armstrong.

Thomas, Theodore, dir. *Walt & El Grupo*. 2008; YouTube Movies, 2012, DVD. https://www.youtube.com/watch?v=4-EOGWqhTE.

第九章　间谍与间谍大师

书籍：

Becker, Marc. *The FBI in Latin America: The Ecuador Files*. Durham, NC: Duke University Press, 2017.

Bogdanovich, Peter. *John Ford*. Berkeley: University of California Press, 1978.

Brown, Anthony Cave. *Wild Bill Donovan: The Last Hero*. New York: Times Books, 1982.

Cedillo, Juan Alberto. *Los Nazis en México*. Mexico City: Random House Mondadori, 2010.

Colvin, Ian. *Master Spy: The Incredible Story of Admiral William Canaris*. New York: McGraw-Hill, 1951.

Dunlop, Richard. *Donovan: America's Master Spy*. Chicago: Rand McNally, 1982.

Eyman, Scott. *Print the Legend: The Life and Times of John Ford*. New York: Simon & Schuster, 2015.

Farago, Ladislas. *Burn after Reading: The Espionage History of World War II*. New York: Walker & Company, 1961.

———. *The Game of the Foxes: The Untold Story of German Espionage in the United States and Great Britain during World War II*. New York: Bantam Books, 1971.

Freidel, Frank. *Franklin D. Roosevelt: A Rendevous with Destiny*. New York: Little, Brown and Company, 1990.

Masterman, J. C. *The Double-Cross System in the War of 1939 to 1945*. New Haven, CT: Yale University Press, 1972.

McBride, Joseph. *Searching for John Ford*. New York: St. Martin's Press, 2001.

McBride, Joseph, and Michael Wilmington. *John Ford*. Boston: DaCapo Press, 1975.

Mueller, Michael. *Canaris: The Life and Death of Hitler's Spymaster*. Annapolis, MD: Naval Institute Press, 2007.

Paz, Maria Emilia. *Strategy, Security, and Spies: Mexico and the U.S. as Allies in World War II*. University Park, PA: Penn State University Press, 1997.

Popov, Dusko. *Spy/Counterspy: The Autobiography of Dusko Popov*. New York: Grosset & Dunlap, 1974.

Powers, Richard Gid. *Secrecy and Power: The Life of J. Edgar Hoover*. New York: Free Press, 1987.

Rout, Leslie B., and John F. Bratzel. *The Shadow War: German Espionage and United States Counterespionage in Latin America during World War II*. New York: Praeger, 1986.

Smith, Richard Harris. *OSS: The Secret History of America's First Central Intelligence Agency*. Berkeley: University of California Press, 1972.

Summers, Anthony. *Official and Confidential: The Secret Life of J. Edgar Hoover*. New York: G. P. Putnam's Sons, 1992.

Waller, Douglas. *Wild Bill Donovan: The Spymaster Who Created the OSS and Modern American Espionage*. New York: Free Press, 2011.

Weiner, Tim. *Enemies: A History of the FBI*. New York: Random House, 2012.

期刊：

Bratzel, John F., and Leslie B. Rout. "FDR and the 'Secret Map.'" *Wilson Quarterly* 9, no. 1 (New Year's, 1985): 167–73.

报纸、杂志：

Ahrens, J. M. "Hilda Kruger, la espía que se acostaba por Hitler y su Reich." *El Pais*, October 22, 2016.

Santibañez, Julia. "Hilda Kruger, espía nazi en México." *Vanity Fair de México*, October 20, 2016.

线上资料：

Roosevelt, Franklin D. "President Franklin Delano Roosevelt Address over the radio on

Navy Day concerning the attack upon the destroyer U. S. S. Kearny, October 27, 1941." October 27, 1941. *American Merchant Marine at War*. http://www.usmm.org/fdr/kearny.html.

第十章 玻利瓦尔行动，德国在南美的间谍活动

前一章引用的书籍，外加如下的：

书籍：

Anderson, Jon Lee. *Che Guevara: A Revolutionary Life*. New York: Grove Press, 1997.

Hilton, Stanley E. *Hitler's Secret War in South America: 1939–1945*. New York: Ballantine Books, 1981.

Hinsley, F. H., and Alan Stripp, eds. *Codebreakers: The Inside Story of Bletchley Park*. Oxford: Oxford University Press, 1994.

Schoonover, Thomas D. *Hitler's Man in Havana: Heinz Luning and Nazi Espionage in Latin America*. Lexington: University Press of Kentucky, 2008.

Sebag-Montefiore, Hugh. *Enigma: The Battle for the Code*. London: Cassell, 2006.

Turing, Dermot. *Demystifying the Bombe*. Stroud: The History Press, 2014.

期刊：

Brinson, Susan L. "Politics and Defense: The FCC's Radio Intelligence Division 1940–1947." *Journal of Radio and Audio Media* 16, no. 1 (May 2009): 2–16.

文件：

McGaha, Richard L. "The Politics of Espionage: Nazi Diplomats and Spies in Argentina, 1933–1945." Doctoral dissertation, Ohio University, 2009.

Mowry, David P. "German Clandestine Activities in South America in World War II." 1989. United States Cryptologic History (Series IV, Vol. 3), National Security Agency.

"ISOS-ISK Broadcast locations," courtesy Bletchley Park.

第十一章　大西洋之战：南方海域

书籍：

Blair, Clay. *Hitler's U-Boat War: The Hunted, 1942–1945*. New York: Random House, 1998.

———. *Hitler's U-Boat War: The Hunters, 1939–1942*. New York: Modern Library, 2000.

Dimbleby, Jonathan. *The Battle of the Atlantic: How the Allies Won the War*. Oxford: Oxford University Press, 2016.

Frank, Wolfgang. *The Sea Wolves: The Complete Story of German U-Boats at War*. New York: Ballantine, 1955.

"History of the Bureau of Yards and Docks and the Civil Engineer Corps: 1940–1946." In *Building the Navy's Bases in World War II*, vol. 2. Washington, DC: United States Government Printing Office, 1947.

Landsborough, Gordon. *The Battle of the River Plate*. London: Panther Books, 1956.

Mascarello Zappia, Mario, et al. *Graf Spee, De la política al drama*. Montevideo: Ediciones Cruz del Sur, 2010.

Savas, Theodore P. *Silent Hunters: German U-boat Commanders of World War II*. Boston: Da Capo Press, 1997.

Showell, Jak P. Mallmann. *U-Boat Command and the Battle of the Atlantic*. London: Conway Maritime Press, 1989.

文件：

Bidlingmaier, (Ret'd) Kapitän zur See Gerhard. "KM Admiral Graf Spee/Pocket Battleship 1932–1939." *Profile Warship 4*. Windsor: Profile Publications Limited, 1971.

线上资料：

"AVP Barnegat, the Fourth Fleet Ships." Sixtant: War II in the South Atlantic. http://www.sixtant.net/2011/artigos.php?cat=recife-the-u.s.-4th-fleet-headquarters&sub =the-fourth-fleet-ships-(169-pages—325-images)&tag=40)avp-10-barnegat.

"Barnegat report." July 1943. U-boat Archive. http://www.uboatarchive.net/U-513A/U-513BarnegatReport.htm.

"Richard Caswell American steam merchant." Uboat .net. http://uboat.net/allies/merchants/ships/3013.html.

第十二章　抽烟的眼镜蛇

采访：

Biondi, Vittorio Lino; da Cruz, Eronides João; de Oliveira, Dennison; Pereira, Miguel; Pontarolli, Reynaldo; Prado, Nery; Rossi, Pedro; da Silva Filho, Jose Basilio; Viviano, Frank

书籍：

Atkinson, Rick. *The Day of Battle: The War in Sicily and Italy, 1943–1945*. New York: Henry Holt, 2007.

Brayner, Floriano de Lima. *A Verdade Sobre a Feb. Civilizacao Brasileira, Memórias de un chefe de Estado-Maior na campanha de Itália: 1943–1945*. Rio de Janiero: Editora Civilizaçao Brasiliera, 1968.

Clark, Mark. *Calculated Risk*. New York: Harper & Brothers, 1950.

De Oliveira, Dennison. *Os Soldados Alemães de Vargas*. Curitiba: Juruá, 2011.

———. *Aliança Brasil-EUA, Nova História do Brasil na Segunda Guerra Mundial*. Curitiba: Juruá, 2015.

Dulles, John W. F. *Castello Branco: The Making of a Brazilian President*. College Station: Texas A&M University Press, 1978.

———. *Unrest in Brazil: Political-Military Crises 1955–1964*. Austin: University of Texas Press, 1970.

Ferraz, Francisco Cesar. *A guerra que não acabo, a reintegração social dos veteranos da Força Expedionaria Brasiliera*. Londrina: Eduel, 2012.

———. *Os brasileiros e a Segunda Guerra Mundial*. Rio de Janiero: Jorge Zahar, 2005.

Giannasi, Andrea. *Il Brasile in Guerra, La Força Expedicionária Brasileira in Italia (1944–1945)*. Roma: Carocci editore, 2014.

Lombardi, Lino. *Barga sulla linea gotica*. Barga: Gasperetti, 1954.

McCann Jr., Frank D. *The Brazilian-American Alliance, 1937–1945*. Princeton, NJ:

Princeton University Press, 1973.

de Moraes, João Baptista Mascarenhas. *The Brazilian Expeditionary Force by Its Commander*. Washington, DC: U.S. Government Printing Office, 1966.

Morris, Eric. *Circles of Hell: The War in Italy 1943–1945*. New York: Crown Publishers, 1993.

Neto, Ricardo, Cesar Campiani Maximiano, and Ramiro Bujeiro. *The Brazilian Expeditionary Force in World War II*. Oxford: Osprey Publishing, 2011.

Starr, Chester G. *From Salerno to the Alps: A History of the Fifth Army 1943–1945*. Washington, DC: Infantry Journal Press, 1948.

Teixeira, Carlos Gustavo Poggio. *Brazil, the United States, and the South American Subsystem: Regional Politics and the Absent Empire*. Lanham, MD: Lexington Books, 2012.

Walters, Vernon. *Silent Missions*. New York: Doubleday & Company, 1978.

文件：

Rosenheck, Uri. "Olive Drab in Black and White: The Brazilian Expeditionary Force, the U.S. Army and Racial National Identity." *XXIX International Congress of the Latin American Studies Association*, October 2009.

线上资料：

"Brazil: Prosecute Dictatorship-Era Abuses." *Human Rights Watch,* April 14, 2009. https://www.hrw.org/news/2009/04/14/brazil-prosecute-dictatorship-era-abuses.

"History of the 10th Mountain Division." *Fort Drum: Home of the Tenth Mountain Division.* http://www.drum.army.mil/AboutFortDrum/Pages/hist_10thMountainHistory_lv3.aspx.

Imbrie, John. "Chronology of the 10th Mountain Division in World War II, 6 January 1940—30 November 1945." *National Association of the 10th Mountain Division,* June 2004. http://www.10thmtndivassoc.org/chronology.pdf.

Pankhurst, Richard. "Racism in the Service of Fascism, Empire-Building and War: The History of the Italian Fascist Magazine 'La Difesa della Razza.' " *Marxists Internet Archive,* 2007. https://www.marxists.org/archive/pankhurst-richard/2007/03/x01.htm.

Zanchi, Lindano. "Pippo e i brasiliani in mediavalle." *Manrico Ducceschi detto "Pippa" Comandante XI Zona.* http://xoomer.virgilio.it/lpoggian/PIPPO/brasiliani.htm.

索引

（索引页码为英文原版页码，即本书边码）

Achilles（light cruiser）亚几里斯（轻巡洋舰），212–13

Admiral *Graf Spee*（German *Panzerschiff* armored ship）格拉夫·斯佩海军上将（德意志级装甲巡洋舰），193，202，211–16，220

African Star（freighter）非洲之星（货轮），222

Agee, James 詹姆斯·阿吉，156

Agosin, Marjorie 玛乔丽·阿格森，95–96

Alemán Valdés, Miguel 米格尔·阿莱曼·瓦尔德斯，20，169，172–73，191

Amazon Awakens, The（documentary）《亚马孙觉醒》（纪录片），167

Amazon River 亚马孙河，4，43–44，48，50，67，74–75，116，224

"America First" movement "美国第一" 运动，14，56，84，177

anti-Semitism 反犹主义，56，77–89，172

Argentina 阿根廷，xii–xiii，178，181
 air travel 空中旅行，6–8

Battle of the River Plate 拉普拉塔河之战，212–16

Brazil 巴西，49

Down Argentine Way（film）《阿根廷游记》（电影），3

emigrants from Axis countries 轴心国移民，104

eugenics 优生学，82

El Grupo 迪士尼"小组"，152–53，156

Jewish migration to 犹太人移民，75–76，84

military junta（1976–83）阿根廷军政府，95

music 音乐，142，149，152

Nazi money laundering 纳粹洗钱，187

Nazi oil industry 纳粹石油工业，23

Operation Bolívar 玻利瓦尔行动，192–98，202，222–24

Aryanism 雅利安主义，81. 可参看优生学（eugenics）

Ávila Camacho, Manuel 曼纽尔·阿维

拉·卡马乔，19-20，39-42，186

Aztec Eagles（Mexican Air Force Squadron 201）阿兹特克之鹰（墨西哥空军201中队），18-20

Aztec people 阿兹特克人，18，44，171，191

Baker，Walter 瓦尔特·贝克，170

Balanchine，George 乔治·巴兰钦，149

Barbie，Klaus 克劳斯·巴比，xiii

Barnegat（seaplane tender）巴奈加特（水上飞机母舰），225

Barth，Theodor 西奥多·巴斯，11

Baruch，Bernard 伯纳德·巴鲁克，46-47

Batista，Fulgencio 富尔亨西奥·巴蒂斯塔，92，201

Becker，Johannes Siegfried "Sargo," 约翰内斯·齐格弗里德·贝克（"重牙鲷"）195，202

Benitez，Manuel 曼纽尔·贝尼特斯，92-93，201

Benz，Karl Friedrich 卡尔·弗雷德里希·本茨，45

Bezerra da Costa，Vicência 文森希亚·贝泽拉·德·科斯塔，61-62

Biddle，Francis 弗朗西斯·比德尔，99，115

Bismarck（German battleship）俾斯麦（德国战列舰），220

Blair，Mary 玛丽·布莱尔，153-54，156

Bolívar，Simón 西蒙·玻利瓦尔，192

Bolivia 玻利维亚，74，152

  delegation to Évian Conference 埃维昂会议代表团，85

  emigrants from Axis countries 轴心国移民，4，85，104

  LAB（Lloyd Aéreo Boliviano）airline 玻利维亚劳埃德航空，7

  oil industry 石油工业，22，23，26

Boskovics，Hildegard 希尔德加德·博斯科维奇，87

Bosques Saldívar，Gilberto 吉尔贝托·博斯克斯·萨尔迪瓦，84

Braden，Spruille 斯普鲁尔·布莱登，9-10

Brazil 巴西

  Battle of the Atlantic 大西洋之战，209-10，216，221-23

  brasilidade（shared identity）巴西标识（共同身份），83

  Brazilian Expeditionary Force（BEF）巴西远征军，xiii，227-46

  coup of 1964 1964年政变，245

  Department of Political and Social Order（DEOPS）政治和社会秩序部，87-88

  Department of Press and Propaganda 新闻宣传部，160，165

  Disney films 迪士尼电影，156-58

  El Grupo "小组"，150，152，156

  espionage 间谍活动，173，175，190

Flying Down to Rio（film）《飞到里约》（电影），3–4

German-Brazilian community 德裔巴西人社区，xi，4，77–79

Integralistas（"Greens"）整体主义（"绿党"），17，77–79

Japanese-Brazilian community 日裔巴西人社区，4，104–5

Jewish emigration to 犹太移民，79–88

mapping of 绘制地图，4

oil industry 石油工业，22–23

Operation Bolívar 玻利瓦尔行动，192–99，202，222–24

Panair do Brasil（airline）巴西泛空航空，8

Plan Rubber（Joint Basic Plan for the Occupation of Northern Brazil）橡胶计划（占领巴西北部的联合基本计划），50

Rockefeller, Nelson 纳尔逊·洛克菲勒，148

rubber industry 橡胶工业，48

Santos-Dumont Airport 桑托斯－杜蒙机场，6

Sindicato Condor（airline）神鹰公司（航空公司），7–8，11

Smoking Cobras（Brazilian Expeditionary Force）抽烟的眼镜蛇（巴西远征军），xiii，227–46

teuto-brasileiros（Germans of Brazil）巴西德裔人，7，239

Washington Accords（Brazil-United States Political-Military Agreement）华盛顿协议（美巴政治军事协议），50–51，65

Welles, Orson 奥森·威尔斯，160–67

Bryk, Mordechay 莫德柴伊·布莱克，79–80

Buddhism 佛教，135，142

Cabeza de Vaca, Álvar Núñez 阿巴·努涅斯·卡贝莎迪·巴迦，131

Caffery, Jefferson 杰弗逊·卡弗里，12，17–18，161

Calles, Plutarco 普鲁塔科·卡列斯，27–28

Canaris, Wilhelm 威廉·卡纳里斯，xii，168–69，171，178–81，184–85，190–91，196–97，202–5，210

Cárdenas del Río, Lázaro 拉萨罗·卡德纳斯，26，28–32，35–37，42，172，193

nationalization of oil industry 石油工业国有化，30–32，37，39

Carnos, Sofia Wolff 索菲亚·沃尔夫·卡诺斯，77

Cartier, Louis 路易·卡地亚，6

Casement, Roger 罗杰·凯斯门特，53–54，58，62

Castellanos, José Arturo 何塞·阿图罗·卡斯特利亚诺斯，84

Castello Branco, Humberto de Alencar 翁贝托·德·阿伦卡尔·卡斯特罗·布

朗库, 242, 245
Catholic Church 天主教会
  Liberation Theology 解放神学, 67
Cavalieri, Pedro 佩德罗·卡瓦列里, 12
Central Intelligence Agency (CIA) 中央情报局, xii, xiv, 15, 184-85, 187, 202-3
Chabloz, Jean-Pierre 简-皮埃尔·查布罗兹, 61
Chagas, Nilo 尼洛·恰加斯, 164
Chagas disease 美洲锥虫病, 65
Chesterton, G. K. G.K.切斯特顿, 80
Chile 智利, 95
  air travel 空中旅行, 7, 11
  German military training 德国军事训练, 107
  limpieza de sangre (cleansing of the blood) 血液净化, 73
  music 音乐, 152
  Operation Bolívar 玻利瓦尔行动, 192, 194, 198
  Rauff, Walter 沃尔特·劳夫, 81
Churchill, Winston 温斯顿·丘吉尔, 13, 22, 204, 220, 223
Clark, Mark 马克·克拉克, 228, 230, 236, 240, 244
Clemm, Karl von 卡尔·冯·克莱姆, 33
Clemm, Werner von 维尔纳·冯·克莱姆, 33
coffee industry 咖啡业, 6, 48, 51, 97, 100, 102, 105, 108, 170, 221-23, 230, 239
Colegio Aleman (German school in Latin America) 德国学校, 102, 105, 108
Colombia 哥伦比亚, 98, 149, 169, 192
  emigrants from Axis countries 轴心国移民, 4
  Jewish migration to 犹太移民, 76
  oil industry 石油工业, 22, 23, 26, 31, 39
  Panama's secession from 巴拿马脱离, 9
  rubber industry 橡胶工业, 53
  SCADTA (airline) 哥伦比亚-德国航空, 7, 9-11
Columbus, Christopher 克里斯托弗·哥伦布, 72-73
Conference of American States 美洲国家国际会议, 106
Coolidge, Calvin 卡尔文·柯立芝, 27, 82, 182
Copland, Aaron 阿伦·科普兰, 149
Coppola, Giovanni 乔凡尼·科波拉, 16-18
Corbett, P. Scott 斯科特·科比特, 111, 133
Cortés, Hernán 赫尔南·科尔特斯, 27, 191
Costa Rica 哥斯达黎加, 47, 128, 130, 137
Crittenberger, Willis 威利斯·克里滕贝格, 238

Crosby, Bing 平・克劳斯贝, 149

Crystal City Internment Camp 克里斯特尔拘留营, 119–20, 130–39

Cuba 古巴, 76, 90–93, 156, 180, 199–201

da Cruz, Eronides João 埃尔尼德斯・若昂・达・克鲁兹, 230, 245

Daimler, Gottlieb 戈特利布・戴姆勒, 45

Daniels, Josephus 约瑟夫斯・丹尼尔斯, 35, 37

Davis, William Rhodes 威廉・罗兹・戴维斯, 32–39, 42

Deutsche Zeitung（Central American German-language newspaper）《德意志日报》, 103

Díaz, Porfirio 波尔菲里奥・迪亚斯, 23–25, 40, 191

Diels, Rudolf 鲁道夫・迪尔斯, 33

Disney, Walt 沃尔特・迪士尼, xii, 57, 150–58, 162, 167

Disney films 迪士尼电影, 150–58

   Der Fuerher's Face《元首的面孔》, 155

   Saludos Amigos《致候吾友》, 150, 154–57

   Snow White and the Seven Dwarfs《白雪公主与七个小矮人》, 150, 154, 157–58

   South of the Border with Disney《与迪士尼一起在国境之南》, 155

The Three Caballeros《三骑士》, 154, 156–57

Doenitz, Karl 卡尔・邓尼茨, 38

Doheny, Edward L. 爱德华・多希尼, 24–25

Dominican Republic 多米尼加共和国, 85

Donovan, "Wild Bill," 多诺万 "野蛮比尔" xii, 178, 184–89, 203

Ducceschi, Manrico "Pippo," 曼里科・杜切斯奇 "皮波" 232, 234

Dulles, Allen 艾伦・杜勒斯, 203

Eagle（oil tanker）老鹰（油轮）, 221

Earhart, Amelia 阿米莉娅・埃尔哈特, 5

Ecuador 厄瓜多尔, 71, 74, 169, 217

   emigrants from Axis countries 轴心国移民, 4

   oil industry 石油工业, 31

   SEDTA（airline）厄瓜多尔－德国航空, 7

Edward D. White（Liberty ship）爱德华・怀特（自由轮）, 225

Egidy, Moritz von 莫里茨・冯・埃吉迪, 5

Eichmann, Adolf 阿道夫・艾希曼, 91

Einstein, Albert 阿尔伯特・爱因斯坦, 83

Emmerson, John K. 约翰・埃默森, 113–14

Engels, Albrecht "Alfredo," 阿尔布莱希特・英格斯 "阿尔弗雷多" 174–75,

195-96, 202

espionage 间谍活动

 Allies espionage 同盟国间谍活动, 168, 177-78, 181-91, 202-3

 Axis espionage 轴心国间谍活动, 9, 91, 106, 169-74, 178-205, 222-24

 Bletchley Park 布莱奇利公园, 194

 CIA 中情局, xii, xiv, 15, 184-85, 187, 202-3

 double agents 双面间谍, 175-77, 195

 Enigma Machines 艾尼格玛密码机, 194, 222

 FBI 联邦调查局, 175-79, 182-91, 195-96, 199, 201, 203

 MAGIC cryptography project "魔术"密码项目, 184

 MI5 军情五处, 175-77

 MI6 军情六处, 196, 200

 microdot technology 微斑技术, 174-78, 193-96

 Operation Bolívar 玻利瓦尔行动, 192-205, 222-24

 OSS 战略情报局, 178, 184-88, 202-3

 secret map 秘密地图, 177-78

Ethiopia 埃塞俄比亚, 34, 233

Eugenics 优生学, 60, 80-83, 86

Eurotank 欧洲油罐, 33-34

extraordinary rendition 非常规引渡朋克, 149

Fairbanks, Douglas, Jr. 小道格拉斯·范

Falkland Islands 福克兰群岛, 180, 213

Federal Bureau of Investigation (FBI) 联邦调查局, 113, 118, 129-30, 148, 175-79, 182-91, 195-96, 199, 201, 203. 可参看 Hoover, J. Edgar 埃德加·胡佛

Feuerlicht, Maurice 莫里斯·费耶里希特, 158

Fleming, Ian 伊恩·弗莱明, 13-14

Fly, James Lawrence 詹姆斯·劳伦斯·弗莱, 199

Flynn, Errol 埃罗尔·弗林, 119, 149

Ford, Henry 亨利·福特, 4, 6, 52, 54-58, 63, 217

Ford, John 约翰·福特, 188-89

Ford Motor Company 福特汽车公司, 155

Fordlandia 福特兰迪亚, 4, 54-57

France 法国

 air travel 空中旅行, 6, 8

 invasion and occupation of 入侵与占领, 38, 49, 149, 228

 Vichy government 维希政权, 49

Franco, Francisco 弗朗西斯科·佛朗哥, 30, 32, 38, 84

Frank, Waldo 瓦尔多·弗兰克, 149

Friedman, Max Paul 麦克斯·保罗·弗里德曼, 108

Galapagos Islands 加拉帕戈斯群岛, 71

Gallardo, Reynaldo 雷纳尔多·盖拉多,

19–20

Gardel, Carlos 卡洛斯·葛戴尔, 192

Geneva Conventions 日内瓦公约, 127, 132–33

genocide 种族灭绝, 85–86, 95

Holocaust 大屠杀, xiii, 73, 88

Gerchunoff, Alberto 阿尔贝托·格尔楚诺夫, 75

Germany 德国
   Abwehr（secret service）阿博韦尔（秘密机关）, 11, 91, 168–70, 173–78, 190, 193, 195–201, 204, 222
   air travel 空中旅行, 4–12, 17–18
   Brazilian Integralism 巴西整体主义, 77
   Espionage 间谍活动, 9, 91, 106, 169–74, 178–205, 222–24
   German-Brazilian community 德裔巴西人社区, 77–79
   German-Guatemalan community 德裔危地马拉人社区, 89–94, 97–110
   Germans in detention camps 拘留营中的德国人, 128–30, 132, 134, 136–38
   Luft Hansa 汉莎航空, 7, 17
   Luftwaffe 德国空军, 7–8, 34, 170
   Milchkühe（"milk cow" supply submarines）"奶牛"补给潜艇, 199, 222
   National Socialist German Workers Party（NSDAP）国家社会主义德意志工人党, 105
   Nuremberg Statutes 纽伦堡法令, 83

oil industry 石油工业, 23–24, 28, 32–37

Operation Bolívar 玻利瓦尔行动, 192–205, 222–24

rubber industry 橡胶工业, 46, 48–50

Todt Organization 托德机构, 229, 233

U-boats U型潜艇, 19, 38–39, 42–43, 129, 190, 193–94, 199–201, 216–27

Vertrauensmann（V-man）"密使"（V人）, 11, 173, 195–96

Wehrmacht 党卫军, 204, 222, 229–30, 244

Getty, John Paul 约翰·保罗·盖提, 24, 26, 169

Goebbels, Joseph 约瑟夫·戈培尔, 104, 148, 150, 169, 204

Goodwill Ambassadors 亲善大使, 28, 57, 149–54, 162–63

Goodyear, Charles 查尔斯·固特异, 44, 45

Gothic Line 哥特防线, 226, 229, 231

Graf Zeppelin 齐柏林飞艇, xi, 78

Grandin, Greg 格雷格·格兰丁, 57–58

Great Britain 英国
   air travel 空中旅行, 7–8, 11–18
   Ark Royal（aircraft carrier）皇家方舟（航空母舰）, 219–20
   Battle of the Atlantic 大西洋之战, 209–25
   British Security Coordination（BSC）

英国安全协调局，13–14，16，42，168，178，183，190

Clement (tramp steamer) 克莱门特（不定期货轮），210–11

Double-Cross System 双十字系统，175–76

espionage 间谍活动，13–16，42，168–69，175–78，183，190，196，200

HMS Ajax 皇家海军阿贾克斯号，210，212–13，216

HMS Exeter 皇家海军埃克塞特号，212–13，216

oil industry 石油工业，125，172

Radio Security Service 电信情报局，198

rubber industry 橡胶工业，44，46，53–55

Green, Harry T. S. 哈利·格林，33

Greene, Graham 格雷厄姆·格林，200

Groutman, Benjamin，217，224–25

"Grupo, El," "小组" 152–55. 可参看 Disney, Walt 沃尔特·迪士尼

Guatemala 危地马拉
coup of 1954 1954 年军事政变，187
German-Guatemalan community 德裔危地马拉人社区，89–94，97–110
Jewish migration to 犹太移民，76，88–89，94，97–110
rubber industry 橡胶工业，47

Guevara, Che 切·格瓦拉，202

Guevara Lynch, Ernesto 埃内斯托·格瓦拉·林奇，202–3

Guggenberger, Friedrich 弗雷德里希·古根贝格，219–25

Guggenheim, Hans 汉斯·古根海姆，89–91，94

Gurcke family 古尔克一家，128–31，134，136

Halperin, Maurice 莫里斯·哈尔珀林，187

Hansen, Gusti 古斯蒂·汉森，91–94

Harwood, Henry 亨利·哈伍德，212–14

Hasson, Yaacov 雅科夫·哈桑，74

Hayashi, Kashiro 林甲子郎，125，136–37

Hayashi, Thomas 托马斯·林，125，136–37

Hayworth, Rita 丽塔·海华丝，149

Hearst, William Randolph 威廉·兰多夫·赫斯特，36，159

Heinemann, William 威廉·海涅曼，137

Hemingway, Ernest 欧内斯特·海明威，200

Heydrich, Reinhard 莱因哈特·海德里希，15，197

Hidalgo, Miguel 米格尔·伊达尔戈，74

Higashide, Seiichi 东出诚一，124–27，129，137

Hirsch, Maurice de 莫里斯·德·赫希，75，77

Hitler, Adolf 阿道夫·希特勒，40，47，76，78
admiration for 希特勒崇拜，xi，76，78，

85–88, 95, 103–5, 107, 137
assassination attempts 暗杀图谋, 205, 229
on Brazilians 巴西人, 234–35
Davis, William Rhodes 威廉·罗兹·戴维斯, 32–34
Disney films 迪士尼电影, 150–51
espionage 间谍活动, 185, 196
eugenics 优生学, 81
"fatherland" of 祖国, 103, 196
Genocide 种族灭绝, 76, 78, 85–88, 95
oil industry 石油工业, 38
Hochschild, Moritz 莫里茨·霍赫希尔德, 85
Holocaust 大屠杀, xiii, 73, 84, 88, 137
 Auschwitz death camp 奥斯维辛集中营, 94
 Majdanek death camp 马伊达内克集中营, 80
 Sobibór death camp 索比布尔集中营, 94
Hoover, J. Edgar 埃德加·胡佛, xii, 13, 15, 168, 175–76
 Canaris, Wilhelm 威廉·卡纳里斯, 179–201
 capture of Lüning 抓捕吕宁, 201
 fighting "enemy within," 与"内部敌人"作战 203
 LATI（Linee Aeree Transcontinentali Italiane）意大利大陆航空, 18

Operation Bolívar 玻利瓦尔行动, 222
on Popov 波波夫, 175
Stephenson, William 威廉·史蒂芬逊, 13
Hull, Cordell 科德尔·赫尔, 12, 31, 35–36, 39, 106, 113, 115
Hyde, H. Montgomery 蒙哥马利·海蒂, 13

Inquisition 宗教审判, 73–74
International Committee of the Red Cross（ICRC）国际红十字委员会, 94, 135, 137
International Congress Against War and Fascism 反战及反法西斯国际会议, 37
Internment 拘留, 99, 111–27
 Algiers（Louisiana）camp 阿尔及尔（路易斯安那州）营地, 137
 of Americans by Japan 日本拘留的美国人, 112
 Crystal City（Texas）Camp 克里斯特尔（得克萨斯州）营地, 119–20, 130–39
 Gitterkrankheit（fence sickness）栅栏病, 136
 Stringtown（Oklahoma）camp 斯特林顿（俄克拉荷马）营地, 137
Isolationism 孤立主义, 14, 56, 177. 可参看 "America First" movement
Israel 以色列, 75
Italo-Ethiopian War（1935–40）意埃战

争，34，233
Italy 意大利，xiii
  Black Brigade 黑色旅，233
  Brazilians in 巴西人在意大利，221-46
  Gothic Line 哥特防线，226，229，231
  internment of Italian-Americans 拘留意大利裔美洲人，99
  invasion of 进攻意大利，227
  LATI（Linee Aeree Transcontinentali Italiane）意大利航空，8-9，11-18
  oil industry 石油工业，28，32，34，37-38，172
  Racial Laws（1938-43）种族法，234

Jacaré, Manoel 马诺埃尔·亚卡雷，163-64
Japan 日本
  air travel 空中旅行，11
  espionage 间谍活动，176，178，184，188-89
  Japanese-Brazilian community 日裔巴西人社区，104
  Japanese-Mexican community 日裔墨西哥人社区，40-41
  Japanese-Peruvian community 日裔秘鲁人社区，113-27，132
  Manchuria, invasion of 入侵中国东北地区，46
  oil industry 石油工业，23，28，32
  rubber industry 橡胶工业，46，48-49
  Japanese, capture and internment of 抓捕和拘押日裔人士，40，98-99，111-27，130-42

Jews 犹太人，57，92-95，137，201，204，221，234
Joske, Ernest 欧内斯特·乔斯克，87
Juarez, Benito 贝尼托·华瑞兹，104

Kage, Augusto 奥古斯托·影，125，127，130
Kaiser, Henry 亨利·凯泽，217
Kalinowski, Ingo 英戈·卡里诺夫斯基，137
Kamisato, Cheiko 上里千惠子，120
Kamisato, Kami 上里加美，128
Kehl, Renato 雷纳托·凯尔，82
Keitel, Wilhelm 威廉·凯特尔，204
Kenedy, Mifflin 米夫林·肯尼迪，109
Kenedy Alien Detention Center 肯尼迪外籍人士拘留中心，109，131，140
Kennedy, John F. 约翰·肯尼迪，280
Kesselring, Albert 阿尔贝特·凯塞林，228-29，236
Kikshi, Hijime 岸甚目，121
Knoetzsch, Martin 马丁·科诺茨奇，108-9
Koch, Charles 查尔斯·科赫，34
Koch, David 大卫·科赫，34
Koch, Fred 弗雷德·科赫，34
Korda, Alexander 亚历山大·柯达，15
Korda, Zoltán 佐尔丹·柯达，15
Kruger, Hilda 希尔达·克吕格，169-

71, 172, 191

Kuhn, Fritz 弗里茨·库恩, 137

Langsdorff, Hans Wilhelm 汉斯·威廉·兰斯多夫, 209–15
Laredo Brú, Federico 德里科·拉雷多·布鲁, 92–93
las Casas, Bartolomé de 巴托洛梅·德拉斯·卡萨斯, 100
League of Nations 国际联盟, 30
Lear, John 约翰·李尔, 4
Lend-Lease program 租借法案, 20
Lewis, John L. 约翰·刘易斯, 34, 37
Lilienthal, Otto 奥托·李林达尔, 5
Lombardi, Lino 利诺·伦巴第, 232–34
limpieza de sangre（cleansing of the blood）血液净化, 73
Lindbergh, Charles 查尔斯·林德伯格, 27, 56, 177
Liotta, Aurelio 奥雷利奥·里奥塔, 16
Loewe, Max 马克斯·洛伊, 91, 93
Long, Breckinridge 布雷肯里奇·隆, 115
Luce, Henry 亨利·鲁斯, 148–49
Lüning, Heinz August 亨茨·奥古斯特·吕宁, 199–201

Maia, Lupércio Freire 卢佩西奥·弗雷尔·迈亚, 60
malaria 疟疾, 60, 63, 65, 157, 181
Malaya 马来亚, 46, 54
Mandel, George 乔治·曼德尔, 84

Mangione, Jerre 杰尔·曼焦内, 129
Maoki family 直树一家, 122–24, 127, 130–35, 139
Martins, Herivelto 赫利维尔托·马丁斯, 164
Mascarenhas de Moraes, João Baptista 若昂·巴蒂斯塔·马斯卡雷尼亚斯·德·莫莱斯, 227–30, 236, 238, 243–45
Matsumoto family 松本家族, 41
Mendes, Antonio 安东尼奥·门德斯, 67–68
Mendes, Francisco "Chico," 弗朗西斯科·"奇科"·门德斯 66–67
Mendes, Sebastiao 塞巴斯蒂奥·门德斯, 67
Mexican-American War 美墨战争, 18, 23
Mexican Revolution 墨西哥革命, 25–28
Mexico 墨西哥
　Board of Conciliation and Arbitration 仲裁调解委员会, 29
　bracero program 墨西哥劳工计划, 41
　Constitution（1917）1917年宪法, 26–28
　declaration of war on Axis powers 对轴心国宣战, 19
　Gold Shirts（Acción Revolucionaria Mexicana）金衫党（墨西哥革命行动党）, 172
　Mexican Air Force Squadron 201（Aztec Eagles）墨西哥空军201中队（阿

兹特克之鹰），18-20

oil industry 石油工业，22-40

Olmecs 奥尔梅克人，44

Pemex 佩墨西，30-31

Supreme Court 最高法院，29-30

Tampico Incident 坦皮科事件，23-24，35

World War II 第二次世界大战，18-20，39

Millington-Drake，Eugen 尤金·米林顿-德拉克，214

Miranda，Aurora 奥罗拉·米兰达，157

Miranda，Carmen 卡门·米兰达，3，157，161

Mochizuki，Carmen Higa 卡门·比嘉·望月，139

Monroe Doctrine 门罗主义，27-28，31

Morrow，Dwight 德怀特·莫罗，27-28

Munthe，Axel 阿克塞尔·蒙特，198

Mussolini，Benito 贝尼托·墨索里尼，27，34，48，78，89，104，107，150，190，203，233-34

Naganuma family 长沼一家，xiv，118-20，124，129，134-35，136，138

Nairne，Edward 爱德华·奈恩，44

NASA Landsat camera 美国国家航空航天局陆地卫星，65-66

National City Bank of New York（later Citibank）纽约国家城市银行（花旗银行前身），33

Newbery，Jorge 豪尔赫·纽伯瑞，6，8

Nicolaus，Georg "Max," 格奥尔格·尼古拉斯"麦克斯"169-70，178，190-91

Niebuhr，Dietrich，迪特里希·尼布尔 193-94，214

Nottebohm，Karl 卡尔·诺特博姆，108-9

Nottebohm，Kurt 柯特·诺特博姆，108-9

NS-Frauenschaft（National Socialist Women's League）国家社会主义妇女联盟，xi

Office of Strategic Services（OSS）战略情报局，178，184-88，202-3
  R&A（Research and Analysis）研究与分析部，187-88

Office of the Coordinator of Inter-American Affairs（CIAA）（Rockefeller Office）美洲事务协调局（洛克菲勒办公室），60，63，148-50，157-62，166

oil industry 石油工业，22-42
  British International Petroleum Company（later BP Oil）英国国际石油公司（英国石油的前身），125
  nationalization of Mexican oil industry 墨西哥石油国有化，30-32，37，39
  Royal Dutch Shell 皇家壳牌，25，28，29，33，34，37-39
  Sinclair Oil 辛克莱石油，38
  Standard Oil Company 标准石油公司，

9，12，25，29，37，59，147

Oliveira, Wolney沃尔尼·奥利韦拉，61–63

Otelo, Grande (Sebastião Bernardes de Souza Prata) 格兰德·奥特洛（塞巴斯蒂安·贝尔纳德·德·索萨·普拉塔），161–62，164–65，167

Pan Am Clipper (flying boat) 泛美帆船（水上飞机），159，163

Pan American Airways泛美航空，8，10–12，37，50，183

Pan-Americanism泛美主义，155–56，160–65

Panama巴拿马，9，74，101，124，137，139–40，188，189
    air travel空中旅行，178
    rubber industry橡胶工业，47

Panama Canal巴拿马运河，4，9，37，49，71，126，128，178，196

Panzerschiff (armored ship) 德意志级装甲巡洋舰，209–14. 可参看 *Admiral Graf Spee* 格拉夫·斯佩海军上将号

Patiño, Simón Iturri西蒙·伊图里·帕蒂诺，85

Patton, George乔治·巴顿，229

Pearson, Weetman Dickinson威特曼·迪金森·皮尔森，25

Pereira, Mario马里奥·佩雷拉，246

Pereira, Miguel米格尔·佩雷拉，246

Pereira, Nunes努内斯·佩雷拉，74

Pereira Pinto, Alfonso阿方索·佩雷拉·品托，63

Pershing, John J.约翰·潘兴，185，197

Peru秘鲁
    earthquake of 1940 1940年地震，122
    Japanese-Peruvian community日裔秘鲁人社区，113–27
    Jewish emigrants to犹太移民，74，83
    oil industry石油工业，22，23，31，71–72
    Panoptico prison环形监狱，114
    rubber industry橡胶工业，52–54

Philippines菲律宾，19，112，142

Phillips, Wallace华莱士·菲利普斯，186

Pike, Tommy汤米·派克，217，224–25

Plate River. 可参看 Rio de la Plata (Plate River) 拉普拉塔河

Popov, Duŝko "Tricycle," 达斯科·波波夫"三轮车"173–77，195

Portugal葡萄牙，38，48
    Latin American history拉丁美洲史，22，73–74，171，221，228
    Operation Bolívar玻利瓦尔行动，193–94，196
    Pan Am New York-Lisbon route泛美航空纽约至里斯本航线，12

Prado, Manuel曼努埃尔·普拉多，121

Prado, Nery内里·普拉多，227，230

Preger, Alexandre亚历山大·普雷格，79

prejudice歧视，139
    eugenics优生学，81，86

racial prejudice 种族歧视，112，121

Prestes, Luís Carlos 路易斯·卡洛斯·普雷斯特斯，66-67，86

Prestes, Olga Benário 奥尔加·贝纳里奥·普雷斯特斯，86

Protocols of the Elders of Zion, The 锡安长老会纪要，87-88

Puerto Rico 波多黎各，82，149

Q'eqchi' Maya people 基切玛雅人，97，100-1

Queirós, Ademar de 阿德马尔·德·奎罗斯，241-42

racial prejudice 种族歧视，112，121

Racism 种族主义，31，81，99

Rauff, Walter 沃尔特·劳夫，81

Reagan, Ronald 罗纳德·里根，119，230

Reichsbank 帝国银行，33，34

Reiss, Curt 柯特·瑞斯，9

Retelsdorf, Carlos "Glenn," 卡洛斯·"格伦"·雷泰尔斯多夫 170

Ribbentrop, Joachim von 约阿希姆·冯·里宾特洛甫，8，33

Richard Caswell（Liberty ship）理查德·卡斯威尔（自由轮），216-18，222-25

Riefenstahl, Leni 莱妮·里芬斯塔尔，51

Rio de la Plata（Plate River）拉普拉塔河，8，193，223，279

    Battle of the River Plate 拉普拉塔河之战，212-16，220

    name of 拉普拉塔河的名称，3

Rivera, Diego 迭戈·里维拉，27，166

Rockefeller, Nelson 纳尔逊·洛克菲勒，xii

    Goodwill Ambassadors 亲善大使，28，57，149-54，162-63

Rockefeller Office（Office of the Coordinator of Inter-American Affairs, CIAA）洛克菲勒办公室（美洲事务协调局），60，63，148-50，157-62，166

Rommel, Erwin 隆美尔，40

Roosevelt, Eleanor 埃莉诺·罗斯福，84

Roosevelt, Franklin Delano 富兰克林·罗斯福，xii

    British intelligence 英国情报部门，13，14

    Casablanca Conference 卡萨布兰卡会议，204

    Évian Conference 埃维昂会议，85-86

    FBI 联邦调查局，183-84，185，188，203

    fear of fascist subversion in Latin 对法西斯在拉美颠覆活动的恐惧

    America 美洲，xii

    fireside chats 炉边谈话，193

    Good Neighbor policy 睦邻政策，27，39，157-58

    on Italians 有关意大利人，99

    Jewish resettlement and 重新安置犹太人，84

    Mexico 墨西哥，27，28，31-32，34-

42

Monterey meeting with Ávila 与阿维拉的蒙特雷会晤, 39–42

Quiet Passages program 安静通道计划, 113

Rockefeller, Nelson 纳尔逊·洛克菲勒, 59–60, 148, 159

"secret map" 秘密地图, 177–78

Stephenson, William 威廉·史蒂芬逊, 13

Welles, Orson 奥森·威尔斯, 160

Rosemblatt, Mauricio 毛里西奥·罗塞姆布拉特, 78

Rossi, Pedro 佩德罗·罗西, 241–42

rubber industry 橡胶工业, 43–68

    Batalha da Borracha（Battle for Rubber）, 51–52, 60, 64–66

    flagelados（whipped ones）橡胶之战, 53, 60, 66

    Hevea brasiliensis（rubber tree）巴西橡胶树, 44, 47, 54, 57, 58

    history of 橡胶的历史, 44–46

    latex 乳胶, 43–44, 54–55, 58, 64, 66–67

    Rubber Soldiers 橡胶士兵, 58, 61–68

    seringueiros（tappers）丛林伐木者（割胶工人）, 44, 54, 63, 66

    synthetic rubber 合成橡胶, 46–47, 64

    U.S. Rubber Development Corporation（RDC）美国橡胶发展公司, 59–64

    Vulcanizing 硫化, 45

Russia, 202, 229

    Jews in 俄国犹太人, 75, 82, 87–88

    October Revolution（1917）十月革命, 46, 82

    rubber industry 橡胶工业, 46

    可参看 Soviet Union 苏联

Saint-Exupéry, Antoine de 安托万·德·圣埃克苏佩里, 8

Salazar, António 安东尼奥·萨拉查, 48

samba 桑巴, 3, 152, 156, 162, 167

Santos, Eduardo 爱德华多·桑托斯, 9–11

Santos-Dumont, Alberto 亚伯托·桑托斯·杜蒙, 6, 8

Sapper family 萨珀尔一家, xiv, 97–110

Sargent, Francis 弗朗西斯·萨金特, 238

SCADTA（Sociedad Colombo-Alemana de Transportes Aéreos）哥伦比亚-德国航空, 7, 9–11

Schlebrügge, Friedrich Karl von "Morris," 弗雷德里希·卡尔·冯·施泰布吕格"莫里斯" 170, 191

Schroeder, Gustav 古斯塔夫·施罗德, 91–94

Schuler, Friedrich 弗雷德里希·舒勒, 30

Scliar, Judith 朱迪斯·斯科利亚, 80, 95

Scliar, Moacyr 莫瓦西尔·斯科利亚, 76, 77, 80

Seabrook Farms 西布鲁克农场, 137

Seeger, Alan 艾伦·西格, 20

Shimomura family 下村一家，114–15，121–22，139–43
Sinclair，Harry 哈利·辛克莱，38
Sindicato Condor 神鹰公司，7–8，11
Skolnick，Paul 保罗·斯科尔尼克，72
Skolnick，Saul 索尔·斯科尔尼克，71–72
Smith，R. Harris 哈里斯·史密斯，184
soft power 软实力，153
Soviet Russian Pictorial, The 苏联画报，87
Soviet Union 苏联，87，186，187
   embassy in Mexico 墨西哥大使馆，27
   Non-Aggression Pact 互不侵犯条约，8
   synthetic rubber industry 合成橡胶工业，46
   World War II 第二次世界大战，40，202，229，233
   可参看 Russia 俄国
Special Intelligence Service（SIS），182–84，189，191，201
Stephenson，William "Intrepid，"威廉·史蒂芬逊"无畏者"13–17，42，178，190
Sterling，George 乔治·斯特林，197–98
Suggs，Solomon 所罗门·萨格斯，216–18，222–25
Suggs，Solomon，Jr. 小所罗门·萨格斯，225

Taft，William Howard 威廉·霍华德·塔夫脱，40
Tango 探戈，xii–xiii，3，142，152，192
   "Caminito，"卡米尼托 143

"Chile by Night，"《夜幕下的智利》8
"El Gato，"《这只猫》8
"Night Flight，"《夜间飞行》8
Tello Pineda，Héctor 赫克托尔·泰罗·皮内达，20–21
Tochio，Taijiro 枥尾泰二郎，126
Torres，Luis de 路易斯·德·托雷斯，73
Treaty of Versailles 凡尔赛和约，4–5，203，209
Triana，Rodrigo de 罗德里戈·德·特里亚纳，72–73
Trippe，Juan 胡安·特里普，10–11
Triumph of the Will（film）《意志的胜利》（电影），51
Trujillo，Rafael 拉斐尔·特鲁希略，85
Truman，Harry 哈里·杜鲁门，230
Truscott，Lucien 吕西安·特拉斯科特，240
Tsuneshige，Cesar 凯撒·常重，116–19
Tsuneshige，Makoto 常重诚，116，119，124
Tsuru，Kiso 都留竞，38，41
Tunney，Gene 吉恩·滕尼，13

U-513（German submarine）U-513（德国潜艇），216，218–25
Ubico，Jorge 豪尔赫·乌维科，89–90，94，106–7
Unger family 昂格尔一家，89–94
United States 美国
   "America First" movement "美国第一"

运动，14, 56, 84, 177

American Jewish Joint Distribution Committee 美国犹太人联合救济委员会，93

FCC's Radio Intelligence Division（RID）联邦通讯委员会无线电情报部，198–99

Immigration Act（1924）1924年移民法案，82

internment camps 拘留营，112, 119–20, 130–39

Mexico 墨西哥，22–40

Model Eugenic Sterilization Law 优生绝育示范法，81–82

Office of Strategic Services（OSS）战略情报局，15, 178, 184–88, 202–3

Prohibition 禁令，56, 197

Quiet Passages（prisoner exchange program）安静通道（囚犯交换计划），113, 133

Uruguay 乌拉圭，xii

  airline travel 空中旅行，7

  Battle of the River Plate 拉普拉塔河之战，212–15

  Jewish emigration to 犹太移民，76

  neutrality of 中立，214

  Operation Bolívar 玻利瓦尔行动，192

  Plate River 拉普拉塔河，212, 223

Vargas, Getúlio 热图里奥·瓦加斯，12, 17, 48, 51, 55–62, 65, 77, 86–87, 107, 161–62, 190, 245

Vargas Llosa, Mario 马里奥·巴尔加斯·略萨，52, 53

Venezia（cargo steamer）威尼斯（货轮），221

Venezuela 委内瑞拉，4, 156, 191

  oil industry 石油工业，22, 23, 26, 31, 39, 147

  Rockefeller 洛克菲勒，147, 148

Vidal, Gene 吉恩·维达尔，5–6

Vidal, Gore 戈尔·维达尔，5–6

von Collenberg, Rüdt 吕特·冯·科伦贝尔格，171, 173

von Cossel, Hans Henning 汉斯·亨宁·冯·科塞尔，78–79

Wagner, Regina 里贾纳·瓦格纳，100, 104

Walmsley, Walter 沃尔特·沃姆斯利 65

Walters, Vernon 弗农·沃尔特斯，230, 238, 241, 244–45

war on terror 反恐战争，xiii, 99

Watanabe, José 何塞·渡边，115

Wehrle, Erna 厄纳·韦尔莉，42

Weisblat, Edgard S. 埃德加·维斯伯拉特，170, 191

Weizmann, Chaim 哈伊姆·魏茨曼，83

Welles, Orson 奥森·威尔斯，xii, 150, 158–67

  Citizen Kane《公民凯恩》，159, 162

  It's All True《一切都是真实的》，160–

67

"My Friend Bonito,"《我的朋友伯尼托》162-63, 166

Welles, Sumner 萨姆纳·威尔斯, 50, 98

Whitney, John Hay "Jock," 约翰·"乔克"·惠特尼 150, 152-53, 160, 162, 165

Wiazovski, Taciana 塔齐亚纳·维亚佐夫斯基, 87

Wickham, Henry 亨利·威克汉姆, 54

Wilkinson, Xenia 希妮娅·威尔金森, 64

Wilson, Richard 理查德·威尔逊, 165, 167

Wilson, Woodrow 伍德罗·威尔逊, 23-24, 35

Winkler-Koch Engineering 温克勒-科赫工程, 34

Wolf, Max 马克斯·沃尔夫, 239-42

Wolff, Emil 埃米尔·沃尔夫, 195

World War I 第一次世界大战

 Battle of Coronel 科罗内尔角海战, 214-15

 Battle of Heligoland 赫尔戈兰海战, 220

 Battle of the Somme 索姆河战役, 20

 Black Tom explosion 黑汤姆爆炸事件, 181-82

 Canaris, Wilhelm 威廉·卡纳里斯, and, 203

 Daniels, Josephus 约瑟夫斯·丹尼尔斯, 35

 Davis, William Rhodes 威廉·罗兹·戴维斯, 32

 Donovan, William J. 威廉·多诺万, 185

 Dresden 德累斯顿, 180

 Mexico 墨西哥, 24

 Morrow, Dwight 德怀特·莫罗, 27

 oil as resource 石油资源, 22

 Phillips, Wallace 华莱士·菲利普斯, 186

 postwar German emigration to Latin America 战后至拉美的德国移民, 104

 SCADTA airline 哥伦比亚-德国航空, 7

 Stephenson, William 威廉·史蒂芬逊, 13

 Sterling, George 乔治·斯特林, 197

 Treaty of Versailles 凡尔赛和约, 4-5, 203, 209

 Unger, Ludwig 路德维希·昂格尔, 88

 weaponry 武器, 228

 Zimmerman Telegram 齐默曼电报, 182

World War II 第二次世界大战

 annexation of Czechoslovakia 吞并捷克斯洛伐克, 37, 106, 168

 Battle of the Atlantic 大西洋之战, 191, 209-25

 Battle of the Caribbean 加勒比之战, 199

 Battle of the River Plate 拉普拉塔河之战, 212-16, 220

 bombing of Dresden 轰炸德累斯顿, 180-81

Casablanca Conference 卡萨布兰卡会议, 204
Évian Conference 埃维昂会议, 85–86
invasion of Austria 入侵奥地利, 30, 85, 106
invasion of Poland 入侵波兰, 38, 168, 170, 204, 210
invasion of Sicily 进攻西西里, 51, 188, 227
Operation Bolívar 玻利瓦尔行动, 192–205, 222–24
Plan Rubber 橡胶计划, 50
Rio Conference（1942）里约会议, 98
Washington Accords 华盛顿协议, 50–51, 65
"Winter Storm" campaign 冬季风暴行动, 226–27

Wright, Orville 奥维尔·莱特, 5
Wright, Richard 理查德·赖特, 166
Wright, Wilbur 威尔布·莱特, 5, 180

xenophobia 排外, 80

Yamamoto, Isoroku 山本五十六, 37

Zannoni, Elmo Gaetano 埃尔莫·盖塔诺·赞诺尼, 134
Zenóbio da Costa, Euclides 欧西里德斯·济诺比奥·达·科斯塔, 231–32, 237, 239–40, 243–45
Zionism 犹太复国主义, 83, 265
Zophel, Hans 汉斯·佐弗尔, 220